NOCH MEHR BÖSE BLUMEN

Klaudia Blasl kocht gerne und gut, noch lieber befeuert sie allerdings ihre kriminelle Giftküche. Das Ergebnis dieser Leidenschaft sind spannende Kriminalromane mit schwarzem Humor, bösen Blumen und fiesen Gewächsen. Die Österreicherin lebt in der Steiermark und dem Südburgenland, wo sie auch einen Giftpflanzengarten hat.

Die Pflanzenporträts sind dem Buch »111 tödliche Pflanzen, die man kennen muss« (Klaudia Blasl, emons 2018) entnommen.

KLAUDIA BLASL

NOCH MEHR BÖSE BLUMEN

Fünfzehn giftige Pflanzenkrimis

emons:

Bibliografische Information der Deutschen Nationalbibliothek
Die Deutsche Nationalbibliothek verzeichnet diese Publikation in der Deutschen Nationalbibliografie; detaillierte bibliografische Daten sind im Internet über http://dnb.d-nb.de abrufbar.

MIX
Papier aus verantwortungsvollen Quellen
FSC® C083411
FSC
www.fsc.org

Umschlagmotiv: shutterstock.com/Inna Sinano
Umschlaggestaltung: Nina Schäfer, nach einem Konzept von Leonardo Magrelli und Nina Schäfer
Umsetzung: Tobias Doetsch
Gestaltung Innenteil: DÜDE Satz und Grafik, Odenthal
Lektorat: Susanne Bartel
Druck und Bindung: CPI – Clausen & Bosse, Leck
Printed in Germany 2021
ISBN 978-3-7408-1110-5
Fünfzehn giftige Pflanzenkrimis
Originalausgabe

Für Stephanie, Aldo, Mary und Claudia,
die dieses Buch nicht mehr lesen können …

Erzähle mir, wie sie gestorben;
zweifach mehr wirst du mich erfreuen,
wenn grässlich sie zugrunde gingen.
Medea in »Medea« von Euripides

Die Geschichte der Gifte reicht weit hinter
das historische Zeitalter zurück.
Bei den Urstämmen wird der Jäger schon zeitig
die Giftstoffe in Fauna und Flora erkannt haben.
Erich Wulffen, »Psychologie des Giftmordes«, 1917

Inhalt

Vorwort	9
Hexenflug	11
Tod eines Biogärtners	24
Dracula-Kraut, selbst gebraut	48
Der Fehler ihres Lebens	61
Der Kern der Wahrheit	87
Wie gewonnen, so zerronnen	137
Bis dass der Tod euch scheide	160
In Gottes Namen	177
Das letzte Abendmahl	202
Gift für den Gatten im Homeoffice	211
Paradiesische Zustände	219
Wer anderen eine Grube gräbt	233
Glückspilz	253
Feuer und Flamme	270
Blühende Rache	279

Vorwort

Eins vorweg: Ich liebe die Natur. Und natürlich Blumen. Vor allem böse Blumen sind mir seit Jahren besonders ans mörderische wie auch literarische Herz gewachsen. Egal, ob Herbstzeitlose, Kornrade, Schierling oder Oleander – sie alle sorgen zuverlässig für eine »schöne Leich«.

Wobei Pflanzengift, abgesehen vom unversehrten Erscheinungsbild der Ermordeten, noch mit weiteren Vorteilen aufwarten kann. Gemeingefährliche Gewächse sind umweltfreundlich, ressourcenschonend, sauber und sicher in der Handhabung sowie einfach zu beschaffen, denn sie finden sich im Wald und auf der Wiese, im Gartenbeet, der Blumenvase oder dem Gewürzregal. Wie bereits Agatha Christie bemerkte: »Gift übt eine gewisse Faszination aus. Es hat nicht die jähe Brutalität einer Revolverkugel oder einer blanken Waffe.« Gift ist viel eleganter, unblutig, lautlos, geräuschlos – und dennoch tödlich effizient.

Wenn man über gewisse botanische Kenntnisse, etwas Fingerspitzengefühl und ausreichend böse Absichten verfügt, dann steht dem perfekten Mord also nichts mehr im Weg. »Stirb durch die Blume« hat immer Saison.

Wobei der gute alte Paracelsus jedenfalls recht hatte mit seiner allseits bekannten Sentenz:

»WAS IST DAS NIT GIFFT?
ALLE DING SIND GIFFT / UND NICHTS OHN GIFFT /
ALLEIN DIE DOSIS MACHT DAS EIN DING KEIN GIFFT IST.«

In den vorliegenden schwarzhumorigen Erzählungen habe ich noch mehr »Böse Blumen« für Sie geerntet und gleich fünfzehn mögliche Ablebensszenarien mit Hilfe gemeiner Kräuter und fieser Blumen beschrieben. Wobei keinesfalls nur Frauen zur Giftmischerei tendieren, auch Männer haben viel Talent im Umgang mit toxischen Substanzen. Da geht es Poolpumpen-Betreibern, Wachsblumenfetischisten und Gurkengraveuren ebenso ans Leben wie Pilzfreunden, Katzenliebhabern und pädophilen Geistlichen – mit vermeintlich gesunden grünen Smoothies, mit Stechapfelsaft, Tollkirschentee, Apfelkernen oder Lerchensporn. Denn gegen jedes menschliche Übel ist garantiert ein tödliches Kraut gewachsen.

In diesem Sinne viel Spaß beim Lesen!

Klaudia Blasl

Hexenflug

»Es gibt doch nicht Schöneres als die strahlenden Farben des Herbstes«, meinte Clemens und betrachtete beglückt den wilden Wein, dessen feuerrotes Blattwerk bereits den Giebel eines alten Gutshofs erklommen hatte.

Ich konnte ihm nur zustimmen. Der für einen Oktobertag ungewöhnlich blaue Himmel verlieh der idyllischen Landschaft einen nahezu überirdischen Glanz.

»Balsam für die Seele«, erwiderte ich enthusiastisch, während mir spontan ein paar Verse von Theodor Storm in den Sinn kamen: »Der Nebel steigt, es fällt das Laub. Schenk ein, den Wein, den holden …«

Clemens drehte sich um, tat so, als würde er eine Flasche Wein entkorken, und prostete mir mit einem imaginären Glas zu. »Auf dein Wohl, Udo! Und auf deinen Besuch.«

Mein alter Freund wirkte ehrlich erfreut über meine spontane Heimsuchung. Ich war doch recht überfallartig vor seiner Tür gestanden, nachdem der Arzt mir im Interesse meiner schwer angeschlagenen Nerven zu einer Auszeit fernab der Großstadt geraten hatte.

»Du wirst sehen, die gesunde Landluft wird dir guttun. Nichts als Ruhe, Frieden, glückliche Hühner und freundliche Menschen.«

Ich nickte. Es sah nach wahrhaft paradiesischen Zuständen aus.

Schon wollte ich meine Dankbarkeit darüber, hier Gast sein zu dürfen, in entsprechende Worte kleiden, als im ersten Stock des Gutshauses ein Fenster aufging, eine junge Frau erschien, auf den Sims kletterte und mit weit ausgebreiteten Armen in die Tiefe sprang.

Clemens und ich rannten nahezu gleichzeitig los. Als wir keuchend den leblosen Körper erreichten, kniete bereits ein Mann daneben.

»Dora«, flüsterte er. »Dora, sag doch was!«

Die Frau, die aus der Nähe betrachtet um die dreißig sein mochte, lag zusammengekrümmt auf der Erde und stöhnte leise vor sich hin. Obwohl es drei Uhr nachmittags war und außerdem Oktober, war sie nur mit einem dünnen Nachthemd bekleidet. Keine Strümpfe, keine Jacke, nichts.

»Wenn wir alle zusammen helfen, dann könnten wir sie ganz vorsichtig ins Haus tragen«, schlug ich vor und versuchte, die reglose Gestalt behutsam anzuheben.

»Auf gar keinen Fall.« Sanft drückte mich der verzweifelte Mann zur Seite. »Sie dürfen Dora nicht bewegen, keinen Zentimeter. Wenn ein Wirbel verletzt wurde, riskiert sie eine Querschnittlähmung.«

»Notarzt und Rettung sind bereits unterwegs«, bemerkte Clemens, der mit dem Handy in der Hand zu uns getreten war. »Und mach dir nicht zu große Sorgen, Felix. Es ist bestimmt nicht so schlimm, wie es aussieht.«

Der Mann, der demnach Felix (der Glückliche) hieß, wenngleich er gerade gar nicht danach wirkte, blickte zu uns hoch. »Es ist schlimmer«, seufzte er. »Viel schlimmer.«

Mein Freund nickte bedeutungsschwanger, ich schwieg betroffen. Hier musste mehr im Argen liegen als nur die Blumenrabatten, die einen recht ungepflegten Eindruck machten. Zwischen Löwenmäulchen, Studentenblumen, Astern, Silberkerzen und Herbst-Anemonen führten Fingerkraut, Gundelreben und Giersch einen wuchernden Kampf um die Vorherrschaft in den verwahrlosten Beeten. Die spärlich blühenden Rosen, die den Gutshof umgaben, sahen aus, als hätten sie bereits eine längere Durststrecke hinter sich, und zwischen den teuer wirkenden marmorierten Mosaikfliesen drängten sich büschelweise Gänsedisteln und Löwenzahn empor. Hier fehlte wohl schon seit Längerem eine liebevolle Hand, die diesem grassierenden Wildwuchs Einhalt gebot.

Gerade wollte ich nach einer Ackerwinde greifen, die sich mit strammen Ranken um eine Hochstammrose schlang, als der Klang des Martinshorns die bedrückende Stille durchbrach.

»Da kommen sie«, meinte Clemens hörbar erleichtert und eilte dem Wagen entgegen.

»Gleich sind sie hier, Liebling«, sagte der unglückliche Felix und strich der Frau über die Wangen.

»Kann ich irgendetwas tun?«, fragte ich, ohne die geringste Ahnung zu haben, wie Hilfe in so einem Fall beschaffen sein könnte.

Zu meiner Überraschung nickte der Mann. »Bitte bleiben Sie kurz hier, dann kann ich rasch ein paar Sachen holen.«

Ich kniete mich wieder hin, griff nach Doras Hand und sprach beruhigend auf sie ein, doch die verletzte Frau starrte mit weit aufgerissenen Augen reglos in die Ferne. Sie schien mich nicht zu bemerken. Ihr Atem ging kurz und flach, die Haut fühlte sich ungeachtet der spätherbstlichen Temperaturen heiß und trocken an, und ihre Pupillen glichen der einer Katze auf nächtlicher Jagd.

Vermutlich stand sie schwer unter Schock, dennoch –

Weiter kam ich mit meinen Überlegungen allerdings nicht, da die Rettungskräfte bereits im Eilschritt um die Kurve bogen und mich meiner Aufgabe enthoben. Mit routinierten Griffen betteten sie die junge Frau vorsichtig auf eine Bahre, während der Arzt mit Infusionsflaschen, Schläuchen, Kanülen und Blutdruckmanschette gleichzeitig hantierte.

Ich trat ein paar Schritte zurück, um den Einsatzkräften nicht im Weg zu stehen, und Clemens gesellte sich erneut zu mir.

»Hier können wir nichts mehr tun«, sagte er, nahm mich am Arm und zog mich Richtung Straße.

Widerwillig folgte ich ihm. Es missfiel mir, das Rosenstämmchen nicht von der Ackerwinde befreit zu haben.

»Nun, so gesund scheint die Landluft hier doch nicht zu sein«, neckte ich Clemens, als wir Stunden später unser Abendmahl einnahmen. »Eine junge Frau in Nachthemd ist mir selbst in der Großstadt noch nicht vor die Füße geflogen.«

Clemens kaute betroffen auf dem Tafelspitz herum, der so zart war, dass man ihn auch zahnlos hätte zerteilen können.

»Glaub mir, zu den ländlichen Sitten und Gebräuchen zählt das wirklich nicht. Und ich wohne jetzt schon seit zwei Jahren hier.«

Mein Freund hatte sich nach seinem Pensionsantritt entschlossen, seiner großen Liebe, dem Golfspiel, zu folgen, und war in ein schmuckes kleines Haus direkt hinter der Driving Range gezogen, während ich in der Stadt geblieben war, um weiterhin daran zu scheitern, pubertären Fratzen biologisches und umweltkundliches Wissen einzutrichtern. Das größtenteils mangelnde Interesse von hormongesteuerten Jugendlichen an meinem Unterrichtsfach hatte mich allerdings nie gestört. Erst dem schier endlosen Dachbodenausbau einer profitgierigen und offenbar planungsunfähigen Bauträgergesellschaft war es nach beinahe einem Jahr Dauerkrawall, schwankenden Beleuchtungskörpern und zunehmend größeren Sprüngen im Plafond gelungen, mich an den Rande eines Nervenzusammenbruchs zu bringen. Als dann auch noch versehentlich die Hauptwasserleitung angebohrt wurde und mein Domizil zu einem Feuchtbiotop mutierte, hatte ich im wahrsten Sinne des Wortes das Handtuch geworfen, zwei Koffer gepackt und war auf Anraten meines Arztes zu Clemens geflohen.

»Fahren Sie an den abgeschiedensten und langweiligsten Ort der Welt«, hatte mir der Doktor empfohlen, »und zählen Sie dort die Schäfchenwolken. Wenn Sie bei siebenundachtzigtausendneunhundertdreizehn angelangt sind, können Sie wieder zurückkommen. Vorher nicht.«

Deshalb war ich also hier. Doch nach Langeweile und Wolkenzählen sah mir mein Aufenthalt nach nicht einmal einem Tag eher weniger aus.

Ich nahm einen großen Schluck Wein und wandte mich an Clemens.

»Erzähl mir etwas über diese Frau«, bat ich ihn. »Ich habe den Eindruck, als wäre ihr Fensterflug nicht ganz aus heiterem Himmel passiert.«

Wobei meteorologisch betrachtet absolut wolkenloses Wetter geherrscht hatte.

Clemens blickte mich traurig an, bevor er gleichfalls zu seinem Glas griff, als wollte er sich noch ordentlich Mut antrinken, bevor er den Mund aufmachte.

»Ich sollte wirklich nicht darüber reden, das Ganze ist doch so schon unangenehm genug für den armen Felix.« Er seufzte. »Aber als Augenzeuge hast du wohl ein gewisses Anrecht auf ein paar Hintergrundinformationen.« Er zog die Flasche näher zu sich heran. »Die Sache mit dieser Dora ist leider wirklich schlimm«, meinte er und schenkte sich nach. »Dabei ist oder besser gesagt *war* Felix' Frau bis vor etwa zwei Monaten noch ein lebenslustiger, intelligenter und ganz normaler Mensch. Aber dann hat sie praktisch über Nacht den Verstand verloren.«

»Einfach so?« Das konnte ich mir beim besten Willen nicht vorstellen. Man verlor seinen Verstand ja nicht wie Haustürschlüssel. Oder Einkaufszettel.

»Ja, einfach so. Ohne jede Vorwarnung. Nach einer gemeinsamen Runde auf der Driving Range war ich mittags bei Felix zum Essen geladen, und Dora trug die Suppe auf. Grießnockerlsuppe mit handgemachten Nockerln, so wie ich sie liebe. Und auf einmal springt sie auf, wirft ihren Teller gegen die Wand und beginnt zu brüllen, dass ein blutroter Delphin nach ihr schnappen würde. Dabei hat sie das Tischtuch vom Tisch gerissen, mitsamt Töpfen und Tellern, und einen auf Stierkampf gemacht. Es war gruselig. Grauenhaft und gruselig.«

Ich nickte. Das hörte sich wirklich nach schlechtem B-Movie an. »Und dann?«

»Dann fiel sie irgendwann erschöpft um. Felix, der unser Landarzt hier ist, hat ihr ein Beruhigungsmittel gespritzt, und dann haben wir die immer noch Tobende mit vereinten Kräften ins Bett verfrachtet.«

»Und dort ist sie dann bis zu ihrem heutigen Auftritt geblieben?«, fragte ich ungläubig.

»Aber nein, natürlich nicht. Nach ein paar Tagen war Dora wieder ganz die Alte und konnte sich an nichts erinnern. Doch am Wochenende darauf erlitt sie einen weiteren Anfall. Und die wiederholten sich in immer kürzeren Abständen. Einmal verfolgten sie Brontosaurier, dann hatte sie einen Krieg der Sterne auszufechten oder gegen einen Schreibtischstuhl zu kämpfen, und zweimal glaubte sie, ein Kind zu gebären, das sich als Hundewelpe beziehungsweise Marsmensch entpuppte. Dann waren da noch die kleinen blinkenden Killerwanzen, die sie bei lebendigem Leib auffressen wollten, und ein anderes Mal ist Dora nackt auf die Straße gerannt und hat den Postboten verbellt.«

Dieser Felix konnte einem wirklich leidtun, dachte ich. Alleinstehend zu sein war vielleicht doch nicht so schlecht. Zumindest musste man seinen Beziehungsstatus auf Facebook nicht wöchentlich von »verheiratet« zu »verrückt« und wieder retour ändern.

Clemens schienen ähnliche Gedanken durch den Kopf zu gehen, denn unvermittelt meinte er: »Besser allein als in gefährlicher Gesellschaft.«

Darauf erhoben wir die Gläser und erwähnten Felix und Dora den restlichen Abend über mit keinem Wort mehr.

Am darauffolgenden Tag machten wir uns auf in die Berge. Clemens hatte die Golfschläger vorübergehend gegen Wanderstöcke getauscht und eine gemütliche Drei-Hütten-Tour für uns zusammengestellt. Eine ganze Woche lang waren wir unter der strahlenden Herbsthöhensonne unterwegs, erfreuten uns an blühendem Enzian sowie berauschendem Almtee und dachten keine Sekunde lang an Doras Schicksal.

Erst nach unserer Rückkehr, mit müden Muskeln, aber erfrischtem Geist, fielen uns Felix und seine Frau wieder ein.

»Ich ruf ihn rasch an«, sagte Clemens, kaum hatte er sich die Bergschuhe von den Füßen getreten. »Der Arme ist bestimmt durch die Hölle gegangen, während wir unter dem siebten Himmel gewandert sind.«

Aber die Lage im Hause des Landarztes stellte sich – für beide Seiten – beruhigenderweise als einigermaßen stabil heraus. Dora hatte sich zwar einen Hüftbruch zugezogen und drei Rippen geprellt, war ansonsten aber unverletzt geblieben. Acht Wochen Bettruhe und ihre Knochen würden wieder zusammengewachsen sein, ließ Felix uns wissen. Nur für den angeschlagenen Geist sah die Prognose eher düster aus.

»Er hat uns übrigens für übermorgen zum Essen eingela den«, teilte mir Clemens nach dem Telefonat mit. »Ich glaube, er braucht ein wenig Gesellschaft, um auf andere Gedanken zu kommen.«

Anderntags fanden wir uns also pünktlich zum Mittagsgeläut erneut am Schauplatz des Fenstersturzes ein. Im Gepäck zwei Flaschen köstlichen Bordeauxwein und jede Menge aufmunternde Worte.

Felix wirkte gefasst, aber ausgesprochen mitgenommen, und während der delikaten Mahlzeit vermieden wir alle Themen, die ihm auf den Magen schlagen könnten.

Erst beim Kaffee wagte Clemens einen Vorstoß. »Und Dora?«

Felix sog hörbar die Luft ein, ehe er sich zu einer Antwort durchringen konnte. »Ich musste sie weggeben.«

Entsetzt sahen wir ihn an.

»Nein, also, ich meine …« Vor lauter Nervosität begann der arme Mann zu stottern. »Also, weil sich doch ihr Geisteszustand einfach nicht besserte – sie hat sich ja permanent selbst gefährdet – und ich ihr doch auch nicht ständig Benzodiazepine verabreichen konnte, das hätte sie auf Dauer umgebracht, also, deshalb habe ich letztendlich den Empfehlungen einiger befreundeter Neurologen zugestimmt und Dora in eine speziell auf ihre Bedürfnisse zugeschnittene Klinik verlegen lassen. Natürlich nur, bis sie wieder genesen ist. Dort ist sie jetzt in besten Händen, medizinisch und menschlich gesehen.«

Clemens und ich nickten. Das Wort »Nervenheilanstalt« getraute sich keiner von uns beiden in den Mund zu nehmen.

»Das war eine sehr vernünftige Entscheidung«, sprang Clemens dem Arzt schließlich moralisch bei. »Eine derartige Verantwortung ist zu viel für einen einzelnen Menschen. Noch dazu, wo du ja auch noch einen sehr anstrengenden und kräftezehrenden Beruf hast.«

Nun nickte auch Felix. »Es war bestimmt die schwerste Entscheidung meines Lebens, aber ich habe einfach keinen anderen Ausweg mehr gesehen.« Er schlug sich die Hände vors Gesicht. »Und trotzdem fehlt sie mir. Sie geht mir so unendlich ab. Wir waren noch nie länger als drei Tage getrennt.«

Es bedurfte zweier Stunden guten Zuredens plus dreier im Eichenholzfass gereifter Whiskys, um den Strohwitwer von seinen Selbstvorwürfen zu erlösen.

Als wir uns endlich verabschiedeten, drückte er uns mit Tränen in den Augen an die Brust. »Danke. Ich danke euch so sehr. Ihr seid wirklich wahre Freunde.«

Wir umarmten uns bestimmt noch ein halbes Dutzend Mal, bevor die Haustür endlich ins Schloss fiel.

»Gut, dass wir ihn wenigstens ein bisschen von seinen quälenden Gedanken abbringen konnten«, meinte Clemens, der auf Felix' Terrasse stehen geblieben war, um sich eine Zigarre anzuzünden. »Nicht nur Dora braucht Hilfe, auch er. Wir sollten von jetzt an öfter nach ihm sehen.«

Dem konnte ich nur beipflichten. Und auf einmal fiel mir die Rose wieder ein.

»Wart noch einen Moment«, bat ich Clemens. »Bin gleich wieder da.« Rasch querte ich den Garten, um die Ackerwinde von der Hochstammrose zu entfernen. Ich konnte förmlich spüren, wie das edle Gewächs nach meiner Befreiungsaktion aufatmete, dafür legte sich mir ein Mühlstein um den Hals.

Den Heimweg verbrachten wir schweigend.

Am nächsten Tag täuschte ich einen dringenden Termin in der Stadt vor, von dem man mich angeblich viel zu spät in Kenntnis gesetzt hatte, und reiste schweren Herzens ab.

»In zwei Tagen bin ich wieder hier, versprochen«, verabschiedete ich mich von Clemens, während ich schuldbewusst den Blick senkte, um meinem warmherzigen Freund nicht in die Augen schauen zu müssen. Was ich vorhatte, würde mein gutes Gewissen und seine Gutgläubigkeit in ihren Grundfesten erschüttern.

Und ich hielt mein Versprechen. Keine achtundvierzig Stunden später klopfte ich erneut an seine Tür.

»Gut, dass du da bist!«, rief Clemens mir statt einer Begrüßung entgegen. »Komm schnell rein, der Kaffee ist schon fertig.«

Während ich Platz nahm und er die Tassen auf den Tisch stellte, fragte ich scheinheilig: »Was ist denn passiert? Du wirkst so aufgeregt.«

Mein Freund ließ sich ächzend auf seinen Lieblingsstuhl fallen und legte umgehend los. »Stell dir vor, der Felix, dieser Schuft, dieser widerliche Lügner, der so auf besorgter Ehemann gemacht hat, der ist gestern verhaftet worden.«

»Das glaub ich nicht.« Was eine glatte Lüge war, schließlich hatte ich für seine Verhaftung gesorgt. Mit einer anonymen Anzeige, für die ich mich bereits im Vorfeld ausreichend geschämt hatte.

»Doch. Und weißt du, warum?«

Ich schüttelte den Kopf, während ich mit dem Kaffeelöffel in der Tasse konzentrische Kreise rührte.

»Weil er Dora umgebracht hat. Kannst du dir das vorstellen? Während wir bei ihm am Tisch saßen und uns Hirschbraten mit Pilzsoße haben schmecken lassen, ist seine Frau schon tot im Garten gelegen.«

Theatralisch riss ich die Augen auf. »Aber dort hätten wir sie doch gesehen«, warf ich ein.

»Natürlich nicht auf der Erde, sondern unter der Erde. Dieses Schwein hat sie einfach vergraben. Von wegen Sanatorium …«

»Unglaublich. Auf so eine Idee wäre ich ja im Leben nicht gekommen.« Was gleichfalls gelogen war. Denn als ich die Rose von der Ackerwinde befreit hatte, war mein Blick zwangsläufig auf die umliegenden Rabatten gefallen. Und dabei hatte ich gesehen, dass dort, wo zehn Tage zuvor noch die Herbst-Anemonen und Silberkerzen ihr unkrautüberwuchertes Dasein gefristet hatten, mir – aus einem perfekt gejäteten Beet – auf einmal Rittersporn und Fingerhut entgegenlachten. Die zu dieser Jahreszeit eigentlich nicht mehr blühten, es sei denn, man hatte sie direkt aus einem Gewächshaus ins Freiland verpflanzt. Doch warum hätte man das tun sollen? Ein einzelnes Blumenbeet gartenmagazintauglich machen, aber die schädlichen Ackerwinden knappe zwei Meter daneben an den Rosen belassen? Dafür hatte es meiner Ansicht nach nur einen Grund geben können: Jemand hatte etwas vergraben. Etwas sehr Großes und sehr Geheimes, eine Ehefrau zum Beispiel.

»Niemand wäre auf so eine Idee gekommen«, pflichtete Clemens mir bei. »Und ich am allerwenigsten. Ich hab den Felix für einen Freund gehalten, einen ehrlichen, bemitleidenswerten Menschen, und stattdessen hat er sich als Mörder und Giftmischer entpuppt.« Zornesröte stieg ihm ins Gesicht. »Das muss man sich mal vorstellen, dass dieser Teufel seine Frau mit Hexenkräutern in den Wahnsinn getrieben hat. Wohldosiert und über Wochen hinweg, hat mir der Gerichtsmediziner gestern gesagt. Stechapfelsaft und Tollkirschentee musste die arme Dora trinken, bis sie völlig durchgedreht ist.«

»Und uns vor die Füße flog«, warf ich ein, nur um etwas zu sagen.

»Genau. Ein abscheulicher, vorsätzlicher und sorgfältig geplanter Mord. Nach dem Sturz und der Entlassung aus dem Krankenhaus hat dieser Unmensch ihr einfach eins über den Kopf gezogen und sie im Garten verscharrt. Und weißt du, warum? Aus Habgier! Weil er ihr Geld wollte. Sie war es nämlich, die Haus und Hof in die Ehe mitgebracht und damit seine ganze Ordination finanziert hat, aber das war ihm nicht genug, er wollte alles, und zwar einzig und allein für sich selbst.«

»Grauenhaft«, murmelte ich. »Einfach nur grauenhaft. Bitte lass uns von etwas anderem reden, sonst kommt mir noch die Galle hoch.«

Clemens nickte. »Da hast du recht, mir dreht sich auch schon der Magen um. Reden wir lieber über die Radtour, die wir noch unternehmen wollten. Ich dachte an eine Runde durch die Aulandschaft bis zum Dreiländereck. Viel Natur, wenig Leute.«

»Hervorragend«, stimmte ich ihm zu. Immerhin musste ich endlich damit anfangen, die ärztlich verordneten siebenundachtzigtausendneunhundertdreizehn Schäfchenwolken zu zählen.

Stechapfel, Datura stramonium (sehr giftig)

Mittel der Hurenwirte, Rosstäuscher, Hexen und Mörderbuben

Das Sündenregister des Stechapfels ist derart lang, dass er wohl ewiglich in der Hölle schmoren müsste, gäbe es ein Jüngstes Gericht für gemeine Gewächse. Bereits vor Jahrhunderten hat das Tollkraut die Menschen in Form von Liebestränken und Hexensalben um ihre Gesundheit und den Verstand gebracht. »Knochentrocken, stockblind, verrückt wie ein Huhn und heiß wie ein Vulkan«, so beschreibt ein Arzt die Symptomatik einer Vergiftung mit Datura. Die LSD-ähnliche Wirkung der Pflanze kann sich bei falscher Dosierung allerdings leicht bis ins Grab erstrecken. Allein in Indien ereigneten sich in fünfzehn Jahren 2.728 Fälle von Mord oder Selbstmord durch die Donnerkugel.

Und auch hierzulande hat der Stechapfel für viel Unheil gesorgt. 1830 wird im »Handbuch des Straf-Verfahrens« sogar vermerkt, dass die damit Vergifteten vor ihrem Tode unter wahnsinnigen Zuständen litten. Doch manchmal sollten die Giftopfer nur vorübergehend sediert werden, was viel Fingerspitzengefühl erforderte. Hurenwirte und Bordellbesitzer etwa bewiesen meist ein gutes Händchen für exakte Dosierungen, wenn sie den »neuen« Mädchen die Samen (wie heutzutage K.-o.-Tropfen) unters Essen mischten, um diese wollüstig und willfährig zu machen. Pferdehändler hingegen schoben ihren Schindmähren gerollte Datura-Blätter in den Mastdarm, damit diese sich recht feurig – und somit verkaufsfördernd – verhielten. Und der Literat Gustav Meyrink hat dem Gewächs in »Coagulum« sogar ein literarisches Denkmal schwarzer Magie gesetzt, indem er eine Kinderleiche mit giftigem Rauch aus Ginster, Nachtschatten und Stechapfel würzte.

Dennoch wurden Extrakte der Pflanze lange Zeit und mit katastrophalen Folgen auch als Asthmamittel eingesetzt. Der Chemiker und Alchemist Johann Joachim Becher vermerkte bereits 1663 in seinem »Parnassus Medicinalis«: »Stechapffel seyend sehr kalt, man nimmt sie nicht in leib, wer nicht gerne sterben will.«

Info: auch Donnerkugel, Zigeunerkraut, Dornapfel, Tollkraut, Stachelnuss, Liebeszwinger oder Hexenkraut genannt. Strauchiges, unangenehm riechendes Nachtschattengewächs mit zugespitzten Blättern und großen weißen Trichterblüten. Die kastaniengroßen Fruchtkapseln haben rundum Stacheln und schwarze Samen. Blüte: Juni–September | **Inhaltsstoffe:** Hyoscyamin, Scopolamin, Atropin | **Vergiftungserscheinungen:** (ab 0,3 g) trockene Schleimhäute, brennender Durst, erweiterte Pupillen, heftige Krämpfe, Gedächtnisverlust, Sprachverlust, Lähmungen, Erregung, Heiterkeit, Tobsucht, Übelkeit, Schlaflosigkeit, Wahnvorstellungen, Atemlähmung, Tod

Tod eines Biogärtners

»Mysteriöse Todesfälle rund um bekannten Biogärtner«.

»Tödliche Schüsse, giftige Kuchen – die Rache des Naturgarten-Stars?«

»Schauplatz Tatterersee – wo der Tod einen grünen Daumen hat«.

So und ähnlich lauteten die Schlagzeilen in jenem dramatischen Sommer in Straßfelden am See. Die Titelseiten der Boulevardmedien übertrumpften sich in haarsträubenden Hypothesen, während die mit den mysteriösen Fällen beauftragten Ermittler den Tag bereuten, an dem sie sich für den Polizeidienst entschieden hatten. Drei Leichen, zwei davon vergiftet, eine erschossen, der halbe Pfarrgemeinderat im Krankenhaus und die gesamte Bevölkerung in Alarmbereitschaft – von einer derart mörderischen Bilanz konnten selbst Killerviren nur träumen.

Aber berichten wir von Anfang an.

Der kapitale Hirsch schien aus dem Nichts zu kommen, setzte direkt vor dem Mann mit der Waffe in majestätischer Manier über den schlammigen Forstweg nahe dem Ufer und verschwand schier lautlos im dichten Unterholz. Erschrocken verriss Dragomir das Gewehr und drückte ab. Kurt Blumburger, der exakt in diesem Moment den Forstweg erreichte, stürzte wie gefällt zu Boden. Das Projektil hatte ihn mitten ins Herz getroffen. Blattschuss, wie Jäger zu sagen pflegen. Der trainierte Läufer starb auf der Stelle und in Bestform, bei Kilometer neunzehn Komma sieben seines angestrebten Halbmarathons und mit perfekten Pulswerten. Der Schütze hingegen stand kurz vor einem Infarkt. Man hatte ihn bezahlt, um einen räudigen Köter abzuknallen, nicht, um einen Menschen zu töten. Er war doch kein Mörder. Panisch hetzte Dragomir zu seinem Wagen, riss die Tür auf, schob die Waffe in ihr Versteck neben dem Achsträger und gab Gas. Zwei Stunden später hatte er Österreich bereits auf Nimmerwiedersehen verlassen.

Etwa zur selben Zeit starrte Alex auf die hässliche graue Wand seiner Gefängniszelle. Er sehnte gleichfalls ein Nimmerwiedersehen mit diesem Ort des Grauens herbei, musste sich allerdings noch zwei Tage gedulden. Dann würde man ihn endlich in die lang vermisste Freiheit entlassen. Ein Ereignis, dessen Bedeutung irgendwo zwischen dem Untergang des Weströmischen Reichs und der Auferstehung Christi anzusiedeln war. Zumindest für ihn. Fünf Jahre lang hatte er wegen schweren Einbruchs hinter schwedischen Gardinen ausharren müssen, ein Leben in Zeitlupe geführt und den Kampf gegen gute Vorsätze, böse Fettzellen sowie die moralische Oberliga der Anstaltspsychologen verloren. Niedere Instinkte, unterdurchschnittliche Intelligenz und eine baldige Rückkehr auf die schiefe Bahn wurden ihm von diesen Seelenklempnern attestiert. Dann hatten diese hinterfotzigen Hirnpathologen mit krakeliger Handschrift und in roter Tinte einen Aktenvermerk darüber angebracht, fest davon überzeugt, ihn tief im Innersten durchschaut zu haben. Was für Blindgänger! Ausgerechnet er, der zu Höherem bestimmt war, intellektuelle Spitzenleistungen vollbracht hatte und statt erneut auf der schiefen Bahn geradewegs in paradiesischen Zuständen landen würde, weil draußen bereits das große Geld auf ihn wartete. Und zwar seit exakt fünf Jahren. Aber das war sein Geheimnis, von dem niemand auch nur die geringste Ahnung hatte. Außer einem Stück Brachland voller Brennnesseln, aber das hatte bestimmt geschwiegen.

Während Alex also weiterhin die Risse im schmutzig grauen Verputz der Zellenwand betrachtete, gab es für Blumburger gar nichts mehr zu sehen. Seine Aussichten, nach dieser zufälligen Inszenierung des Freischütz-Dramas auch noch den vorsätzlich geplanten Giftanschlag auf sich zu erleben, standen bei null.

Dabei hatten sich seine zwei Möchtegernmörder monatelang mit der heimtückischen Ablebensplanung des Biogärtners befasst. Und nun, wo sie endlich alles in die Wege geleitet hatten, war der Mann einer verirrten Kugel zum Opfer gefallen.

»Ich pack es nicht«, meinte Grubinger, der ältere Teilhaber von Grubinger & Grosz, dem unbestrittenen Marktführer des Landes in Sachen Pflanzenschutzmittel und Kunstdünger, kaum hatte ihm seine Sekretärin vom Tod Blumburgers erzählt. Loredana war die Nachbarin der verwitweten Schwester vom Inhaber der örtlichen Fleischerei, bei der die Dorfpolizisten ihre täglichen Leberkässemmeln bezogen, oder mit anderen Worten: ein langbeiniger und vollbusiger Garant für zuverlässige und rasche Informationsweitergabe.

Umgehend hatte Grubinger seinen Kompagnon zu sich bestellt. Nun saßen die beiden zusammen und überlegten, ob das nun eine Frohbotschaft oder vielmehr eine Hiobsbotschaft war.

»Wie ist es denn passiert?«, fragte Grosz, der jüngere Teilhaber der Pestizidmanufaktur, und fixierte seinen Bierkrug, als wollte er die Schaumkrone zu einem Geständnis zwingen.

»Beim Laufen haben s' ihn erlegt. Im Wald. Sagt die Lori, die es von der –«

»Schon gut«, schnitt ihm Grosz das Wort ab. Er kannte die Abläufe des örtlichen Informationsclusters zur Genüge, hatte er doch selbst über Jahre Bettstatt und Berichterstattung mit Loredana geteilt. Damals hatte ihre blondierte Vorzimmerdame allerdings noch keine kostspieligen Silikondepots mit sich herumgetragen. »Sport ist halt manchmal wirklich Mord«, schlussfolgerte er.

»Jedenfalls hat uns irgendwer die Drecksarbeit abgenommen.« Grubinger erhob seinen Krug. »Lass uns auf den unbekannten Wohltäter anstoßen.«

Grosz zögerte. »Findest du es nicht auch seltsam, dass dieser verdammte Kompostkriecher über Jahre hinweg ungestört seinen Naturgartenquatsch predigen konnte, und kurz bevor wir ihn endlich zum Schweigen bringen wollen, lässt ihn ein anderer ins Gras beißen? Warum ausgerechnet jetzt? Warum nicht schon viel früher?«

»Ist doch egal. Hauptsache, er ruht auf ewig im Reich der Regenwürmer. Dort passt er eh gut hin.«

Ein paar Minuten lang gaben die beiden sich dieser erfreulichen Vorstellung hin.

»Verdient hat er's jedenfalls«, sagte Grubinger schließlich. »Wenn ich mir unsere Bilanzen der letzten Quartale so anschaue, frag ich mich, warum wir diesem Bienchen-Blümchen-Mist überhaupt so lange zugeschaut haben.«

Grosz nickte. Seit Kurt Blumburger den biologischen Gartenbau für anspruchsvolle Faulpelze im ganzen Land propagierte, war dessen Anhängerschaft ins Unermessliche gestiegen, während sich ihr Absatz an Herbiziden, Fungiziden und Insektiziden im kontinuierlichen Sinkflug befand. Früher, bevor dieser Biofuzzi die botanische Heimgartenbühne betreten hatte, da hatten sich die Leute noch um ihre Round-down-Bestände geschart wie um die Kronjuwelen der Kaiserin. Ihrer Ansicht nach gab es auch weit und breit keine bessere Waffe im Kampf gegen unliebsame Gewächse als Glyphosat. Doch wegen dieses Gartengurus war die Stimmung nach und nach gekippt. Statt zur Chemiekeule zu greifen, griff man zu Blumburgers Gartenbüchern, statt flächendeckend Pflanzenschutzmittel und Kunstdünger zu verteilen, verteilte man Urgesteinsmehl gegen Blattläuse oder Zimtpulver gegen Ameisen und setzte kübelweise Schachtelhalmsud und Brennnesseljauche an.

Ein Wahnsinn. Selbst traditionelle Unkräuter mutierten allmählich zu ausgewachsenen Delikatessen. Angeblich gab es bereits Menschen, die Giersch und Gundermann als Gemüse betrachteten statt als bodendeckenden Abschaum auf einem gepflegten Rasen.

Damit hatte es vor knappen zehn Jahren überhaupt begonnen. Mit dem traditionellen englischen Rasen, dessen Halme einen ordentlichen millimeterkurzen Schnitt aufwiesen, sortenrein angesät, ohne wildwüchsige Invasoren wie Löwenzahn oder Gänseblümchen, dafür begrenzt von akkurat gepflegten und mit der Wasserwaage ausgerichteten Kanten. An prominenter Stelle gehörten ihrer altväterischen Ansicht nach edle

Teerosen platziert, die gekiesten Wege oder Waschbetonplatten wurden von Lavendel flankiert, und hinter dem Haus legte man die Gemüsebeete an. Dazu ein paar Topfgeranien, Petersilie, Schnittlauch und Liebstöckel für den Küchengebrauch sowie eine Hecke als Sichtschutz. Bevorzugt Thuje, Buchsbaum oder Kirschlorbeer.

Doch dann war Blumburger gekommen. Und der ließ der Natur einfach ihren Lauf, fand Blindschleichen nützlich, Brennnesseln praktisch und Farnkräuter hübsch. Er philosophierte über die Bedeutung von Wildbienen und Totholztürmen, baute Kartoffeln in Kisten an und Bohnen im Blumenbeet, schrieb ein Dutzend Gartenbücher, trat im Fernsehen auf und hatte sich einmal derart medienwirksam gegen stecknadelkurz abgemähte, sterile und insektenfeindliche Grünflächen ausgelassen, dass ihre Firma zwei Wochen lang keine einzige Packung ihres sensationellen Unkrautvernichters verkauft hatte.

Kurz gesagt, aus betriebswirtschaftlicher Sicht hatte sich der Biogärtner als Totengräber von Grubinger & Grosz entpuppt.

»Der Mann muss weg«, hatte letztendlich ihr einzig praktikables Sanierungskonzept gelautet. Um wieder in die schwarzen Zahlen zu kommen, würden sie einen gärtnerischen Umkehrschwung Richtung Chemiekeule bewirken müssen.

Aber das Problem mit dem Wie war schwieriger zu lösen gewesen als jeder gordische Knoten.

Grubinger hatte eine Entführung erwogen. »Mit dem Lösegeld könnten wir unsere Verluste wieder ausgleichen!«, rief er euphorisch aus.

Doch Grosz war dagegen gewesen. »Und wenn er dann wieder freikommt, ist er berühmter als zuvor. Außerdem haben wir keine Ahnung von Freiheitsberaubung, Betäubungsmitteln, Fesselungstechniken, Erpresserbriefen und Geldübergabemodalitäten. Viel zu kompliziert. Mal ganz abgesehen von der Schwierigkeit, hier bei uns einen erwachsenen Menschen tagelang versteckt zu halten. Immerhin hat der Tatterersee das höchste Fremdenverkehrsaufkommen im ganzen Land. Da bleibt kein Mäuseloch unentdeckt.«

»Dann versenken wir ihn halt. Das Wasser ist tief und touristisch unerschlossen. Ich spendier Blumburger auch meine Bowlingkugeln für einen ordentlichen Tauchgang.«

Und wieder hatte Grosz abgewunken. »Wir müssen ihn durch sein Werk zerstören. Wenn er einfach stirbt, wird er vom großen Gott des Grünzeugs bestimmt noch heiliggesprochen.«

Ein Argument, dem sich auch Grubinger nicht entziehen konnte.

Wochenlang hatten sie ihre kleinen grauen Zellen strapaziert, bis Grosz eines Abends beim dritten Bier die Erleuchtung hatte. »Wir vergiften ihn. Aber nicht nur ihn, sondern auch seine Gäste. In zwei Wochen findet doch das sommerliche Gartenfestival bei ihm statt, eine bessere Gelegenheit gibt es nicht. Und wenn dann seine halbe Gefolgschaft statt im Blumenparadies im Krankenhaus landet, kann er mit seinem grünen Daumen in Zukunft nur noch in der Nase bohren, mehr nicht.«

»Ich versteh nicht ganz?«

»Ist doch ganz einfach. Wenn ausgerechnet ein Biogärtner sich und hundert andere mit echter Natur aus seinem ach so biologischen Garten vergiftet, dann steigt schlagartig das Vertrauen in synthetische Produkte. Also in zuverlässige Chemie. Glaub mir. Wer Wasser aus einem Bach trinkt und davon Durchfall bekommt, der nimmt sich bei der nächsten Wanderung ein Sprudelsafterl in der Plastikflasche mit.«

Das leuchtete auch Grubinger ein.

Nach dieser kriminellen Offenbarung hatten sie mit vereinten Kräften einen schlichtweg unfehlbaren Plan entworfen, um Blumburger mit seinen eigenen Waffen zu schlagen.

Nach nächtelangen Recherchen hatte Grubinger die Kornrade als perfekte Übeltäterin auserkoren. »›Bereits seit dem Frühneolithikum als Wintersaatunkraut gefürchtet, hat die schmucke einjährige Pflanze meist unter dem Namen Nigella raden über Jahrhunderte für böses Bauchgrimmen, migräneartige Zustände, Delirien, Koma und schlimmstenfalls Atemlähmungen gesorgt. Da sie am allerliebsten auf Getreideäckern wuchs, gelangten ihre Samen mitsamt Saponinen, allen voran das giftige Githagosid, ins Brot oder Bier, den Branntwein oder Kornkaffee‹«, hatte er aus einem bekannten Giftpflanzenführer zitiert. »Genau das, was wir brauchen.«

Und Grosz, der seine virile Standfestigkeit in Form von Beckenbodengymnastik gern auf slowakischen Matratzen trainierte, hatte sich daraufhin erstmals in seinem Leben mehr um Samenstände als um Samenspenden bemüht und in beziehungsweise um Bratislava herum sämtliche Kornradebestände aufgekauft oder aus Naturgärten gestohlen, da das bedrohliche Blümchen auf freier Flur nahezu ausgerottet war.

Der Rest war ein Kinderspiel gewesen. Sie hatten die Samen getrocknet, gemahlen und danach in einen Fünf-Kilo-Sack Mehl gemischt, den sie zuvor in einer exklusiven Biogetreidemühle erworben hatten. Da Elli, Blumburgers Gattin, auf ihren Gartenfesten stets selbst gebackene Kuchen und Torten offerierte, hatten sie das Behältnis mit den toxischen Backzutaten nur noch als Geschenk verpacken müssen. Dazu eine nette Karte, auf der eine Maria sich für die tollen Gartentipps bedankte und zudem sehr bedauerte, beim diesjährigen Fest nicht dabei sein zu können – unter Hunderttausenden Verehrerinnen des Gartengurus hieß garantiert irgendeine Maria –, und ab auf die Post.

Das also war ihr unfehlbarer Plan gewesen. Am Montag hätten sie das böse Überraschungspaket aufgeben wollen. Doch der Biogärtner hatte ihnen einen Strich durch die Rechnung gemacht und vor seiner Zeit ins Gras gebissen. Nun würde man ihm garantiert ein Denkmal errichten, seine Werke mit Trauerflor versehen, als Reliquien handeln und mindestens vier Storchenschnäbel nach ihm benennen. Kurz gesagt, es würde genau das passieren, was sie hatten vermeiden wollen. Die Leiche würde werbewirksame Schlagzeilen machen. Ihre anfängliche Freude darüber, sich nicht mehr selbst auf kriminelle Abwege begeben zu müssen, löste sich nach und nach auf wie ein WC-Stein.

»Na, wenigstens haben wir uns das Porto gespart«, meinte Grosz nach langem Schweigen.

Grubinger nickte.

»Ich glaub, wir sollten das Zeug jetzt am besten entsorgen. Hol den Sack her, wir schütten alles weg.«

»Das hat doch noch Zeit«, widersprach Grubinger. »Ich hab es im Lager versteckt. Hinter den alten Ammoniakfässern. Dort schaut nicht mal die Putzfrau hin.«

»Hol es.« Grosz gab weder auf noch nach. »Stell dir mal vor, irgendein spatzenhirniger Polizist kommt auf die Idee, dass wir indirekt vom Tod Blumburgers profitieren. Und dann kommt der her, also der Bulle, nicht der Tote, löchert uns mit Fragen, stellt die Bude auf den Kopf und findet das Mehl.«

»Du meinst, die haben noch keinen Verdächtigen?«

»Was, wenn das nur Waidmannspech von einem schussgeilen Sonntagsjäger war? So Typen haben doch gern mal zwei Promille im Blut, grauen Star und Parkinson, legen auf einen kapitalen Hirsch an und treffen statt des Rotwilds einen Waldläufer. Und von denen wird sich keiner freiwillig stellen.«

Grubinger blickte Grosz an. »Wenn du bei der Kundenakquise nur halb so viel Phantasie beweisen würdest wie beim Schwarzsehen, wären wir so gut wie saniert.« Und weil sein Kompagnon nichts darauf antwortete, fügte er hinzu: »Aber gut, hol ich das Packerl halt.«

»Es ist weg.« Obwohl Grubinger beinahe im Laufschritt zurück ins Büro stürzte, verbreitete er umgehend eine Art geistige Windstille.

»Was?«

»Na, das Paket. Es ist einfach weg.«

»Hast auch richtig geschaut?«

»Ich hab Augen im Kopf. Und mit denen kann ich eine Spinnmilbe von einer Schmierlaus auf zehn Meter Entfernung unterscheiden. Wenn ich sag, es ist weg, dann ist es weg. Nicht hinter den Fässern, nicht neben ihnen, nicht auf ihnen und auch sonst nirgends.«

Und er behielt recht.

Der Leiharbeiter, den sie seit einer Woche in der Logistikabteilung einsetzten, hatte sein Jahrespensum an Arbeitseifer leider ausgerechnet auf ihr Unternehmen verwandt, das seiner Ansicht nach versehentlich ins Abseits geratene Paket gefunden, dienstfertig zugestellt und in seiner Stundenabrechnung die zehn Minuten Zeitaufwand für die beschwerliche Bergung eines Fünf-Kilo-Pakets hinter Ammoniakfässern penibel vermerkt. Sie konnten nur hoffen, dass er die fatale Sendung nicht auch noch mit einem neuen Adressaufkleber versehen hatte. Wo sie doch extra eine Tasse schwarzen Johannisbeersaft über dem Absender ausgeleert hatten. Zwecks der besseren Unleserlichkeit. Immerhin hieß keiner von ihnen beiden Maria.

»Und jetzt?« Grosz durchlebte in Gedanken bereits eine Art existenzielle Grenzerfahrung.

»Jetzt können wir nur hoffen und beten, dass Elli noch nichts gebacken hat und nach dem Tod ihres Mannes auch keine Lust mehr darauf hat.« Grubinger, der als Bub ministriert hatte, sandte ein Stoßgebet zum Himmel. Und um sich beidseitig abzusichern, rief er still und heimlich auch noch den Teufel an.

Aber keiner von beiden half.

Dafür schlug die Nachricht vom tragischen Ableben des berühmten Biogärtners höhere Wellen als der Tatterersee bei Sturm. Bereits am frühen Vormittag drängten sich die Leute in den Stuben der heimischen Gastwirtschaft zusammen, weil man an derart denkwürdigen Tagen lieber in der Gerüchteküche verweilte als am heimischen Herd.

Über allen Tischen lagen dichte Wolken aus Sensationsgier, Tratschsucht und invasiver Anteilnahme. Wobei die landläufig übliche üble Nachrede natürlich auch nicht zu kurz kam. Aber die betraf in erster Linie den vermeintlichen Täter.

»Ich hab's ja immer schon gewusst, ein Jäger, zehn Deppen«, posaunte etwa die Unterkofler Vreni durch den halben Speisesaal. »Hat meine Oma auch schon gesagt.«

Zustimmendes Nicken unter den Frauen.

»Offenbar muss man selbst am helllichten Tag mit Helm und Schutzweste laufen«, meinte der Wirt, der sein ganzes Leben noch nie spazieren gegangen, geschweige denn gelaufen war.

Da Blumburger mit einer Blaser Repetierbüchse Modell R8 erschossen worden war, einer typischen Waffe der Waidmannszunft, hegte niemand auch nur die geringsten Zweifel an deren Täterschaft.

Bis auf die Jäger selbst. Denn es war Schonzeit. Zumindest für Rotwild. Und beim Erlegen eines Hasen oder eines Wildkaninchens hätte man keinesfalls das Herz eines hochgewachsenen Mannes getroffen, sondern höchstens dessen Schienbein, wurde der zuständige Revierjäger nicht müde zu widersprechen. Aber seine Beteuerungen stießen auf taube Ohren.

Und die wirklich Schuldigen schwiegen.

Dragomir lernte erneut die Schönheiten seiner ostrumänischen Heimat schätzen und akzeptierte nach diesem unfassbaren Fall von Waidmannspech keinerlei Aufträge aus dem Ausland mehr. Dragomirs Auftraggeber hingegen, die FFLV-Front (Freedom for Lake View), also die ebenso geheime wie radikale Bewegung zum Schutz der freien Sicht an den Ufers des Tatterersees, hätte dem Schützen am liebsten noch einen Bonus ausbezahlt, hatte er ihre Anweisung doch mehr als erfüllt. Immerhin kämpfte die Front mit allen Mitteln für unverbaute Panoramablicke auf das Gewässer. Und da Gemeinde, Land und Ökoparteien ihrer Ansicht nach so viel beziehungsweise wenig Rückgrat bewiesen wie gekochte Spaghetti, musste eben sie weitere Grundstücksbebauungen verhindern. Etwa, indem sie den geliebten Golden Retriever einer neuen Investorin abknallen ließ, während die betuchte Dame gerade einen Lokalaugenschein der in Frage kommenden Parzellen abhielt. Ein Ferienhaus in einer Gegend, wo einem nicht nur Stockenten und Reiher, sondern auch tödliche Kugeln um den Kopf flogen, ließe sich bestimmt nur schwer an den Mann bringen. Da müsste der Käufer schon pathologischer Adrenalinjunkie sein oder Präsident von Russland. Indem ihr Auftragskiller allerdings nicht den Hund erschossen hatte, sondern den unbestrittenen Star der Grünen-Daumen-Fraktion, waren die Erfolgsaussichten eines derartigen Projekts zur großen Freunde der FFLV gleich um ein Vielfaches gesunken. Wenn man bei einem friedlichen

Lauf um den See nicht nur Zecken, Kletten oder Bänderrisse riskierte, sondern gleich sein Leben, dann verbrachte man seinen Urlaub lieber anderswo.

Doch während Blumburgers Familie und alle Naturgartenfans der Nation um ihren Helden trauerten, hatte Alex ganz andere Sorgen. Am frühen Morgen hatten sich die Tore der Justizstrafanstalt hinter seinem Rücken geschlossen, am späten Nachmittag begab er sich bereits auf Schatzsuche. Sein letzter genialer Coup hatte ihm zwar dank einer dämlichen Überwachungskamera fünf Jahre Knast eingebracht, aber dafür auch eine Beute im Wert von etwa einer halben Million. Euro wohlgemerkt. Den edlen Kaschmir-Saphir, das mit Abstand teuerste Stück aus der Schmuckschatulle der von und zu Hohenstroller, hatte die Polizei nämlich nie gefunden. Nicht bei ihm, nicht bei Hehlern, nicht im Internet, weder im Ausland noch bei Versteigerungen, und er hatte geschwiegen. Von wegen unterdurchschnittliche Intelligenz. In Gedanken drehte er den Anstaltspsychologen ein paar Stricke für deren arrogante Überheblichkeit. Er hatte sie alle an ihren neugierigen Nasen, die sie unermüdlich in seinen Kopf zu stecken versuchten, herumgeführt, und niemandem von diesen Klugscheißern war das aufgefallen. Darauf war er ebenso stolz wie auf sein unauffindbares Versteck des als Zuckerhut geschliffenen Kaschmir-Saphir-Rings. Mit diesem Bruch hatte er sich aus der Liga der kleinkriminellen Vollzeitganoven in die Meisterklasse der Luxusdiebe katapultiert.

Wobei ein wenig Hausverstand schon genügt hätte, dem wertvollen Kleinod auf die Spur zu kommen, aber der schien bei den polizeilichen Berufsschnüfflern ebenso vom Aussterben bedroht wie Brachpieper, Gelbbauchunke oder Pechschnecke in freier Wildbahn. Wenn man den Tatort fluchtartig verlassen musste, hinter einem die Bullen, vor einem eine Straßensperre, linker Hand der See und rechter Hand ein Berg, dann blieben schließlich kaum Möglichkeiten, sich rasch seiner Beute zu entledigen. Außer direkt an der Straße. Und wenn man dann auch noch mit dreckigen Händen und lehmverkrusteten Schuhen verhaftet wurde, sollte doch selbst vorsätzlichen Intelligenzverweigerern klar sein, dass man kurz zuvor noch in der Erde gewühlt hatte.

Dem war allerdings nicht so gewesen. Sie hatten sein Auto zerlegt, seinen Magen geröntgt, den Stuhlgang untersucht und ihn auf Schritt und Tritt observiert, was angesichts seiner eingeschränkten Bewegungsfreiheit während der Untersuchungshaft ohnedies im Sitzen zu bewerkstelligen war, aber da lag der Klunker längst unter dem Busen wildwüchsiger Natur. Exakt tausendachthundertsiebenundachtzig Tage lang hatte sein Schatz in diesem von Brennnesseln überwucherten Grab geruht, nun würde er ihn endlich wiederauferstehen lassen. Und dank ihm ein neues, sorgloses Leben beginnen.

Doch als Alex sich der alten Villa mit der verwitterten Holzfassade näherte, schlug sein Enthusiasmus in Entsetzen um. Das einst verwilderte und verwahrloste Anwesen sah richtiggehend gepflegt aus. Das Haus war sauber verputzt, der Garten eine blühende Oase und die Brennnessel vor der morschen Veranda verschwunden. Noch schlimmer als der Anblick der ganzen Blumen, Büsche und Zierstauden traf ihn allerdings das riesige Aufgebot an Fahrzeugen der Funkstreife, die rund um das Grundstück parkten.

Die Schweißdrüsen des Ex-Knackis liefen zur Höchstform auf. Fünf Jahre lang hatte niemand etwas von seinem geheimen Versteck geahnt, aber kaum machte er sich auf, um seine hochkarätige Pensionsvorsorge aus ihrem erdigen Schließfach zu holen, schien das Anwesen auf einmal unter Polizeischutz zu stehen.

Obwohl der Juwelendieb noch meterweit von seinem Ziel entfernt war, fühlte er sich umgehend unter Beobachtung. Sein Gehirn rotierte im Schleudergang. Was machten die Bullen hier? Die konnten doch unmöglich von seinem Versteck wissen! Hatte er vor lauter vorfreudiger Entlassungsaufregung etwa im Schlaf gesprochen? Oder hatte der offensichtlich neue Hausbesitzer mit maximaler gärtnerischer Energie eine Umgrabungsoffensive gestartet und war dabei versehentlich auf das Kleinod gestoßen? Alex fand einfach keine Erklärung für diesen Aufruhr. Und die Bullen fragen war keine Option.

Missmutig wollte er bereits kehrtmachen, als ihm ein weibliches Walking-Geschwader wild gestikulierend entgegenkam. Zögernd trat er ihm in den Weg. »'tschuldigung, können Sie mir sagen, was da passiert ist?«, fragte er so freundlich wie möglich.

»Er will wissen, was da passiert ist«, äffte ihn eine walrossförmige Matrone mit Storchennestfrisur und Schweißflecken unter den Achseln lachend nach.

»Der muss auf dem Mond leben«, meinte eine andere in einem pink-gelb-blitzblauen Joggingensemble, dessen Anblick Augenkrebs verursachte.

»Nicht auf dem Mond, hinter dem Mond«, korrigierte eine dritte.

Alex bedauerte sein freundliches Lächeln, murmelte ein »Dann eben nicht« und drehte sich um.

»Kaufen Sie sich halt eine Zeitung!«, rief ihm eine der pseudosportlichen Schreckschrauben noch nach.

Und das tat er auch.

Im Haus der Blumburgers hingegen herrschte derweil bereits Friedhofsstimmung. Elli, die frisch verwitwete Gattin des Gartenidols, sah – botanisch ausgedrückt – wie eine Mischung aus Trauerweide und Tränendem Herzen aus, Sophie, die gemeinsame Tochter, erinnerte eher an eine verblühte Engelsträne, zart, zerbrechlich und mit weißem Gesicht, bis auf die vom Weinen geröteten Augen.

Selbst die anwesenden Polizisten machten eine traurige Figur. Sah man vom aufgefundenen Projektil einmal ab, das einer gängigen Jagdwaffe entstammte, hatten sie weder Spuren im Wald gefunden noch Hinweise aus der Bevölkerung erhalten. Und da es sich beim Opfer betrüblicherweise um eine im ganzen Land bekannte Berühmtheit handelte, bestand nicht die geringste Hoffnung, den Fall als ungeklärten Jagdunfall mit tödlichem Ausgang bald zu den Akten zu legen. Wobei die einheimischen Waidmänner nach wie vor jeden Vorwurf aufs

Vehementeste bestritten und die Kugel tatsächlich aus keiner im Land registrierten Waffe stammte.

»Das waren nicht wir, das war ein Mord«, hatte der Revierjäger von Straßfelden wütend erklärt, »und den wollen s' uns in die Schuhe schieben.« Was nicht ganz von der Hand zu weisen war.

Also fahndete die Polizei nicht nur nach einem unbekannten Jagdfreund, der zu viel Zielwasser getrunken hatte, sondern auch nach erklärten Feinden des Biogärtners. Die Suche gestaltete sich allerdings verworrener als jeder Schnittmusterbogen.

»Die von dieser Chemiefirma, die diese ganzen giftigen Unkrautvernichter herstellen«, Elli wies mit zitternder Hand vage über den See, »die haben meinen Mann bestimmt gehasst. Er hat ihnen ja das ganze Geschäft ruiniert, weil er für alle Probleme eine natürliche Lösung hatte.«

Natürlich konnte die Witwe nicht ahnen, wie nahe sie der Wahrheit mit ihrer Vermutung gekommen war. Allerdings hatten Grubinger & Grosz ja zu vergiftetem Mehl und nicht zu einer Waffe gegriffen, mit der sie ohnedies nicht hätten umgehen können.

»Der Fassold Fritz hat den Papa auch nicht gemocht, der war total neidisch auf ihn, weil der Papa sich besser ausgekannt hat als er«, schniefte Sophie.

Besagter Neidhammel war der mediale Konkurrent vom Blumburger, der bis zu dessen Auftreten die Nummer eins für botanische Themen in Fernsehen, Radio und Zeitung gewesen war. Doch der Biogärtner hatte ihm Rang und Reichweite abgelaufen. Nur blöd, dass der Fassold ausgerechnet zum Tatzeitpunkt im Krankenhaus gelegen hatte, weil er beim Rückschnitt eines Blauregens von der Leiter gestürzt war.

»Und sonst fällt Ihnen niemand mehr ein?«, fragte der älteste der vier anwesenden Inspektoren.

»Die Nachbarn, mit denen hatten wir anfangs auch viel Streit. Wegen der Brennnessel. Dem Wildwuchs. Weil wir die Forsythien ausgerissen haben. Das haben sie nicht verstanden«, antwortete die Witwe schluchzend.

Aber heute verstanden sie es. Es gefiel ihnen sogar. Und von den Verdächtigen besaß keiner einen Waffenschein.

»Ich hab dem Papa immer gesagt, er soll nicht so viel querfeldein laufen, das ist gefährlich.« Sophie hatte zwar eher an einen verstauchten Knöchel oder einen Herzinfarkt gedacht, aber letztlich mit ihrer Sorge recht behalten.

Da der sportliche Pflanzenflüsterer meist zur gleichen Zeit und auf denselben Pfaden seine schweißtreibenden Runden gedreht hatte, hätte ihm durchaus jemand auflauern können. Aber wer? Und warum?

Fragen, auf die die Betroffenen nie eine Antwort erhalten sollten, denn der Unglücksschütze und die FFLV-Front brachen ihr Schweigegelübde bis an ihr Lebensende nicht.

Nach diesem ersten bedauerlichen Vorfall legte das Schicksal fast achtundvierzig Stunden lang eine Pause ein, dann brach erneut die Hölle los.

Alex, der dank eifriger Zeitungslektüre das Rätsel der Polizeiinvasion auf dem Grundstück der alten Seevilla gelöst hatte, hatte bereits einen neuen Plan zur Hebung seines Schatzes gefasst. Da er wegen des gewaltsamen Todes des Hausbesitzers rund um die Uhr mit unliebsamer Polizeipräsenz rechnen musste, blieb ihm für seine Grabungsarbeiten im Grunde nur die Zeitspanne, in der das Begräbnis stattfinden sollte. Bestimmt würde auch die Polente an den Feierlichkeiten teilnehmen, Täter neigten ja angeblich dazu, der Verabschiedung ihres Opfers beizuwohnen.

Am Freitagnachmittag war es dann so weit. Während Menschenmassen zur kirchlichen Trauerfeier zogen, marschierte der Ganove auf einsamen Schleichwegen zum Anwesen der Blumburgers, das verlassen dalag. Dank der blickdichten Hecke zur Straße hin konnte niemand ein neugieriges oder gar misstrauisches Auge auf ihn werfen.

Rasch begann er zu graben. Statt brennender Unkräuter musste er nun allerdings dorniges Gestrüpp bezwingen, denn ausgerechnet an der Stelle, wo der Ring seiner Erinnerung nach ruhte – nämlich exakt drei Schritte vom Giebel des linken Erkerfensters geradeaus und dann zwei Schritte im rechten Winkel nach links –, hatte der tote Gärtner offenbar eine Rose gesetzt. Alex hätte den wehrhaften grünen Busch, der keinerlei Blüten trug, zwar nicht als solche erkannt, aber ein daneben platziertes Schild wies ihn als »Rosa spinosissima« aus. Und selbst wenn er außer Knastjargon keine Fremdsprachen beherrschte, den Begriff »Rosa« wusste er zu deuten, und dem »spinosissima« (mit sehr vielen Dornen) hätte er auch zugestimmt, hätte er ihn verstanden.

Mit zusammengebissenen Zähnen, blutenden Unterarmen und leise fluchend wühlte er sich also Zentimeter für Zentimeter in die Erde, stieß aber nur auf einen toten Mistkäfer. Eine echte Sisyphusarbeit. Der Schweiß rann ihm in die Augen, die Sonne brannte auf sein glatzköpfiges Haupt, und die messerscharfen Stacheln bohrten sich durch seine Kleidung tief in die Haut. »In der Hölle sollst du schmoren«, flüsterte er. Hätte dieser Gartenfreak nicht Vergissmeinnicht oder Studentenblumen säen können und nicht so eine waffenscheinpflichtige Staude? Dieses Gewächs war ja lebensbedrohlich. Und obwohl Alex sich schon nahezu gehäutet fühlte, kam er einfach nicht weiter, weil sich zwischen den Wurzeln irgendein feststoffliches Hindernis zu befinden schien. Nun hatte der Juwelendieb natürlich keine Ahnung von botanischen Belangen. Er war Experte für Zylinderschlösser und Tresorsprengungen, vom Gartenbau hatte er ebenso wenig Ahnung wie von Atomphysik. Sonst hätte er gewusst, dass Dünenrosen einen sandig-kiesigen Boden brauchten und wegen ihrer Expansionsbestrebungen fast immer einer Wurzelsperre bedurften. Alex wusste nur, dass die Zeit ihm zwischen den wunden Fingern zerrann und nichts so klappte, wie er sich das vorgestellt hatte. Er wollte doch nur ein Loch in die Erde graben, keinen Tunnel unterm Häfen. Das konnte doch verdammt noch mal nicht so schwer sein. Klar, der Boden erwies sich als unerwartet hart, und die Wurzelstränge nahmen jeden Zentimeter Platz ein, aber es war schließlich kein Beton. Er fluchte erneut. Außerdem strengte ihn die körperliche Arbeit spürbar an. Im Gefängnis hatte er halt nur sein Sitzfleisch trainiert.

Nach einer weiteren halben Stunde ergebnisloser Grabarbeiten meldete sich auch noch sein Magen mit einem bedrohlichen Knurren. Vor lauter Aufregung hatte Alex kein Frühstück zu sich genommen, was im Nachhinein betrachtet eine ganz schlechte Idee gewesen war, denn nun verspürte er ein schlimmes Hungergefühl.

Der Ganove blickte sich um. Zwar sah er weder Erdbeeren noch Salatstauden, doch neben dem Dornenstrauch rankten sich Bohnen empor. »Phaseolus coccineus, Käferbohne«, stand auf einem kleinen silbernen Schild daneben. Alex erinnerte sich, diese scheckigen Dinger schon als Kind geliebt zu haben, weshalb er keinen Moment zögerte, Schote um Schote abriss, die Bohnen herausklaubte und gierig verschlang. Graben, essen, fluchen, damit verbrachte er die letzten zwei Stunden seines Lebens.

Als Elli und Sophie am späten Nachmittag von den Trauerfeierlichkeiten nach Hause kamen, fielen sie beinahe über Alex' Leiche, die im Schatten der Pergola auf dem Fußabstreifer lag.

»Was zum Teufel soll das? Herrgott noch mal!« Die Witwe riss ihre vom Weinen verquollenen Augen auf und rang vergeblich um weitere Worte des Entsetzens. Da, direkt vor ihren Füßen, lag ein völlig fremder Mann, der im wahrsten Sinne des Wortes zum Himmel stank und sich keinen Millimeter rührte.

Sophie trat einen Schritt näher, blickte zu Boden und wandte sich angeekelt wieder ab. »Der hat die Hosen voll«, bemerkte sie und begann, in ihrer Umhängetasche nach dem Handy zu wühlen.

Keine zehn Minuten später fanden sich Rettung, Notarzt, Polizei sowie eine Schar von den Einsatzfahrzeugen angelockter sensationsgieriger Spaziergänger am Tatort ein.

»Der braucht kein Sauerstoffzelt mehr, der braucht einen Sargtischler«, stellte der Notarzt fest, nachdem er den Toten einmal vorsichtig rundum gedreht hatte. »Und zuvor eine ordentliche Waschung.« Der Gestank war wirklich kaum zu ertragen.

Nachdem die Rettungsmänner erleichtert darüber, nichts zu tun zu bekommen, wieder abgefahren waren, wandte sich der Arzt den Polizisten zu. »Ich bin kein Leichenfledderer und kein Seuchenfachmann, aber es würde mich sehr wundern, wenn der an Ruhr oder Cholera gestorben ist, auch wenn es genau danach ausschaut.«

»Warum?«, fragten die Ordnungshüter in konzertanter Abstimmung.

»Weil es die letzte Choleraepidemie 1892 in Hamburg gab. Seitdem treten nur noch importierte Fälle auf, aber der Typ wirkt nicht, als hätte er gerade eine Weltreise hinter sich. Ich hätte eher auf Häfenurlaub getippt. Haben Sie seine Tätowierungen bemerkt?«

Einer der zwei Uniformierten nickte. »Und nach dem Knast hat er ein paar Nächte in der Dornenhecke geschlafen, so blutig gekratzt, wie der ist.«

Nachdenklich schwiegen sich alle eine Zeit lang an, nur Mutter und Tochter Blumburger, die sich in den hintersten Teil des Gartens verzogen hatten, schluchzten verhalten Richtung Seerosen.

Zwei Tote innerhalb einer Woche, wo ihr Zuhause dank Kurts grünem Daumen bis dahin als erklärtes Symbol blühenden Lebens gegolten hatte …

Doch so, wie aller guten Dinge drei waren, galt das offenbar auch für die schlechten. Zumindest bei den bedauernswerten Blumburgers am Tatterersee. Schon am Tag danach fand sich erneut ein Großaufgebot an Polizei bei ihnen ein und trampelte nicht nur auf ihren zerrütteten Nerven, sondern auch auf den liebevoll angelegten Beeten herum. Danach sahen alle gleichermaßen kaputt aus. Ermittler inklusive.

Die aktuelle Lage der kriminellen Situation überstieg inzwischen eindeutig deren geistiges Fassungsvermögen. Bei der Klärung des Falls Blumburger traten sie bereits auf der Stelle, und nun hatten sie noch zwei Tote dazubekommen, während elf weitere Giftopfer im Krankenhaus lagen. Machte insgesamt vierzehn Fälle von böswilligem Fremdverschulden. Und sie fanden einfach keinen gemeinsamen Nenner – außer dieser Familie hier. Der Gärtner war durch eine Kugel gestorben, der Ex-Sträfling durch den Genuss roher Käferbohnen und Marianne, die Obfrau des Pfarrgemeinderats, an einer Überdosis giftigen Kuchens, dessen Mehl mit Kornradensamen verunreinigt war, wie sich herausgestellt hatte. Weitere elf Ratsmitglieder befanden sich aus demselben Grund im Krankenhaus, schwebten aber wegen einer geringeren Kalorien- beziehungsweise Giftzufuhr nicht in Lebensgefahr. Wer sollte das alles bewerkstelligt haben? Und vor allem, warum? Eine Kooperation eines durchgeknallten Scharfschützen mit einer Giftmischerin war doch eher unwahrscheinlich. Um derartige Zusammenhänge zu verstehen, hätten die Fahnder schon einen geistigen Allradantrieb gebraucht.

Nur die sensationsgierigen Redakteure der Gemeindepostillen waren glücklich und schrieben sich die Finger wund. Das medienwirksame Ableben des Gärtners hatte ihnen bereits eine höhere Auflage beschert. Und nun gab es noch zwei Leichen, dazu elf Personen im Krankenhaus. Endlich sorgte der Tatterersee mal wieder für Schlagzeilen, wenngleich nicht in tourismusfördernder Hinsicht.

»Und Sie haben wirklich keine Ahnung, warum dieser Alexander Gsöllnigg zwei Tage nach seiner Haftentlassung zu Ihnen in den Garten kommt und versucht, eine Rose auszugraben? Eine von gefühlt hundert Rosen, die hier wachsen? Und dabei so viele Feuerbohnen isst, dass er daran stirbt?«

»Nein. Ich hab überhaupt keine Ahnung. Ich hab diesen Menschen nie zuvor in meinem Leben gesehen. Ich glaube auch nicht, dass die Rose besonders wertvoll ist. Und wer isst schon rohe Käferbohnen?« Elli stand kurz vor einem Nervenzusammenbruch. Sie wollte um ihren Mann trauern, nicht ständig verhört werden.

»Der Mann war Schmuckdieb, kein Blumenfladerer. Er muss da was gesucht haben. Aber was auch immer es ist, wir werden es finden.«

Ein paar Polizisten machten sich mit Spaten, Schaufel und dicken Schutzhandschuhen daran, der Dünenrose an die Wurzel zu gehen. Aber ohne Erfolg. Sie fanden nichts bis auf die Wurzelsperre. Und Sand. Dort verliefen sich die Spuren des Objekts, von dem sie nicht einmal wussten, wie es beschaffen war.

Ein Misserfolg mehr. Die Stimmung der Ermittler sank ungeachtet der hochsommerlichen Temperaturen in den Minusbereich. Und nun stand ihnen auch noch die Sache mit dem Kornradenmehl bevor. Die Pfarrgemeinderäte hatten ja ausgerechnet Elli Blumburger als großherzige Spenderin der köstlichen Kuchen angegeben. Fünf volle Tabletts mit zehn verschiedenen Sorten an Backwaren hatte ihnen die Witwe gespendet, da sie selbst weder Verwendung noch Appetit hatte. Und da Elli Blumburger weitum als herausragende Köchin und Bäckerin bekannt war, hatte die ganze Pfarrgemeinde begeistert zugegriffen. Nur zwei Magengeschwürbesitzer, ein Gallenleidender und eine Gruppe Frauen auf verspäteter Bikinidiät hatten den Reizen der Kuchenplatten widerstanden. Alle anderen hatten vorfreudig in die giftigen Mehlspeisen gebissen – mit dem Ergebnis, dass elf ins Krankenhaus mussten und Marianne nach einem komatösen Zwischenstopp auf der Intensivstation direkt ins Leichenschauhaus gewandert war. Die arme Obfrau war sozusagen ihrer Naschsucht erlegen.

Wovon der dienstälteste Polizist Witwe Blumburger in Kenntnis setzte. Das Überbringen schlechter Nachrichten fiel leider stets ihm zu.

»Um Gottes willen«, keuchte sie und rang nach Luft.

»Nein, Gottes Wille war das bestimmt nicht«, erwiderte der Ermittler. »Aber vielleicht Ihrer?«

»Aber woher hätte ich denn wissen sollen, dass das Mehl vergiftet war?«

»Weil Sie es vergiftet haben vielleicht? Ich glaube nicht, dass viele Menschen über die lebensbedrohliche Wirkung von Kornraden Bescheid wissen. Die meisten kennen diese Blumen nicht einmal.«

Ellis verheulte Augen klarten auf. Eine leichte Röte überzog ihr blasses Gesicht. »Jetzt hören Sie mir mal gut zu: Ich habe meinen Mann geliebt. Dessen Mörder Sie immer noch nicht gefunden haben!« Sie blickte den Inspektor anklagend an. »Was die Mehlspeisen betrifft, die habe ich für das Gartenfest vorgebacken, um nicht alle auf einmal machen zu müssen. Da mir der Tod meines Mannes aber jeglichen Appetit geraubt hat, hab ich sie dem Herrn Pfarrer geschenkt, als er wegen dem Begräbnis hier war. Und jetzt werde ich Ihnen was über Kornraden und Mehl erzählen, dafür sagen Sie mir im Gegenzug, warum ich den Pfarrer hätte umbringen wollen. Immerhin hätte Pater Pankratius die Sachen ja auch an den Kindergarten weitergeben können. Oder ans Obdachlosenheim. Ich hab ja nicht angenommen, dass er alle hundertfünfzig Kuchenstücke allein aufessen wird.« Vorübergehend verdrängte die Wut sogar ihren Kummer. »Das Mehl war übrigens ein Geschenk.«

»Ein Geschenk?«

Nachdem Elli den Inspektor über das Paket der unbekannten Maria aufgeklärt hatte, machten sie sich gemeinsam auf den Weg zum Altpapiercontainer, der glücklicherweise noch nicht geleert worden war. Manchmal hatten die spärlichen Müllabholtermine durchaus ihre Vorteile. Wie eben jetzt, denn am Boden der Grünen Tonne fand sich noch der Verpackungskarton. Den Absender konnte man zwar nicht entziffern, da er nur aus schwarzblauen Flecken bestand, doch bei genauerer Betrachtung erkannte man rechts davon einen Stempelabdruck. Und zwar den Firmenstempel von Grubinger & Grosz.

Der Rest ist Geschichte und in der Ortschronik von Straßfelden nachzulesen. Die beiden Pestizidproduzenten bekannten sich zu ihrer Giftmischerei und tauschten Anzug und Krawatte gegen die gestreiften Klamotten der Justizanstalt, die Polizei grub den armen Dünenrosenstock noch drei weitere Male aus und wieder ein, ohne etwas zu finden, und der Mörder Blumburgers wurde auch nie gefasst.

Doch vier Jahre nach dem Tod des Biogärtners geschah ein Wunder.

»Mama, Mama, komm schnell. Das musst du sehen!«, rief Sophie ihrer Mutter entgegen, die gerade den Garten betrat, und zog die verwunderte Frau am Ärmel mit sich.

Dort, wo stets der Kartoffelturm stand, bohrte sich zwischen dem blühenden Erdäpfelkraut ein dornenbewehrter Ausläufer der Dünenrose aus dem Erdreich hervor. Meterweit von der Mutterpflanze entfernt. Und an der Spitze des Zweiges glitzerte ein teuer aussehender Ring mit einem bläulich funkelnden Edelstein. Der Kaschmir-Saphir war wiederaufgetaucht.

Bohne, Phaseolus vulgaris, Phaseolus coccineus (Garten- und Feuerbohne, roh sehr giftig)
Rohkost für Selbstmörder

Gesund soll unser Essen sein, vitaminreich und nahrhaft. Besonders Veganer müssen auf eine ausgewogene Kost achten, um nicht ungewollt wegen Nährstoffmangel körperliche Schäden zu erleiden. Da bieten sich einfach zu kultivierende Hülsenfrüchte als idealer Nährstofflieferant an. Wie eben die Bohne. Doch gerade diese knackigen Hülsenfrüchte voll wertvoller Aminosäuren haben durchaus wenig appetitliche, also genau genommen sogar toxische Seiten. Schuld daran trägt das Phasin, das schädlich für Stoffwechsel und Darmzotten ist. Es lässt die roten Blutkörperchen verklumpen, führt zu blutigem Erbrechen, bei höheren Dosen treten auch Krampfanfälle und Schockzustände auf. Wobei ein Kind bereits nach dem Genuss von vier bis sechs rohen Samen (also Bohnen) auf der Intensivstation landen kann. In deutschen Giftinformationszentren wird sogar explizit vor Bohnen und deren rohem oder nur »bissfestem« Genuss gewarnt. Im Interesse der Gesundheit müssen Bohnen über fünfzehn Minuten bei mindestens achtzig Grad gekocht werden (Kochwasser bitte nicht weiterverwenden), um ungefährlich zu sein.

Die Risiken und Nebenwirkungen der gemeinen Gartenbohne beschränken sich also keinesfalls nur auf das Tönchen pro Böhnchen. Im antiken Griechenland existierte sogar ein »Bohnen-Tabu«, das – vermutlich aus Gründen einer heilen Seelenwanderung – den völligen Verzicht auf dieses Gemüse nahelegte. Nur das berühmte Orakel von Delphi durfte sich mit weißen und schwarzen Bohnen Gehör verschaffen.

Besondere Fieslinge sind dabei die Paternosterbohnen (auch Paternostererbsen genannt), bei denen es Tage dauern kann, bis deren noch viel stärkeres Gift (Abrin) seine Wirkung tut. Dann aber garantiert tödlich. Die schmucken Samen werden immer noch aufgefädelt als Rosenkranz oder Kette verkauft. Sogar Privatdetektiv Hercule Poirot stößt in den »Monogramm-Morden« auf Paternostererbsen als Tatwaffe.

Info: auch Grüne Bohne, Bohnschote, Fisole, Busch- oder Stangenbohne genannt. Achtung: Kichererbsen (Cicer arietinum) und Saat-Platterbsen (Lathyrus sativus) sind roh gleichfalls giftig. Einjähriger Schmetterlingsblütler, entweder niedrig als Buschbohne oder hochwachsend als Stangenbohne. Vor den nierenförmigen Schoten/Hülsen erscheinen kleine weiße, rote oder rosafarbene Blüten. Mittlerweile können die traditionell grünen Bohnen auch weiß, lila, braun, gesprenkelt oder schwarz sein. | **Inhaltsstoffe:** giftige Eiweißverbindung (Phasin), Zucker, Aminosäuren, Kieselsäure, Blausäure-Glykosid | **Vergiftungserscheinungen:** blutiger Durchfall, Krämpfe, Schockzustände, Magenblutungen, Bohnenkrätze (Dermatitis). Können ernste Krankheiten wie Lathyrismus (Saat-Platterbse, Kichererbse) oder Favismus (Saubohne) verursachen.

Dracula-Kraut, selbst gebraut

Friedrich Finstermann war das Schlimmste, was den Bewohnern der Siedlung am Blumenhang je zugestoßen war. Dabei wohnten manche Familien bereits seit Generationen dort, hatten Sturmfluten, Hagelschäden, Flüchtlingswellen und Immobilienblasen unbeschadet überstanden, doch der Professor – wie er sich selbst zu titulieren pflegte – kam einer Naturkatastrophe biblischen Ausmaßes gleich. Und das Tag für Tag, Woche für Woche, Jahr für Jahr. Kaum ging die Sonne auf, trat Finstermann in Erscheinung, um seinen langen Schatten auf die liebe Nachbarschaft zu werfen. Was niemals Gutes verhieß. Der Professor besaß eine spitze Nase, die stets in fremden Angelegenheiten steckte, und obwohl sein knochiges Haupt von einer spiegelblanken Glatze gekrönt war, fand er immerfort ein Haar in der Suppe. Dass so ein Mensch kein sonniges Gemüt haben konnte, verstand sich von selbst. Bereits ein Regelverstoß im homöopathischen Bereich sorgte bei ihm für aufziehende Gewitterstimmung. Ein nicht ordnungsgemäß geparkter Kinderwagen, eine nachlässig gestutzte Hecke, ein bellender Hund oder eine streunende Katze – und schon brach das Donnerwetter los.

So früh konnte man gar nicht auf den Beinen sein, dass man Finstermanns akustischer Kriegsführung entkam. Wenn der ehemalige Lehrende für Mathematik und Physik seinen Tag mit einer eiskalten Dusche begann, versteckten selbst die Amseln ihre Köpfe noch unter den Flügeln. Er aber war bereits auf, strich sich exakt drei Gramm Butter aufs Brot, trank seinen Kräutertee, bevorzugt Weißdorn, weil ihm der Ärger mit den Nachbarn ans Herz ging, sowie Baldrian, um seine gleichfalls strapazierten Nerven zu beruhigen, absolvierte sein morgensportliches Programm in Form von zwanzig Kniebeugen und zehn Liegestützen und versorgte die Zimmerpflanzen mit einer individuell abgestimmten Mischung aus wohldosiertem kalkfreiem Wasser, Düngemittelgaben sowie nahezu diktatorischen Blüh- und Wachstumsanweisungen. So hirnlose Gewächse musste man einfach in regelmäßigen Abständen an ihre Pflichten erinnern, woher sollten Zimmerlinden oder Usambaraveilchen sonst wissen, was sie zu tun hatten?

Nach diesem privaten Pflichtprogramm zog Finstermann stets sein dickes schwarzes Notizbuch aus der Schreibtischschublade hervor und begann mit der Auflistung des öffentlichen Pflichtprogramms. Wobei die breite Öffentlichkeit für ihn bereits vor dem Fußabstreifer an seiner Wohnungstür begann. Stiegenhausreinigung, Mülltrennung, Maskenmoral, Parkplatzordnung, Rasenschnitt, Ruhezeiten, Dachbodenlager, Leinenzwang, Quarantänegebot, Kompostanordnung, Spielplatzsäuberung, Rauchbelästigung – der Professor hatte immerfort etwas zu kontrollieren. Da konnte der Tag gar nicht früh genug beginnen. Doch Finstermanns Morgenstund hatte keinesfalls nur Gold im Mund, denn kaum waren auch seine unleidlichen Mitmenschen aus dem Schlaf der Ungerechten erwacht, stieg sein Blutdruck bereits in ungesunde Höhen. Wenn es nach ihm ging, hätte man selbst den allgegenwärtige »Guten Morgen!«-Gruß längst abgeschafft und durch einvernehmliches Schweigen ersetzt.

Was sollte auch gut sein an einem Morgen, der mit amerikanischen Getreideflocken, kleinformatiger Lugenpresse und ohrenbetäubendem Radiogeplärre begann? Nichts, absolut nichts. Die Menschen kannten weder Rücksicht noch Umsicht, hatten keinen Geschmack und keine Moral.

Die Schröders linker Hand etwa starteten in den Tag, indem sie lautstark mit Tassen, Tellern und bösen Worten um sich warfen, Müllers rechter Hand gaben sich ungeachtet der globalen Klimakrise endlosen Duschorgien hin. Und das bei weit aufgerissenen Fenstern und Mündern. Besonders der Mann unterzog Finstermanns Trommelfelle existenzbedrohenden Belastungsproben, indem der Trottel täglich die Schlagerparade rauf- und runtersang, sobald er unter der Brause stand.

Oder das halb demente Fräulein Josefine, das mittlerweile

an die achtzig Lenze zählte und seiner Ansicht nach auch schon viel zu lange auf dieser Erde weilte. An postseniler Bettflucht leidend schlurfte das alte Weib mitsamt ihrem arthritischen Dauerkläffer in Dackelwurstform morgens, mittags und abends genau unter seinem Küchenfenster hin und her. Eine Lärm- und Geruchsbelästigung sondergleichen. Doch da die Alte zudem ein schlecht eingestelltes Hörgerät trug, brachten sie selbst seine dezibellastigen Ordnungsrufe nicht von ihrem üblichen Ritual ab.

Kurz gesagt: Die Zeiten wurden immer schlimmer, die Menschen immer schlechter. Seit Langem schon waren so schöne Tugenden wie Ordnungsliebe, Pflichtbewusstsein, Anstand und Respekt in Vergessenheit geraten, stattdessen machten sich Wollust, Ignoranz und Faulheit breit. Aber Finstermann würde weder rasten noch ruhen in seinem Kampf gegen den Verfall der Sitten und Zustände. Besonders diese Mischung aus Ressourcenverschwendung, Maßlosigkeit und mangelnder Disziplin brachte ihn regelmäßig in Rage.

So wie heute. Da! Schon wieder! Erzürnt betrachtete er den Beweis der Anklage. Zwei angebissene Müsliriegel, und das im Altpapiercontainer. Was nicht nur einer sträflichen Vernachlässigung der geltenden Mülltrennverordnung gleichkam, sondern auch einem unverzeihlich frevelhaften Umgang mit wertvollen Gottesgaben.

Finstermann streifte Einweghandschuhe über, griff mit spitzen Fingern in den Container und zog die Opfer jugendlicher Verschwendungssucht heraus. Ein Euro Warenwert für den Müll, eine Schande! Das waren garantiert diese kleinen Zwillingsteufel von der Dreierstiege gewesen, kleine Rabauken, die nicht einmal grüßen konnten. Bei deren Elternhaus allerdings kein Wunder. Vermutlich hatten sie ihre kleinkriminelle Ader schon mit der Muttermilch aufgesogen.

Der Rächer jeglicher Lebensmittelvergeudung beschloss, den Tag mit einer ordentlichen Kopfwäsche der zwei zu beginnen.

Mit festem Schritt marschierte er zur Dreierstiege, desinfizierte den Knauf der Eingangstür, legte die Mund-Nasen-Maske an, stieg in den zweiten Stock und drückte ein Stakkato auf den Klingelknopf.

»Dring. Dring. Dring. Dring. Dring …«

Nach gefühlten Ewigkeiten schwang die Tür auf, und Frau Suchaneks Fassfigur erschien im Türrahmen.

Der Professor, der zu keiner Zeit ein Freund langer Vorreden gewesen war, kam sofort zur verwerflichen Sache. »Wissen Sie, was das ist?« Er hielt ihr die beiden Müsliriegel vor die Augen.

»Das sind –«

Finstermann unterbrach sie umgehend. Er hatte keine Zeit für ihre Widerworte, es gab noch so viel zu tun.

»Das sind zwei von Ihren Bengeln angebissene und weggeworfene Müsliriegel. Haben wohl zu gesund geschmeckt. Verwöhnt, verzogen, undankbar, die Fratzen. Die Kinder in Afrika wären froh über einen halben Riegel, schreiben Sie sich das hinter die Löffel und bringen Sie Ihrer Brut endlich bei, dass Nahrungsmittel keine Abfallprodukte sind. Verschmäht, verschwendet und noch dazu in der falschen Tonne. Die Verpackung eines solchen Snacks«, erneut schwenkte er die beiden Riegel vor ihren fassungslos aufgerissenen Augen auf und ab, »besteht aus einer Polypropylenfolie. Und die gehört in den Plastikcontainer, nicht ins Altpapier. Altpapier ist rot, Plastik gelb, Biomüll braun, das sollten selbst Analphabeten verstehen!«

Der Mutter stand vor Empörung mittlerweile der Mund offen. Sie wollte gerade etwas erwidern, als ihr Finstermann mit der Rhetorikkeule erneut eins überbriet.

»Ich möchte so etwas nie wieder sehen, ist das klar? Sonst werde ich höchstpersönlich dafür sorgen, dass Ihnen eine Anzeige im Sinne von Paragraf 15 Absatz 3 des Abfallwirtschaftsgesetzes ins Haus flattert. Haben Sie mich verstanden?«

Mit diesen Worten drückte er der Frau eine Kopie der Mülltrennverordnung in die Hand und zog befriedigt von dannen. Er würde dieses Pack schon noch lehren, was in der Hausordnung stand.

Etwa, dass das Anlehnen von Fahrrädern an der Garagenmauer strengstens verboten war. Und was lehnte da? Genau, ein Fahrrad. Ein altes rostiges Ding, das bestimmt dem Bummelstudenten im Dachgeschoss gehörte, der nie vor Mittag aufstand und nie vor Mitternacht schlafen ging.

Finstermann machte sich auf den Weg, diesem Taugenichts die Leviten zu lesen. Wobei – wenn er ohnedies nach oben musste, könnte er auch gleich diesen ständig lächelnden Indern die Meinung sagen. Deren olfaktorische Dauerbelästigung durch tägliche Currykost kam nahezu einer biochemischen Kriegsführung gleich. Wenn Ausländer im Inland wohnten, dann hatten sie sich gefälligst an inländische Gewürze zu halten und nicht das ganze Haus mit Ingwer, Kurkuma, Kardamom und Koriander zu verpesten. Außerdem hatte er dieses Gesindel schon viermal dabei ertappt, wie es am Sonntag in aller Seelenruhe Berge an Wäsche wusch. Als würde es keine gesetzlich vorgeschriebenen Ruhezeiten geben.

Nach etwa einer Stunde hatte der moralische Imperativ des gesamten Blumenhangs seine vormittägliche Mission erfüllt, mahnende Worte, Abfallgesetze und Hausordnungen verteilt und sich dadurch ein paar neue Feinde geschaffen.

Aber Fremdurteile hatten den Professor noch nie interessiert. Alle durften denken, was sie wollten, fand er, Hauptsache, sie machten, was er wollte.

Es war bereits später Vormittag, als seine Patrouille ihn am kleinen Kinderspielplatz vorüberführte. In der Sandkiste krabbelten zwei Windelhosenträger herum, auf der Schaukel schwang ein rothaariges Mädchen in einem grässlichen lila Rüschenkleid vor und zurück, und auf der Bank saßen vier Frauen. Ohne Schutzmaske. Vier Frauen, die nie und nimmer zu einem gemeinsamen Haushalt gehörten, denn eine davon kannte er. Die zweite von links, das war die Buchberger Gitti, ledige Mutter, arbeitslos und Haus- und Hoftratschweib vom Pfarrgemeinderat. Sie wohnte auf Nummer sieben.

Finstermann griff sich an den Kopf. Da saßen diese vier mit ihrem Strickzeug auf einer Parkbank im öffentlichen Raum und taten so, als gäbe es keine Pandemie. Forsch trat er auf die Gruppe zu.

»Sie wissen schon, dass laut Neufassung des Epidemiegesetzes, Dekret 41 vom 10. Mai 2020, der Aufenthalt an öffentlichen Orten während eines behördlich verhängten Lockdowns ausschließlich zum Zwecke der Fremdhilfe oder der eigenen Lebensrettung gestattet ist. Und erklären Sie mir jetzt nicht, dass Sie alle miteinander verschwistert oder verschwägert sind oder eine Wohngemeinschaft gebildet haben.«

Die vier Frauen legten ihr Strickzeug nahezu synchron nieder und sahen erst ihn und dann einander an.

»Gehen S', lassen S' uns in Ruh mit Ihrer Moralpredigt. Wir sitzen da auf eigenes Risiko, und andere sind eh nicht da.« Das sagte ausgerechnet die Buchberger Gitti.

»Ach, und ich, ich bin also niemand, wenn ich eh nicht da bin?« Finstermann zog gedanklich seinen Hut vor so viel Ignoranz. Der Intelligenzquotient dieses liederlichen Weibsstückes war wohl nur wenig höher als der des Schafwollpullovers, an dem sie gerade strickte.

»Sie müssen ja nicht da sein, Sie sind zu uns gekommen, nicht wir zu Ihnen. Gehen S' einfach weiter, schleichen S' Ihnen und schon sind S' auf der sicheren Seiten.«

»Oh ja, ich werde mich ›schleichen‹«, er tastete in seiner Jackentasche nach den Herz-Kreislauf-Tropfen, die er stets bei sich trug, »und zwar Richtung Gendarmerie. Mit etwas Pech können Sie Ihren Pullover dann hinter schwedischen Gardinen fertig stricken.« Empört wandte er sich ab und ging.

Verdattert blickten die vier Frauen sich erneut an.

»Der ist wohl echt von gestern, der hat offenbar nicht mal mitgekriegt, dass es gar keine Gendarmerie mehr gibt«, meinte die ganz rechte.

»Na, wenn, ist der mindestens von vorgestern«, setzte die Gitti noch einen drauf, »total plemplem. Ein Coronavirus würd sich an dem eh nur die Zähn ausbeißen.«

Lachend nahmen sie die Stricknadeln wieder auf.

Finstermann aber kochte innerlich. Kein Anstand, kein Respekt, kein Hirn – was die da betrieben, kam einer Gemeingefährdung gleich. Im Interesse der Allgemeinheit sollte er deren Treiben schleunigst zur Anzeige bringen.

Und das tat er auch.

Kurz darauf traf es dann den Zwettler Florian, der seinen Wagen in Ermangelung von Alternativen auf den Behindertenparkplatz gestellt hatte, um seinen neuen Schlafzimmerschrank ohne Bandscheibenvorfall ins Haus zu schleppen.

Den Krautwaschl Beppi zeigte Finstermann gleich mit an, als dieser seinen Heckenschnitt auf die umstehenden Biomüllcontainer verteilte. Das war nicht nur untersagt, sondern auch gefährlich. Thujenlaub enthielt toxischen Triterpenester, manch einer war da bereits durch dessen Berührung erkrankt.

Einige Tage später erspähte der Professor auch noch die Walli Wurz, wie sie in Hauspantoffeln und Morgenmantel zum Briefkasten schlapfte und einen Brief einwarf. Und das, obwohl sie in behördlich verordneter Quarantäne war. Für mindestens drei Tage noch. Die litt wohl auch unter selektiver Vergessenheit.

Nur gut, dass er, Professor Friedrich Finstermann, ein gutes Gedächtnis, gute Augen im Kopf und eine noch bessere Ahnung vom Gesetz hatte.

Und so verging die Zeit. Mit des einen Freud und der vielen Leid sozusagen. Bis zu jenem schicksalsträchtigen Freitag im September.

Friedrich Finstermann war wie stets vor dem ersten Hahnenschrei aufgestanden und hatte sich nach der rituellen Morgengymnastik gerade eine zweite Tasse Kräutertee eingeschenkt, als er die Stille bemerkte. Die Schröders linker Hand warfen weder mit Geschirr noch mit Worten um sich, die Müllers rechter Hand waren entweder über Nacht verstorben, oder sie hatte eine akute Wasserscheu befallen, jedenfalls drangen keine Duschgeräusche und kein Gesang an sein Ohr. Sogar Josefines Wurstdackel hielt sein Maul.

Kurz erwog der Professor, der einzige Überlebende eines

MICHAELA KASTEL
MIT MIR DIE NACHT
MICHAELA KASTEL
ICH BIN DER STURM

Atomangriffs zu sein, so ruhig war es rundum, aber ein Blick aus dem Fenster widerlegte seine Hypothese. Es gab auch andere Lebewesen dort draußen, allein sie kamen ihm verdächtig lautlos vor. In ihm machte sich leichte Panik breit. Hatte er unbemerkt einen Hörsturz erlitten? Er rannte ins Klo und zog die Spülkette. Ein Rasseln, ein Rauschen, ein Blubbern – seine Ohren funktionierten noch.

Also beschloss er, diesen ungewohnt angenehmen Morgen ohne die gewohnten Sorgen einfach zu genießen. Und der angenehme Morgen entwickelte sich zu einem ebenso unaufgeregt angenehmen Tag. Der Behindertenparkplatz war frei, kein Fahrrad lehnte an der Garagenmauer, nirgendwo zogen Rauchschwaden vom Gartengrill durch die Luft, und die Mütter im Park hatten brav ihre Münder und Nasen verhüllt.

Der Professor begann, Anflüge von Glücksgefühlen zu verspüren. Hatten seine unentwegten wie unentgeltlichen Lektionen in Sachen Ordnung, Anstand und Pflichtbewusstsein endlich gefruchtet? Oder ein mildtätiger Gott des Nachts Hirn verteilt?

Er wusste es nicht, aber es war gut so.

Nachdem er bis mittags ohne die geringste Beanstandung um den Block gewandert war, kehrte er zufrieden zu seinem Haus zurück. Und dort erwartete ihn eine weitere angenehme Überraschung: drei gläserne Behältnisse auf seiner Fußmatte. Liebevoll mit Schleife verziert und ordnungsgemäß etikettiert. Brombeergelee, Heidelbeerkompott und schwarzer Holundersaft. Dazwischen steckte ein schmuckes Billett, formvollendet mit Füllfeder beschriftet: »Vielen Dank für Ihre Bemühungen um das Wohlergehen der Siedlung.«

Spät, aber doch, dachte er zufrieden. Man hatte ihm die verdiente Wertschätzung ohnedies lang genug vorenthalten.

Finstermann nahm die Gläser an sich, schloss seine Tür auf und betrat den Korridor. Aus den Nachbarwohnungen drang nach wie vor kein Krawall, nur ganz leise Schritte waren zu hören. Selbst in der Küche war es mucksmäuschenstill. Mit dem Glas Brombeergelee in der Linken und einem Suppenlöffel in der Rechten nahm der Professor am Küchentisch Platz. Er mochte Beeren. Und die hier schmeckten besonders gut, nach frischen Waldfrüchten, Zimt, Zitrone und Vanille, sehr würzig, mit einer leichten Schärfe. Eine äußerst gelungene Komposition. Finstermann nahm noch einen Löffel voll. Und dann noch einen. Bald hatte er das halbe Glas geleert und beschloss, zur Feier des Tages ein kleines Nickerchen zu halten. Eine derart himmlische Stille war ihm ja selten genug vergönnt.

Als der Professor von seiner Siesta erwachte, war es bereits später Nachmittag. Dennoch fühlte er sich wenig ausgeruht, ganz im Gegenteil. Als hätte er im Schlaf den Mount Everest bestiegen. Oder zwei Kubikmeter Holz gehackt. Auf dem Weg zur Toilette stellte er fest, dass ihm seine Muskeln nicht nur wehtaten, sondern auch den Gehorsam verweigerten.

Mühsam hievte er sich auf die Klobrille, wo er dann grauenvolle Stunden verbrachte. Es schien ihm, als würden seine Eingeweide ein Eigenleben oder vielmehr ein Eigensterben führen.

Als er sein Innerstes endlich nach außen geleert hatte, quälte er sich in die Küche. Ein Tässchen Kamillentee würde bestimmt Abhilfe schaffen. Doch dort erwartete ihn der nächste Schock. Kaum betrat er den lichtdurchfluteten Raum, durchfuhr ein heftiger Schmerz seine Augen. Blitze bohrten sich in die Netzhaut, während es in seinem Kopf zu donnern begann. Entsetzt zog er die Vorhänge zu. Umgehend ließ das Stechen und Brennen nach.

Er verzichtete auf den Kamillentee und löste stattdessen zwei Aspirin im geschenkten Holundersaft auf.

Nach einer schier endlosen Zeit wurde das Bauchgrimmen besser, dafür rang er bereits beim Anziehen der Schuhe nach Atem. Er schaffte es nicht einmal, seine Krawatte zu binden, denn dafür hätte er ein Sauerstoffzelt benötigt.

Frischluft. Er musste Frischluft tanken. Mit unsicheren Schritten tapste Finstermann auf den Balkon, doch die untergehende Sonne drang wieder wie ein glühendes Schwert in seine Augen. Stöhnend zog er sich zurück in die Dunkelheit.

Erst als nur noch Sterne am Himmel funkelten, wagte er sich erneut nach draußen. Und nichts geschah. Kein Brennen, kein Stechen, keine Kopfschmerzen. In völliger Finsternis schleppte er sich auf schwachen Beinen, begleitet von starkem Schwindel, einmal um den Häuserblock. Mehr hätte er ohnedies nicht geschafft.

Am nächsten Morgen fühlte sich der Professor etwas besser. Dachte er zumindest. Doch schon die ersten Anzeichen frühen Tageslichts trieben ihn umgehend zurück ins Bett. Nur in absolut abgedunkelten Räumen litt er keine Höllenqualen, ein Phänomen, das er sich in keiner Weise erklären konnte. Er trank ein Glas vom vitaminreichen Holundersaft, telefonierte mit Arzt und Apotheker und verbrachte den Rest des Tages grübelnd im abgedunkelten Schlafzimmer. Weder die Ferndiagnose des Mediziners noch die Vermutungen des Pillendrehers halfen ihm weiter. Von Migräne, Weichteilrheumatismus, Hornhautentzündung, Schuppenflechte, Bindehautreizung, Depression und Vitaminmangel hatten sie gesprochen und gemeint, dass er sich schonen müsse, bis die Akutphase vorüber sei. Und da er nicht wusste, was er in seinem Zustand sonst hätte tun können, schonte er sich halt. Und blieb daheim.

Seine Nachbarn hingegen waren vor Freude ganz aus dem Häuschen. Der Zwettler Florian stand wieder auf dem Behindertenparkplatz, der Krautwaschl Beppi verteilte seinen Kirschlorbeerschnitt auf die umliegenden Biomülltonnen, die Walli Wurz spazierte im Morgenmantel um die Schrebergartenanlage herum, an der Garagenmauer lehnte das rostige Fahrrad, und Josefines altersschwacher Dackel genoss absolute Leinenfreiheit.

Auch die vier Frauen saßen wieder zusammen auf der Bank und strickten.

»Hab ich's nicht gesagt«, meinte die Gitti und betrachtete stolz ihr kompliziertes Muschelmuster, »die Beeren von so einem Wandelröschen wirken Wunder. Da wird man lichtscheu wie ein Vampir. Und die Knochen tun einem auch alle weh.«

Sie griff nach einem neuen Wollknäuel. »Weiß ich von meiner Nichte, die ist so eine Art Kräuterhexe.«

»Den Alten haben wir jedenfalls ordentlich eingekocht«, jubilierte die Zweite von rechts. »Und das ganz ohne Zeugen.«

»Deine Idee mit den falschen Postwurfzetteln von der Wohnbaugenossenschaft war aber auch genial«, meldete sich die Dritte im Bunde zu Wort, zog einen zerknüllten Zettel aus ihrem Strickbeutel und las zur allgemeinen Erheiterung laut vor. »›Wir laden Sie herzlich zu unserer gemeinnützigen Säuberungsaktion der Allgemeinflächen am 7. September ab 8 Uhr ein. Bitte helfen Sie fleißig mit.‹«

»Eh klar, dass sich an dem Tag alle tot gestellt haben«, lachte die Zweite. »Wer jätet schon freiwillig Unkraut, poliert Treppengeländer oder putzt die Fliesen der Waschküche? Da tu ich lieber so, als wär ich gar nicht daheim.«

»Und weil das offenbar alle getan haben, hat uns auch keiner gesehen, wie wir die Gläser vor Finstermanns Tür gestellt haben«, freute sich Gitti.

»Und sobald die Wirkung nachlässt, schlagen wir halt wieder zu. Ich hab noch Berge an Kompott und Marmelade im Keller«, verkündete die Dritte, »damit können wir das Scheusal auf Jahre versorgen.«

»Und ich hab im Gartencenter schon drei neue Wandelröschen gekauft«, kommentierte die Vierte.

Verschwörerisch lächelten sie einander an. Weiblicher Kriegsführung war halt nicht mal ein Finstermann gewachsen.

Wandelröschen, Lantana camara (giftig)

Macht lichtscheu und trotzt sogar dem Feuer

Das dekorative Wandelröschen präsentiert sich gleich einem botanischen Chamäleon, denn es wechselt im Lauf des Sommers immer wieder seine Farbe zwischen Gelb, Orange, Rot oder gar Lila. Wirklich beliebt ist das bunte Röschen dennoch nur als Kübelpflanze zur Verschönerung der Terrasse. In wärmeren Gebieten wie Südafrika, Hawaii oder den Galapagosinseln ist dieser Strauch mittlerweile zur echten Landplage mutiert. Er überwuchert ganze Viehweiden, raubt den Sturmvögeln die Nistplätze und übersteht sogar Brandrodungen beziehungsweise Feuersbrünste relativ unbeschadet. In Australien, Indien, Mexiko, Kenia und Brasilien beißen Weidetiere mittlerweile recht regelmäßig ins tödliche Gras, weil der Verzehr dieses üblen Gewächses bei Sonneneinwirkung zu blutigen Durchfällen, Gelbsucht, Leberschaden, Bewegungsstörungen und einer abnormalen Lichtempfindlichkeit führt.

Aber auch Kinder riskieren schwere gesundheitliche Schäden durch den Verzehr der Früchte, die oft mit Heidelbeeren oder Brombeeren verwechselt werden. Ein zweieinhalb Jahre altes Mädchen starb sogar an ihrer Naschsucht, da die Latenzzeit bis zum Auftreten von Krankheitszeichen oft Stunden dauern kann – und dann ist es zu spät für erfolgreiche Hilfsmaßnahmen. Die Symptomatik von Intoxikationen durch Lantana weist übrigens viele Gemeinsamkeiten mit einer Tollkirschenvergiftung auf. Die Opfer taumeln mit weit aufgerissenen Pupillen und bläulicher Haut beziehungsweise Schleimhaut wie von Sinnen umher und ringen nach Luft. Wegen dieser perfiden Eigenschaften hat der australische Schriftsteller Andrew Bovell der Pflanze sogar ein Theaterstück gewidmet. Der Autor sieht in Lantana, so der Name des Beziehungs-Killer-Stücks, perfekte Parallelen zum Eheleben. Alles wird überwuchert, alles scheint undurchdringlich, es raubt einem oft den Atem, und die genussvollsten Dinge entpuppen sich als tödliches Gift.

Info: auch als Bergsalbei oder Zitronenstrauch bekannt. Mittelhoher Strauch aus der Familie der Eisenkrautgewächse mit gesägten Blättern, kantigem Stängel und kugeligen Blütenständen, die ihre Farbe von Gelb über Orange bis zu Violett wechseln können. Die beerenartigen Früchte sind zuerst grün, danach blauschwarz. Blüte: Juni–September, Früchte: September–Oktober | **Inhaltsstoffe:** toxische Triterpenester | **Vergiftungserscheinungen:** Pupillenerweiterung, Gelbsucht, abnorme Lichtempfindlichkeit, Leberschäden, Durchfall, unkontrollierte Muskelreaktionen, Atemprobleme, Tod

Der Fehler ihres Lebens

Dieser Mistkerl. Er hatte es schon wieder getan! So ein elendiger Rüpel. Adelheid hatte genau gesehen, wie er seinen Zigarettenstummel achtlos in die Blumenerde gedrückt hatte, als wäre der prachtvolle Oleander eine leblose Plastikstaude. Und, was beinahe noch schlimmer war, sie, das mittlerweile zweiundsechzigjährige Mädchen für alles im Hause Barthenstein, konnte nichts dagegen unternehmen, da sie am Herd stand und kochte. Auch innerlich. Vor Wut ballte sie die Hände zu Fäusten, was der Tomate in ihrer linken einen neuen Aggregatzustand und ihrer weißen Schürze ein paar blutrote Flecken bescherte. »Mistkerl«, flüsterte sie erneut und rang dem Paradeiser die letzten Tropfen ab, »dir werd ich noch Manieren beibringen …«

»Es hat wie immer köstlich geschmeckt«, bemerkte Olaf Barthenstein und legte die sorgsam gefaltete Stoffserviette auf den Dessertteller. Das Zeichen für Adelheid, nun abtragen zu dürfen. Das ältliche Faktotum der Familie stand seit über vierzig Jahren in deren Dienst und brauchte längst keine Anweisungen mehr, um zu wissen, was es zu tun hatte. Vorsichtig manövrierte Adelheid den Servierwagen um die sechsköpfige Tafelgesellschaft herum. Am oberen Tischende saß Olaf Barthenstein, von allen nur »der Direktor« genannt, ihm gegenüber am anderen Ende seine Frau Lisbeth, linker Hand hatte deren Tochter mit ihrem neuen Freund Platz genommen, und zur Rechten des »Direktors« saß Elsa Hohenheim mit ihrem Sohn, langjährige Vertraute der Unternehmerfamilie. Olaf, der mittlerweile auf die siebzig zuging, hatte in jungen Jahren den Kleinbetrieb seines Vaters übernommen und zu einem florierenden Unternehmen mit über fünfzig Mitarbeitern ausgebaut. Barthensteins Baumwollmanufaktur, seit einiger Zeit sogar biozertifiziert, hatte nicht nur der Familie zu Wohlstand und Ansehen, sondern auch dem Ort zu einem internationalen Renommee verholfen.

Doch Geld allein machte nicht glücklich. Das hatten er und seine Frau schmerzhaft erfahren müssen, als sie ihren einzigen Sohn durch einen schrecklichen Sturz vom Apfelbaum verloren. Der kleine Junge war seiner heiß geliebten Katze ins Geäst nachgestiegen – und aus vier Meter Höhe zu Boden gefallen. Bastian war auf der Stelle tot gewesen, der Baum und die Katze folgten ihm noch vor dem Begräbnis nach. Und als die Eltern sich endlich einigermaßen von ihrem schweren Verlust erholt hatten, schlug das Schicksal erneut zu und raubte ihnen auch noch die Tochter. Ihren Hochzeitstag hatte sie feiern wollen, ihr Todestag war es geworden. Mit nicht einmal fünfundzwanzig Jahren starb Beatrice an der Seite ihres Mannes, weil ein schwer alkoholisierter Zugführer eine Weiche falsch gestellt hatte. Kernobst, Katzen und Bahnfahrten galten seitdem als absolutes Tabu in der Familie Barthenstein.

Nur die damals erst dreijährige Patrizia hatte das Unglück überlebt, da sie sich in Obhut der Großeltern befand. Und dort war sie auch geblieben. Leider ohne Katze, dabei hätte die Kleine so gerne ein Haustier gehabt. Aber davon abgesehen hüteten und hätschelten Olaf und Lisbeth ihr Enkelkind wie den Heiligen Gral, den alle bewundern, aber niemand berühren durfte. Außer Adelheid. Die drückte das Kind erst fest an ihren matronenhaften Busen, schloss es danach noch fester ins Herz und ließ es von dort nie wieder gehen. Selbst heute, wo aus der kleinen Pippi längst eine ausgewachsene Patti geworden war, konnte Adelheid dem Drang, ihre Prinzessin zu herzen und zu küssen, kaum widerstehen.

»Ach«, seufzte sie dann leise, »wenn ich die Zeit nur zurückdrehen könnte.« Idealerweise so um die fünfzehn Jahre. Damals hatte Klein-Pippi noch die Volksschule besucht und den ganzen Nachmittag bei Adelheid in der Küche verbracht. Sie hatten gemeinsam Erbsen gepult und Kuchen gebacken, Soßen gerührt und Hühner gerupft, gespielt, gelacht und Hausübungen gemacht. Und hatte die Kleine mal eine Wunde am Knie oder eine Schramme am Herzen, dann schritt Adelheid, gleichsam eine Personalunion aus gut gepolsterter Klagemauer und barmherzigem Samariter, mit wehender Schürze zur helfenden Tat. Mal brauchte es tröstende Worte, mal ein Pflaster oder einen Verband, und manchmal genügte schon ein großes Stück Schokoladentorte, und die Welt war wieder heil. Doch die Zeit hatte sich nicht anhalten lassen. Aus dem zarten Mädchen mit den dünnen Zöpfen wurde ein schlanker Teenager mit modischer Kurzhaarfrisur, der statt Schrammen am Knie Kopfhörer im Ohr trug und immer weniger Zeit mit Erbsenpulen und Soßenrühren verbrachte. Die Schule forderte ihren Tribut, der jugendliche Freundeskreis auch. Und mit dem Studium wurde es nicht besser. Patrizia kam immer seltener nach Hause, doch wenn sie erschien, dann ging in Adelheids Herzen die Sonne auf.

Nur diesmal nicht.

Zwar kehrte die bereits sehnsüchtig erwartete Studentin pünktlich zu den Pfingstferien heim, doch statt Koffer voller Schmutzwäsche hatte sie zur allgemeinen Überraschung einen gleichfalls recht dreckig wirkenden Mann angeschleppt. Wobei Adelheid die schlaksige Gestalt mit den rüden Umgangsformen, dem langen Haar und diesem ekligen Dreitagebart eher als intellektuellen Stadtstreicher bezeichnet hätte. Mit einem verdächtigen Hang zur Mitgiftjägerei, so wie er Patrizia permanent umschwirrte, hofierte und mit honigsüßen Komplimenten überhäufte. Immerhin war die Enkelin des Großunternehmers ein sehr guter Fang, würde sie doch die großväterliche Firma erben. Und so, wie dieser magere Nachwuchshippie daherkam, konnte er ein paar Pfund mehr auf den Rippen und ein fetteres Konto bestimmt gut gebrauchen.

Bereits dessen Einstand war leider ganz und gar nicht nach gutbürgerlichem Drehbuch verlaufen. Während das häusliche Empfangskomitee, also Olaf, Lisbeth und natürlich Adelheid, im Sonntagsgewand, mit gebügelten Schnürsenkeln und von dreierlei Parfum umweht, für das traditionelle Gruß-und-Kuss-Zeremoniell bereitstand, sprang Lukas noch vor Patrizia aus dem schrottreifen Wagen, eilte mit wehenden Haaren über die geschotterte Einfahrt und hielt der Haushälterin seine weit von sich gestreckte Hand vor den Busen. »Hallo, ich bin der Lukas.«

Adelheid rümpfte entsetzt die Nase und trat einen Schritt zurück. Nicht nur, dass dieser Lukas roch, als würde er im Aschenbecher schlafen, er benahm sich auch wie ein Extremproletarier. Selbst der Direktor und seine Gattin blickten betreten zu Boden, doch weil sie das Glück ihrer Enkelin zum Maß aller Dinge erkoren hatten, sahen sie schließlich über dessen etikettäre Fehltritte hinweg. Lukas hingegen grinste weiterhin wie ein Staubsaugervertreter auf Kundenfang, während er dem Direktor vor lauter Händeschütteln nahezu die Schulter ausrenkte. Ein in besseren Kreisen absolut inakzeptables Verhalten.

Bei Tisch wurde es auch nicht besser. Dieser Mensch wusste offenbar nicht nur nicht, mit einem Kamm umzugehen, er konnte auch mit Fischmesser und Vorlegebesteck nichts anfangen.

Adelheid schauderte, während sie den Tisch abräumte. Patrizia hingegen himmelte diesen Heini an. Nur weil er Literatur studierte und von Zeit zu Zeit ein paar tieftraurige Gedichte mit pathetisch weinerlicher Stimme auswendig vortragen konnte. Der Haushälterin wäre es weitaus lieber gewesen, hätte er den Knigge und bei Elmayer studiert.

Nach dem Essen begab sich die Tafelgesellschaft mehrfach gesättigt in den Garten, wo bereits alles für den Kaffee gerichtet war. Die Sonne schien, die Bienen summten, und in der Luft lag ein blumiger Duft.

»Ein wunderbarer Tag«, bemerkte Elsa Hohenheim und ließ drei Stück Zucker in ihre Tasse fallen.

Olaf und Lisbeth nickten. Jeder Tag mit ihrem Augenstern war wunderbar. Selbst bei Regen, Sturm und Graupelschauer. Liebevoll betrachteten sie ihre Enkelin, deren hellblondes Haar unter der Frühsommersonne wie ein Heiligenschein strahlte.

Ähnlich liebevoll betrachtete Heinrich Hohenheim, Elsas Sohn, die prächtigen Blumenrabatten, die den exklusiven Gartenmöbeln einen würdigen botanischen Rahmen verliehen. »Ich liebe Malven«, meinte er schwärmerisch. »Ihre Stempel und

Staubblätter sind zu Röhren verwachsen, wusstet ihr das?« Fragend blickte er in die Runde, doch niemand schien zu wissen, wovon er sprach. »Überhaupt ein ganz tolles Kraut. Bereits Hildegard von Bingen sagte einst, wenn die Schwarzgalle, von der mancherlei Fieber herrührt, das Gehirn des Menschen schmerzen macht, soll er Malve nehmen.«

»Und ich dachte immer, Galle sei gelb«, sagte Olaf, mehr zu sich selbst.

»Kennen wir diese Hildegard?«, fragte Lisbeth, seine Frau.

»Malve hilft auch Rindviechern«, mischte Lukas sich ungefragt ein. »Meine Mutter schmiert ihnen das Zeug immer aufs Euter, wenn's entzündet ist.«

»Wow, echt?« Patrizia warf ihrem Freund einen bewundernden Blick zu, obwohl sie sich in Wahrheit gar nicht auskannte mit Blumen. Und mit Kühen schon gar nicht.

»Heinrich verbringt jede freie Minute mit seinen Pflanzen«, erklärte Elsa mit mütterlichem Stolz, ohne auf Lukas' Bemerkung einzugehen. »Wir haben schon einen richtigen Apothekengarten daheim.«

Der Sohn nickte zustimmend. »Exakt zweihundertdreiundsiebzig Arten auf knapp zweitausend Quadratmetern«, präzisierte er. »Wobei ich mir nicht sicher bin, ob man Cyclamen persicum und Cyclamen purpurascens beziehungsweise europaeum als eine oder zwei Sorten zählen soll.«

Seine Zweifel verhallten jedoch ungehört.

Adelheid mochte den Jungen. Er war zwar doppelt so alt wie ihr Herzblatt, doch dafür klug, höflich, mit guten Manieren und gleichfalls recht vermögend. Zudem galten die Hohenheims als angesehene Familie, die seit Jahrzehnten freundschaftlich mit den Barthensteins verkehrte. Ihrer Ansicht nach eindeutig die bessere Wahl für Patrizia, doch diese schien mit verliebter Blindheit geschlagen.

Bestimmt, so dachte die besorgte Haushälterin, hatten auch ihre Dienstgeber insgeheim auf eine Verbindung der beiden gehofft. Heinrich war der begehrteste Junggeselle im Ort und fand sich in letzter Zeit auffallend oft bei ihnen als Gast ein.

Die Barthensteins waren wohl auch der Ansicht, wozu in die Ferne schweifen, wenn das Gute lag so nah.

Abends, die Hohenheims waren längst gegangen, kam Patrizia wie ein Wirbelwind in die Küche gerauscht. »Ach, Nanna, ich bin ja so glücklich!« Da Adelheid sie früher stets mit »Ninna Nanna«, einem traditionellen italienischen Wiegenlied, in den Schlaf gesungen hatte, war ihr der Kosename bis heute geblieben. Patrizia fiel der Haushälterin um den Hals, entriss ihr das Geschirrtuch und begann eine Art Schleiertanz damit. »Ich könnte die ganze Welt umarmen.«

Adelheid seufzte. »Kind, du bist jung. Und du bist verliebt. Die erste Liebe kommt einem immer vor wie ein rauschender Strom voller Leidenschaft. Er reißt dich mit, er zeigt dir täglich neue Ufer, und früher oder später wirst du darin untergehen.« Mit gebrochenem Herzen und geleertem Konto, fügte sie in Gedanken hinzu. »Aber glaub mir, du wirst dich noch oft verlieben. Wahre Liebe ist wie ein sanftes Bächlein, das dich still und stetig umfließt und dir Ruhe und Frieden beschert.«

»Nanna, Nanna, du und deine Altersweisheiten.« Patrizia warf Adelheid das Geschirrtuch zu. »Ruhe und Frieden hab ich eh, wenn ich mal tot bin. Doch bis dahin will ich leben. Lieben. Mich spüren. Mit ganz viel Leidenschaft. Und mit Lukas.«

»Was macht dieser Lukas eigentlich?« Außer meine Pflanzen mit seinen stinkenden Selbstgedrehten zu vergiften und mit dem Messer die Marillenknödel zu malträtieren. Aber das sagte Nanna natürlich auch nicht laut.

»Er studiert Literaturwissenschaften. Und er liebt mich.«

Adelheid seufzte ein zweites Mal, aber nur ganz verhalten. Ersteres wusste sie schon, Zweiteres zweifelte sie stark an. »Natürlich, mein Kind. Aber ich meinte, woher kommt er, was machen seine Eltern, womit wird er mal seine Brötchen verdienen? Und was treibt er so, wenn er dich mal gerade nicht liebt?«

Einen Augenblick lang starrte Patrizia ihr Kindermädchen verunsichert an, dann begann sie zu lachen. »Das klingt ja wie ein Verhör, Nanna.« Kichernd setzte sie sich auf die Küchenanrichte, griff nach dem Messer, das dort lag, und setzte es Adelheid an den Hals. »Angeklagte, was haben Sie zu Ihrer Verteidigung zu sagen …?«

Das Faktotum des Hauses lächelte auch, wenngleich nur mit den Lippen.

»Aber ich will mal nicht so sein und sag es dir. Immerhin bist du die beste Nanna, die es gibt.« Patrizia legte das Messer wieder weg. »Also, Lukas stammt aus Niederösterreich, von ganz oben, wo die Grenze zu Tschechien verläuft. Dort haben seine Eltern einen kleinen Bauernhof mit zehn Kühen, ein paar Schweinen und einem Erdäpfelacker. Total romantisch irgendwie. Er hat noch einen Bruder, der wird mal den Hof übernehmen. Lukas hat auf seinen Anteil verzichtet, weil er lieber was mit Büchern machen will.«

Ein Hungerkünstler also, dachte Adelheid. Genau so sah er auch aus mit seinen langen Haaren und dem ungepflegten Bart.

»Seine Brötchen verdient er ganz allein, die Eltern haben ja nichts bis auf den Hof«, fuhr Patrizia fort. »Er jobbt fünfmal die Woche die ganze Nacht in einem Wettcafé. Und das nach der Uni.« Worauf sie mächtig stolz zu sein schien.

In einem Wettcafé. Nachts. Adelheid schauderte. Als ob eine kleinbäuerliche Herkunft nicht schon schlimm genug wäre. Dennoch rang sie sich widerwillig ein »Alle Achtung« ab. »Und später? Er wird ja nicht sein ganzes Leben lang in einem, ähem, Wettcafé jobben wollen. Dafür müsste er eh nicht studieren.«

»Später wird er natürlich Gelehrter sein. Auf unsere Kinder schauen. Und Gedichte schreiben. Er schreibt ganz wunderbare Gedichte. Du magst Poesie doch auch, oder?«

»Poesie ist die Kirsche auf dem Kuchen. Aber zuerst muss der Kuchen mal gebacken, müssen die Zutaten gekauft werden. Also, wovon wollt ihr leben? Eure Kinder ernähren? Von Buchstabensalat?« Adelheid fuchtelte mit einer Selleriestange in der Luft herum. So viel Blauäugigkeit strapazierte ihre Nerven über Gebühr. Dass diese jungen Leute aber auch immer dachten, sie könnten allein von Luft und Liebe leben. Mit einer Reimschmiede ließ sich doch nicht einmal ein Goldhamster ernähren.

Aber Patrizias gute Laune erwies sich als immun gegenüber Adelheids apokalyptischen Zukunftsvisionen. Insgeheim fand sie die alte Hausdienerin einfach nur possierlich, wenn diese sich so in Rage redete. Dann sah sie irgendwie aus wie das weibliche Pendant von Hatschi Bratschi, nur ohne Luftballon. Und es war ja wirklich lieb, dass sie sich so um ihre Zukunft sorgte. Allein das war nicht nötig.

»Nanna.« Sie legte der bebenden Matrone die Hand auf die Schulter. »Nanna, jetzt beruhig dich mal. Du brauchst dir doch um mich keine Sorgen zu machen. Ich übernehme ja sowieso Opas Betrieb, da hab ich mehr als genug Geld, um mich, Lukas und die Kinder zu versorgen. Und dich natürlich auch.«

Mitgiftjäger, sie hatte es doch gleich gewusst. Dieser Mensch war ein Nichtsnutz, ein Parasit, jemand, der ihr Ein und Alles ins Unglück stürzen würde.

Laut aber sagte sie: »Na, dann musst schauen, dass du mit dem Studium fertig bist, bevor das erste Kind kommt.« Mit etwas Glück würden sich die Schmetterlinge im Bauch bis dahin verzogen haben oder zumindest einigen beziehungstechnischen Läusen auf der Leber gewichen sein.

»Mach ich, Nanna, versprochen.«

Und fort war sie.

Besorgt sah Adelheid Patrizia nach. Dann ergriff sie das Messer und ging auf die Selleriestangen los.

Der nächste Morgen präsentierte sich eindeutig betrüblicher als sein Vorgänger. Adelheid stand am Fenster der herrschaftlichen Küche und blickte nach draußen, wo sich erstmals seit Längerem rote Wolkenschleier am Himmel zeigten.

»Morgenrot mit Sorgen droht«, sagte sie zu sich selbst, während sie die silbernen Eierbecher auf Hochglanz polierte. Sie hatte furchtbar schlecht geschlafen. Offenbar hatte ihre Hüfte den Wetterumschwung bereits mitten in der Nacht bemerkt und entsprechend schmerzhaft reagiert, außerdem hatten sie arge Alpträume geplagt. Eine Rotte qualmender Wildschweine war in den Garten eingefallen, hatte gegrunzt, gejohlt und das Beet mit den Malven zerstört. Dann war der mörderische Trupp auf Heinrich losgegangen, hatte den Mann zu Boden gestoßen, Patrizia verjagt, einen wimmernden Säugling aus dem Kinderwagen gezerrt und ihn zu Tode getrampelt, bevor ein paar Schweine mit Zigaretten im Maul und böse funkelnden Augen das Haus gestürmt hatten. Gepoltert und gekracht hatte es, der Krawall war immer lauter geworden. Dann war die Küchentür aufgeflogen – und sie aufgewacht.

Auf einmal polterte und krachte es, dann flog die Küchentür auf. Aber diesmal war Adelheid bereits wach, befand sich vollständig angezogen vor der Geschirrvitrine und polierte die Eierbecher. Zu Tode erschrocken ließ sie Becher und Putztuch fallen und griff in Ermangelung brutalerer Alternativen nach dem Käsehobel. Kampfbereit stand sie da, die Beine gegrätscht, den Hobel in Augenhöhe vor sich schwingend.

»'tschuldigung«, murmelte Lukas und starrte sie fassungslos an. »Ich wusste nicht, dass Sie Kampfsport betreiben.«

Adelheid ließ den Käsehobel sinken. Auf einmal fühlte sie sich wie ein kleines Kind, das man beim Nasenbohren ertappt hat.

»Was wollen Sie?«

»Nicht kämpfen jedenfalls, außer ich darf den Krauthobel nehmen.« Ein Grinsen stahl sich auf sein Gesicht. »Aber eigentlich komme ich in friedlicher Absicht. Ich wollte nur ein Glas Milch und etwas Schinken. Zum Mitnehmen. Aufs Zimmer.«

»Ich serviere das Frühstück um acht im Salon«, erwiderte sie, »mit Parmaschinken, Prosciutto San Daniele, Räucherschinken, Weinschinken und Pressschinken. Milch gibt es auch.« Auf ihrer persönlichen Sympathieskala war dieser Mensch nun definitiv ins Bodenlose gerutscht.

»Schon klar, aber Patti und ich möchten lieber auf dem Zimmer bleiben. Sie fühlt sich nicht wohl. Daher hat sie mich geschickt.«

Und da er anscheinend Adelheids skeptischen Blick bemerkte, fügte er rasch an: »Patrizia lässt Sie auch ganz lieb grüßen. Sie kommt vorbei, sobald sie sich etwas besser fühlt.«

Wie geschickt er das eingefädelt hatte. Natürlich konnte sie ihrer Kleinen keinen Wunsch abschlagen. Nun ja, fast keinen. Den Wunsch, dieser Verbindung ihren Segen zu geben, den hätte sie ihr gewiss abgeschlagen, aber danach hatte Patrizia beruhigenderweise noch nicht gefragt.

Missmutig goss sie Milch in einen Krug. »Und welcher Schinken soll's sein?«, fragte sie barsch. Da Patrizia kaum Fleisch aß und eine Laktoseintoleranz hatte, konnte die Morgengabe ohnedies nur für ihn sein.

»Egal, völlig egal, nur bitte einer mit wenig Salz.«

Adelheid säbelte ein paar dünne Scheiben vom Pressschinken herunter, nahm einen großen Teller, schichtete neben dem Schinken etwas Käse drauf, legte frische Tomaten und Paprika dazu und stellte das Ganze mit einem Glas Orangensaft auf ein Tablett.

»Damit Patrizia auch was davon hat«, fuhr sie Lukas unfreundlich an, bevor sie ihn samt Zimmerfrühstück zur Tür hinausschob.

Sein knappes »Danke« bekam sie gar nicht mehr mit.

Und während Lukas das prall beladene Silbertablett vorsichtig durchs halbe Haus und die steile Treppe hinauf zu Pattis Kleinwohnung balancierte, schrieb Adelheid in Gedanken an seinem Sündenregister weiter. Er, ein Wildschwein aus ihren Träumen, er hatte die Küchentür einfach aufgerissen, kein Klopfen, kein »Herein« abgewartet, nichts. Er wusste offenbar gekonnt zu verhindern, dass Patrizia am gemeinsamen Frühstück teilnahm. Er war ein ausgewiesener Egoist, hatte er doch nur an seine Milch und seinen Schinken gedacht, und außerdem log er. Vor nicht einmal zwölf Stunden hatte sich das Mädchen noch ausgezeichnet gefühlt, sie hatte es selbst gesehen. Warum also sollte sie heute Morgen ein Unwohlsein plagen? Außer … außer …

Adelheids Blutdruck rauschte in derart ungesunde Höhen, dass ihr schwindelig wurde. Schwerfällig ließ sie sich auf einem Stuhl nieder und dachte nach. Aber da gab es nicht viel nachzudenken, selbst sie als alte Jungfer wusste das. Was, wenn Patrizia bereits schwanger war? Das käme einer Tragödie gleich, deren weitreichende Wirkung den Untergang des Römischen Reiches locker übertraf. Zumindest in ihren Augen.

Als Adelheids Sorgenkind endlich zum Mittagstisch erschien, atmete die Haushälterin auf. Nun galt es, nach verräterischen Zeichen Ausschau zu halten. Und tatsächlich schien Patrizia ein wenig blass um die Nase. Sie rieb sich auffallend oft die Augen, stocherte lustlos in den überbackenen Auberginen herum und beteiligte sich kaum an den allgemeinen Gesprächen. Selbst ihr Haar, das sonst glatt und golden schimmernd das schmale Gesicht umrahmte, wirkte merkwürdig stumpf und strubbelig. So als hätte sich eine Fledermaus in ihm verheddert und stundenlang nach einem Ausweg gesucht. Gegen Ende des Essens, Adelheid servierte gerade die Nusspalatschinken, konnte Patrizia ihre Müdigkeit nicht mehr verbergen. Sie begann zu gähnen. Hinter vorgehaltener Hand, wie es sich gehörte. Und genau deshalb bemerkte die besorgte Köchin auf einmal die tiefen, blutigen Schrammen auf der zarten Haut der Innenfläche.

»Meine Güte, Patrizia«, sie knallte Lukas den Teller hin, dass die Schokoladensoße beinahe aufs Tischtuch schwappte, »was hast du denn angestellt?«

Drei Augenpaare wandten sich von den Nusspalatschinken ab und Patrizia zu.

»Ach, nichts, keine Ahnung.« Beschämt wollte sie die Hand unter dem Tisch verbergen, doch Adelheid war schneller und griff nach ihr.

»Sieht schlimm aus. Komm mit in die Küche, das müssen wir verarzten.«

»Aber wozu, Nanna? Es tut überhaupt nicht weh. Sind doch nur ein paar kleine Kratzer.«

»So ein paar kleine Kratzer reichen für eine ausgewachsene Blutvergiftung, glaub mir.«

»Adelheid soll sich das anschauen«, sprach Olaf Barthenstein endlich ein Machtwort, dem sich auch seine Enkelin nicht zu widersetzen wagte.

Bedrückt schlich sie mit in die Küche, wo die Hüterin über Anstand, Moral und Keimfreiheit sofort eifrig den Medizinschrank ausräumte.

»Zuerst Octenisept«, murmelte sie, »dann zur Sicherheit etwas Betadonasalbe und etwas Blutwurztinktur. Das sollte zur Behandlung von derart kleinen Wunden genügen.« Sie kramte erneut im Schrank. »Und hier noch die Ringelblumensalbe.« Sie drückte Patrizia den schweren Tiegel aus Glas auch noch in die Hand.

Die nickte ergeben. Manchmal kam ihr Nanna vor wie die heilige Kümmernis, ständig musste sie sich um Dinge kümmern, die sie nichts angingen. Aber wahrscheinlich war sie selbst einfach schon zu alt für deren autoritäre Gluckenhaftigkeit.

»Die Ringelblumensalbe schmierst du dir dreimal täglich auf die Wunden, damit die ja nicht zu eitern beginnen. Und vorher streichst du noch ordentlich Betadona drauf. Und etwas von der Blutwurztinktur.«

Erneut nickte die Patientin wider Willen und wandte sich zum Gehen, doch Adelheid verstellte ihr den Weg. »Bevor ich dich gehen lasse, möchte ich aber noch zwei Sachen wissen.«

Patrizia seufzte. Diesen Tonfall hatte sie schon als Kind mehr gehasst als pürierte rote Rüben, aber auch damals war sie weder dem einen noch dem anderen je entkommen. »Was denn, Nanna?«

»Geht's dir auch wirklich gut?«

Die erste Frage war nicht schwer zu beantworten.

»Ja, mir geht's gut, ich bin immer noch glücklich, nur ein wenig müde. Vielleicht der Wetterumschwung.«

Adelheid schwieg. Eher ging das berühmte Kamel aufrecht durchs Nadelöhr, als dass eine frisch verliebte Zwanzigjährige mit dem Objekt ihrer Begierde das Bett teilte und allein wegen eines atmosphärischen Tiefdruckgebiets nicht schlafen konnte.

Das Schweigen zog sich wie ein Strudelteig.

Endlich wurde es Patrizia zu viel. »Und, die zweite Frage?«

»Wo hast du dir diese Schrammen zugezogen?«

»Ich weiß es nicht, Nanna, wirklich nicht. Außerdem sind

das doch nur ein paar Kratzer, kein Beinbruch. Vielleicht bei den Brombeerbüschen unten am Bach, da bin ich heute Morgen mal herumspaziert.«

Adelheid schüttelte gedanklich den Kopf. Patrizias Aufrichtigkeit hatte ganz offensichtlich Schiffbruch erlitten. Laut meinte sie: »Hast eh recht, möge dir nichts Schlimmeres passieren. Aber du weißt ja, wie schnell ich mir immer Sorgen mache.« Sie zwang sich sogar zu einem Lächeln. »Und nun ab mit dir.«

Patrizia stob leichtfüßig aus der Küche, während sie mit schwerem Herzen zurückblieb. Warum lügt sie mich an?, dachte Adelheid in einem fort. Die Sache mit dem Wetterumschwung war so wahrscheinlich wie die unbefleckte Empfängnis, die Ausrede mit den Brombeeren rundum gelogen. Erst vor einigen Tagen hatte Heinrich ihr mit Tränen in den Augen geklagt, dass Gemeindearbeiter die ganzen wildwüchsigen Büsche am Bach gerodet und das Ufer dadurch in einen Kahlschlag verwandelt hatten. Und nun wollte sich diese kleine Lügnerin ausgerechnet dort die Hände zerkratzt haben. Dort, wo gar nichts mehr wuchs, woran man sich hätte verletzen können. Die Köchin beschloss, ab nun noch genauer hinzuschauen und -zuhören. Dass ihr Mädchen jetzt schon gegen imaginäre Dornen schrammte, musste sehr reale Gründe haben. Und die galt es herauszufinden, bevor Patrizia blindlings in ihr Verderben rannte.

Den restlichen Tag verbrachte die besorgte Amme mit sporadisch spontanen Putzanfällen. Überall dort, wo Patrizia und Lukas verweilten, fand sie Silber zu polieren, Klinken zu putzen, Nippes abzustauben und dergleichen mehr, doch ohne Erfolg. Erst am Abend, der Landregen hatte eine kurze Pause eingelegt, lohnte sich ihr Lauschangriff. Die zwei Turteltäubchen hatten es sich auf der Hausbank bequem gemacht, Lukas wie stets mit einem stinkenden Sargnagel in der Hand, und redeten erregt aufeinander ein. Vorsichtig schlich Adelheid näher, den Staubfetzen als einsatzbereites Alibi in der Hand, und bezog hinter einem monumentalen Ficus Position. Durch das gekippte Badezimmerfenster konnte sie alles hören, ohne gesehen zu werden.

»Und was, wenn sie draufkommen?« Das war Patrizias Stimme.

»Werden sie nicht, sei ohne Sorge.«

»Aber der kleine Racker wird sich nicht ewig vertuschen lassen. Er wächst so schnell.«

»Ewig sind wir nicht hier, vergiss das nicht. Die Pfingstferien haben ein baldiges Ende.«

»Die Ferien schon, aber in zwei Jahren wohnen wir hier.«

»Tja, dann werden wir sie halt vor vollendete Tatsachen stellen.«

»Das überlebt Opa nicht.«

»Hauptsache, du überlebst.«

Adelheid biss ihre dritten Zähne zusammen, um nicht aufzuschreien. Kein Zweifel, Patrizia war schwanger. Und Lukas der Totengräber der Barthenstein-Dynastie. Einer, der über Leichen ging, wenn es sein Leben bereicherte. Aber nicht hier – und schon gar nicht mit ihr.

Achtlos schleuderte sie den Putzlappen in die Badewanne. Der Staub konnte warten, es gab Wichtigeres zu tun.

Als sich die Nacht über das Anwesen legte, erhob sich die selbst ernannte Schutzpatronin der Barthensteins von der Matratze, schlüpfte in ihre warmen Lammfellpantoffeln, warf sich den Schlafrock um und schlich die Treppe zum Ostflügel hinauf, wo Patrizias kleines Apartment lag. Olaf und Lisbeth schliefen südseitig im Parterre, die würden ihren nächtlichen Ausflug keinesfalls bemerken.

Auf Zehenspitzen bewegte Adelheid ihre fassförmige Gestalt die Treppe hoch und die dunklen Gänge entlang, stets darauf bedacht, nicht gegen schmiedeeiserne Stehlampen, meterhohe Topfpflanzen oder scharfkantige Möbelstücke zu stoßen. Endlich war sie am Ziel und richtete, umweht von einer Aura heldenhafter Ratlosigkeit, das rechte Ohr wie eine Satellitenschüssel auf die Eingangstür von Patrizias Wohnung. Sie musste etwas unternehmen, vielleicht nicht hier und jetzt, aber insgesamt und überhaupt, allein sie wusste noch nicht, was, wie oder wann.

Doch bis sich das änderte, würde sie zumindest über den Schlaf ihres Sonnenscheins wachen und immer wieder mal nach dem Rechten sehen beziehungsweise hören. Geraume Zeit vernahm sie allerdings nichts außer ihrem eigenen Atem.

Sie wollte schon einigermaßen beruhigt den Rückzug antreten, als es hinter der Tür zu rumoren begann. Es schepperte, dann folgte ein lauter Knall, und Patrizia schrie: »Hör auf, hör sofort auf, das tut weh!«

Die Ohrenzeugin erstarrte.

Wieder krachte es, und Lukas' Stimme erklang: »Jetzt sei halt nicht so, wo bleiben deine Muttergefühle?«

»Hör doch auf. Ich frag dich ja auch nicht nach deinen Vatergefühlen. Aber wenn es wehtut, hört der Spaß wirklich auf.«

Gelächter drang durch die Tür.

»Au, au, au. Bitte nein, lass das.«

Am liebsten hätte Adelheid das Schlafzimmer gestürmt und diesen Rüpel an den Haaren vom vorehelichen Schlachtfeld gezerrt, aber einen derartigen Angriff auf ihre Privatsphäre hätte Patrizia ihr nie verziehen. Davon abgesehen war die Tür bestimmt versperrt. Und laut anklopfen konnte sie nicht. Schließlich gab es wohl keinen einzigen glaubwürdigen Grund für ihre Anwesenheit hier, weit nach Mitternacht und im Schlafrock. Also harrte sie unverrichteter Dinge weiter aus, die Hände zu Fäusten geballt und das Ohr ans Türblatt gepresst.

Wieder krachte etwas schwer zu Boden, sie zuckte zusammen.

»Das war's dann wohl für heute«, hörte sie Lukas sagen, und Patrizia – gottlob, wenigstens hatte er sie nicht umgebracht – antwortete: »Lass das, ich will jetzt endlich schlafen.«

Adelheid trat den Heimweg an. Ihre ansonsten durchweg pazifistische Grundstimmung war einem veritablen Blutrausch gewichen. Dieser Mann war ein Tier. Was fiel ihm ein, ihr Mädchen so zu schänden! Noch dazu, wo die Kleine bereits in anderen Umständen war. Der hatte nicht nur einen Friseur und einen Benimmkurs nötig, der brauchte eine Charaktertransplantation. Und am besten auch eine Kastration. Letzteres würde sie gern persönlich in die Hand nehmen. Mit diesem erfreulichen Gedanken schlief sie kurz darauf ein.

Am nächsten Morgen war Adelheid noch früher auf den Beinen als üblich, denn ihr war eine Idee gekommen. Wenn sie Patrizia schon nicht vor Lukas schützen konnte, so würde sie zumindest das Tier in ihm bezwingen. In vorfreudiger Erregung griff sie sich ein halbes Dutzend Eier und schlug diese gerade in die Rührschüssel, als ihr Sorgenkind die Küche betrat.

»Morgen, Nanna«, flötete es.

Angenehm überrascht verdrängte sie die bösen Gedanken an Lukas, wandte sich Patrizia zu und erstarrte. »Um Himmels willen, wie siehst du denn aus?«

Im Gesicht ihres kleinen Mädchens prangte ein großes blaues Auge.

»Ich hab mich am Nachttisch gestoßen, wirklich dumm von mir, tut aber überhaupt nicht weh. Leider ist dabei auch die Lampe kaputtgegangen.«

»Heißt der Nachttisch zufällig Lukas?«

»Aber nein, wie kommst du denn darauf?«

»Weil die Anzahl gewalttätiger Schlafzimmermöbel eindeutig geringer ist als die Anzahl ebensolcher Männer.«

Patrizia seufzte. »Nanna, was hast du eigentlich gegen ihn? Du hast ihn von Anfang an nicht gemocht, aber glaub mir, Lukas würde mir nie und nimmer ein Haar krümmen.«

Nun seufzte Adelheid. »Das glaub ich dir gern. Warum sollte er dir ein Haar krümmen, wenn er dir genauso gut eins aufs Auge geben kann?«

»Er hat mir keins aufs Auge gegeben. Er liebt mich. Und ich ihn auch.«

Liebe, Triebe, Hiebe – das Trio Infernal jugendlicher Romantik. Genau danach hatte es sich bei ihrem nächtlichen Lauschangriff angehört.

Aber weil sie das natürlich nicht erwähnen durfte, blieb ihr nichts anderes übrig, als Patrizias Ausrede unwidersprochen zur Kenntnis zu nehmen. Möglicherweise litt die Kleine ja unter einer juvenilen Form selektiver Vergesslichkeit, oder starke schwangerschaftsbedingte Hormonschwankungen gaukelten ihr ständig alternierende Realitäten vor. Allerschlimmstenfalls war sie diesem Unmenschen völlig verfallen. So wie ein Säufer dem Alkohol. Der wusste auch, dass Schnaps, Bier oder Wein ihm nicht guttaten, kam aber dennoch nicht davon los.

Resigniert legte sie einen versöhnlichen Umkehrschwung ein. »Du musst es ja wissen, verzeih mir. Ich mach mir halt immer noch Sorgen um dich, deine Gesundheit, dein Glück.«

»Es gibt nichts, worüber du dich sorgen musst, das hab ich doch eh schon so oft gesagt. Es geht mir gut, Lukas behandelt mich gut, und gesund bin ich auch.«

»Wenngleich etwas blauäugig …«

Beide mussten lachen, das Harmoniedefizit war wieder ausgeglichen.

Als Zeichen ihres guten Willens nahm Adelheid Milch und Schinken aus dem Kühlschrank. »Ich nehme an, du bist deswegen gekommen?«

Patrizia nickte.

Die Köchin tat alles auf ein Tablett und stellte noch ein paar Kuchenstücke und ein Schälchen Topfen dazu.

»Den Topfen gibst du auf dein Auge, versprochen?«

»Versprochen.«

Nach dem Frühstück, die Jugend hatte sich nur auf einen raschen Kaffee blicken lassen, versuchte Adelheid ihr Glück bei den Großeltern. Die hatten bisher stets ein offenes Ohr für die Sorgen ihrer Untergebenen gehabt. Umso hellhöriger mussten sie doch eigentlich werden, wenn es um das Schicksal ihrer einzigen Enkeltochter ging. Doch zu Adelheids großer Bestürzung sahen die beiden weder ihren Besitz noch ihre rechtmäßige Erbin in Gefahr.

»Ach, Sie wissen doch, wie die jungen Leute sind. Gute Manieren und ein gutes Elternhaus sind heute nicht mehr gefragt. Es zählen nur noch Spaß, Sentimentalitäten und … ach, egal. Aber wenn mein Mädchen glücklich mit ihm ist, soll er mir auch recht sein«, meinte Olaf mit stoischer Miene und blätterte weiter durch den Börsenteil.

»Aber das blaue Auge, die Schrammen«, stammelte Adelheid, »und dazu diese seltsame Morgenübelkeit.«

Der Direktor legte die Zeitung zur Seite. »Meine liebe Adelheid, ich weiß, wie sehr Ihnen Patrizia am Herzen liegt. Immer schon gelegen ist. Aber glauben Sie mir, was Lukas betrifft, geht Ihre Phantasie mit Ihnen durch. Das ist ein Traumtänzer, ein Bücherwurm, ein Weichling, der würde keiner Fliege etwas zuleide tun. Außer vielleicht ein Gedicht über sie schreiben. Aber seien Sie versichert, ich werde mit Patrizia reden. Und das alte Nachtkästchen endlich aus ihrer Wohnung werfen. Diese Art-déco-Möbel haben wirklich sehr scharfe Kanten.« Er griff die Zeitung wieder auf. »Ach ja, und was die Übelkeit betrifft, also ehrlich gesagt, so ein Urenkel kann ja gar nicht früh genug kommen. Wir hätten in jedem Fall eine Riesenfreude mit ihm, nicht wahr, Lisbeth?«

Und Lisbeth nickte. Auch sie schien Adelheids Bedenken nicht nachvollziehen zu können. »Ein paar Pfunde mehr auf den Rippen, ein fetteres Konto, ein Besuch beim Friseur und Sie werden sehen, der ist gar nicht mal so übel. Klar, der Heinrich hätte mir auch besser gefallen, aber was sollen wir tun? Patrizia ist alt genug, um ihre eigene Wahl zu treffen. Und da die beiden nach ihrem Studium ja ohnedies hier wohnen werden, haben wir dann noch genug Zeit, um aus ihm ein passables Mitglied der Gesellschaft zu machen. Wer zahlt, schafft bekanntlich an.« Sie nippte an ihrem Kräutertee. »Ich selbst hab mich vor Jahren übrigens mal böse an einer Psyche gestoßen. So was kommt in den besten Familien vor. Man darf da nicht immer gleich das Schlimmste denken. Solange Patrizia auf keine Bäume klettert, um kleine Katzen zu retten, und mit keinem Zug fährt, sehe ich der Sache mit diesem Mann also recht gelassen entgegen.«

Adelheid zuckte resigniert die Schultern. Dass sie die nächtlichen Schmerzensschreie mit eigenen Ohren gehört hatte, durfte sie leider auch hier nicht zur Sprache bringen. Das hätte man ihr bestimmt als Hausfriedensbruch ausgelegt. Eine Haushälterin stellte man ja nicht zu Spionagezwecken an.

Aber noch blieb ihr die Idee. Und der gute Heinrich, den sie in knapp einer Stunde aufsuchen würde.

»Mit zwei Feigen, grünen Haselnusskernen und etwas Salz hat man die Ruta graveolens im Mittelalter gegen die Pest verwendet«, dozierte Elsas pflanzenkundiger Sohn während seiner Kräuterführung und strich der Weinraute anerkennend über die zarten gelben Blüten. »Gegen Gift, Dämonen und den bösen Blick soll sie außerdem geholfen haben. Die Weinraute galt aber schon in der Antike als Allheilmittel, nützlich bei Zahnfleischfäule und Lungenabszessen, Pestepidemien, Ameiseninvasionen, Durchblutungsstörungen und Blasenschwäche.«

Adelheid nickte anerkennend. So eine Gartenrunde mit diesem Pflanzenkenner war wirklich ungemein lehrreich. Selbst seine schwarzgalligen Vorträge über diese Hildegard von Bingen glaubte sie diesmal besser zu verstehen.

»Und gegessen unterdrückt sie die unrechte Glut des Blutes im Menschen. Denn die Wärme der Raute vermindert die unrechte Wärme der Schwarzgalle und gleicht auch deren unrechte Kälte aus, und so wird es dem Menschen, der melancholisch ist, besser gehen, wenn er sie nach den anderen Speisen isst«, zitierte er.

Adelheid nickte. Von »unrechter Glut im Blute des Menschen« hatte sie mittlerweile jedenfalls recht präzise Vorstellungen. Nachdenklich steckte sie sich ein paar Blätter der stark aromatischen Pflanze in den Mund. Schmeckten ein wenig nach Bitterschokolade und erdigem Chili, fand sie. Nichts, was sie sich aus gesundheitlichen Gründen aufs Butterbrot schmieren würde, aber wegen der ätherischen Öle und Alkaloide war der Konsum des Krauts ohnedies nur in geringen Dosen angeraten.

»Die Dosis mache halt überall das Gift«, sagte Heinrich. Und der wusste es von Paracelus.

Adelheids Interesse galt allerdings weniger den historischen Heilwirkungen als den zeitlosen Nebenwirkungen, zum Beispiel Zeugungsunfähigkeit und Hemmung des Geschlechtstriebes. Wofür neben der Weinraute auch Wermut, Mönchspfeffer, Zaunrübe und Schierling bekannt waren. Die letzteren zwei seien jedoch bereits in kleinsten Mengen derart toxisch, dass sie nirgendwo kultiviert wurden. Zudem, so Heinrich, hätte selbst er Probleme, einen tödlichen Schierling von einem banalen Wiesenkerbel zu unterscheiden.

»Interessant, unglaublich interessant«, kommentierte Adelheid in einem fort und meinte es teilweise sogar ehrlich. »Darf ich mir vielleicht ein kleines Würzsträußchen pflücken?«, bat sie gegen Ende ihrer Gartenrunde. »Ich habe unseren Käsepappeltee schon ziemlich satt und würde gern mal was anderes probieren.«

Natürlich durfte sie. Unter den enzyklopädischen Ausführungen Heinrichs rupfte sie fleißig am üppigen Angebot der sexuellen Sedativa herum. Zum Zwecke des Tarnens und Täuschens wählte sie allerdings auch Gundermann, Orangensalbei, Katzenminze, Baldrian, Eisenkraut, Wegwarte, Frauenmantel, Parakresse und ein paar Indianernesseln aus. Heinrich durfte keinesfalls ahnen, wozu sie Teile ihres Kräuterbouquets benötigte.

Nach der Führung verweilte sie aus gleichfalls taktischen Gründen noch ein wenig, um mit dem Schwiegersohn ihrer Träume Tee zu trinken. Das wäre wirklich der passende Mann für Patrizia gewesen, dachte sie erneut, während Heinrich formvollendet ein paar Petits Fours auf gold geränderten Desserttellern anrichtete. Einmal, vor Jahren, hatte Adelheid ihren Schützling sogar explizit auf die Vorzüge einer derartigen Verbindung hingewiesen, doch die hatte sich nur lustig über den rundlichen Hobbybotaniker gemacht. Wie Schweinsspeck auf Stelzen sehe er aus, wenig appetitlich, dafür saukomisch, und mit seinem chlorophyllischen Charakter könne er bestenfalls Eselsdisteln bezirzen, aber keine Frauen aus Fleisch und Blut. Und sie schon gar nicht. Dann hatte sie Tränen der Heiterkeit vergossen, und Adelheid hatte es dabei bewenden lassen. Aber leid tat es ihr immer noch, dass aus den beiden nichts geworden war.

Und als könnte Heinrich Gedanken lesen, meinte er auf einmal: »Wenn's nicht so traurig wäre, wär's sogar lustig.« Dann biss er lustvoll in ein Marzipantörtchen.

Adelheid bekam erst nach dem dritten Stück Feingebäck mit, dass er dabei gar nicht Patrizias sentimentale Irrungen und Wirrungen im Sinn hatte, sondern nur das eigenwillige – und in seinen Augen zerstörerische – Fressverhalten von Bienen, die mit ihren Mandibeln ein Loch in Monardenblüten bohrten, um Nektar zu stehlen, ohne dabei die Blume zu befruchten. »Schon grausam, die Natur«, meinte er. »Die Hummeln verstümmeln sogar Tränende Herzen. So eine Blume kann sich ja nicht wehren. Oder um Hilfe rufen.«

So mancher Mensch auch nicht, dachte die Hüterin über Patrizias Unversehrtheit und schwieg.

Schwer beladen mit einem Strauß botanischer Bedarfsgüter, einem Korb voller Erdbeeren Marke Mieze Schindler für den verehrten Direktor und dessen Gattin sowie einem Koffer voller Pflanzenwissen trat sie um kurz nach elf den Heimweg an.

»Wie du ihr, so ich dir«, flüsterte sie ihrem duftenden Waffenareal zu und machte sich, kaum hatte sie erneut die herrschaftliche Küche betreten, umgehend an die Arbeit. Sie konnte es nicht erwarten, dieses Scheusal endlich flachzulegen, wenngleich auf eine gänzlich unerotische Art. Mit nahezu alchemistischem Eifer zupfte, schnitt, wog und wässerte Adelheid Blattwerk, Blüten und Stängel, befüllte die Dampfdestille und ein paar Paprika für das Barthenstein'sche Mittagsmahl und stellte gleichzeitig komplizierte mathematische Hochrechnungen an. Wie viel Gramm wovon pro Kilo Körpergewicht waren nötig? Allein die Antwort auf diese Gretchenfrage der Giftmischerei verlangte ihren kleinen grauen Zellen Höchstleistungen ab. Schon in der Schulzeit hatte sie Wahrscheinlichkeitsrechnung gehasst. Ihrer Ansicht nach hatte Lukas ein maximales Gewicht von fünfundsiebzig Kilo, schien gesund, robust und ohne Vorerkrankungen zu sein, da durfte es vermutlich ein bisschen mehr von allem sein. Aber auch nicht zu viel, da das Cumarin der Raute und das Thujon vom Wermut eine auffallend bittere Note hatten, die bestimmt nicht jedermanns Frühstücksgeschmack war. Als nahezu unlösbar schwierig gestaltete sich jedoch die Mengenberechnung bei ihrer Hauptzutat, dem weißen Oleander. Kaum hatte Heinrich im vormittäglichen Gespräch erwähnt, dass der Genuss dieser mediterranen Schmuckpflanze, die einst als Giftrosenbaum und Unholdenkraut bekannt war, nicht nur zu starken Leibschmerzen, Herzrhythmusstörungen und Kältegefühlen führte, sondern auch zu starkem Appetitverlust, hatte Adelheid ihre Rezeptur in Gedanken bereits um ein paar Blätter davon bereichert. Dass auch dieses dekorative Hundsgiftgewächs den Appetit auf fleischliche Gelüste hemmte, kam ihrem Plan sehr entgegen. Zudem war es die ideale Gelegenheit, sich an Lukas zu rächen für die ganzen Zigarettenstummel, die er seit seiner Ankunft in den Oleandertöpfen vergrub.

Im Unterschied zu Mönchspfeffer, Wermut und Weinraute sorgte die Giftrose allerdings bereits in sehr geringen Mengen für ewige Ruhe. Und umbringen wollte sie Lukas dann auch wieder nicht, nur seinen Unterleib etwas sedieren. Wenn also fünfzehn Gramm Blattmaterial bereits tödlich sein konnten und Lukas an die fünfundsiebzig Kilo wog, dann … Adelheids Denkfunktion stand wegen Überhitzung der kleinen grauen Zellen bereits knapp vor einem Kurzschluss. Ihr schien sogar, als würde es schon etwas angebrannt riechen.

»Du meine Güte, die Paprika!«, schrie sie auf und eilte zum Backrohr, aus dem dunkle Dämpfe und üble Gerüche hervorquollen. Zum ersten Mal in ihrer über vierzigjährigen Dienstzeit hatte sie völlig das herrschaftliche Essen vergessen.

Dafür gelang ihr die Wasserdampfdestillation der Pflanzenteile umso besser. Die Haushälterin schickte ein Dankesgebet zum Himmel, während sie fasziniert auf die grünlich schimmernde Flüssigkeit starrte, die sich am Boden des Kupferkessels gesammelt hatte. Insgeheim fühlte sie sich wie ein Zauberlehrling, dem auf Anhieb die legendäre Verwandlung von Gras in Gold geglückt war. So viel feinstoffliches Talent hatte sie sich selbst gar nicht zugetraut. Stolz verstaute sie das kostbare Hydrolat ganz hinten im Kühlschrank, wo es zwischen Schweineschmalztiegeln und Desinfektionstropfen nicht weiter auffiel.

»Na wart nur, du Halunke«, wisperte sie dabei kaum hörbar. »Ab morgen wirst du niemandem mehr die Hände zerkratzen oder ein blaues Auge hauen.«

Denn ab morgen würde Lukas, wenn ihr Plan aufging und ihr bei der Dosierung kein kapitaler Fehler unterlaufen war, sich seine tierischen Anwandlungen im wahrsten Sinne des Wortes aus dem Leib scheißen. Und bestimmt nur noch an seinem eigenen Hintern Hand anlegen.

Und der Morgen kam.

Als Lukas gegen halb sieben die Küche betrat, um nach der rituellen Milch- und Schinkenspende zu fragen, empfing Adelheid ihn erstmals mit einem strahlenden Lächeln.

»Alles schon fertig«, sagte sie und drückte ihm das mit Milch, Schinken, Kuchen und Obst beladene Tablett in die Hände. An diesem schicksalsträchtigen Morgen war Adelheid tatsächlich froh, ihn und nicht Patrizia zu sehen. Es wäre ihr weitaus schwergefallen, *ihr* den Krug mit dem Hexentrunk zu überreichen, auch wenn es nur zu ihrem Besten war.

»Danke«, murmelte ihr Opfer, angenehm überrascht von Adelheids ungewohnt freundlicher Art.

»Aber gerne«, erwiderte sie, und diesmal meinte sie es auch so.

Danach geschah eine Zeit lang nichts, bis um kurz vor acht die Hölle losbrach.

»Er stirbt. Oh mein Gott, er stirbt! So helft ihm doch!«, dröhnte Patrizias Stimme durchs Haus. Sie hörte sich panisch an, angsterfüllt und schrill. Adelheid, der Direktor und dessen Frau stürmten gleichzeitig ins Foyer. Während sie im Erdgeschoss keuchend Richtung Treppe eilten, rannte ihr schreiendes Mädchen oben den Gang entlang. Barfuß und im Nachthemd, die Arme steif von sich gestreckt.

Von Weitem schien es, als würde sie etwas tragen. Erst aus der Nähe erkannten sie es. Patrizia hielt eine Katze. Schlaff, beinahe leblos hing das rötlich getigerte Tier in ihren Armen, gelber Schaum tropfte von seinem Maul, das Fell stand ihm zu Berge.

»Bitte helft mir«, flehte sie erneut, lief ungebremst auf die Treppe zu, stolperte und stürzte kopfüber einundzwanzig Stufen nach unten.

Ein knöchernes Krachen beendete ihren Flug. Patrizia blieb reglos auf den Marmorfliesen liegen, die Katze zuckte noch kurz mit den Pfoten. Als Adelheid den Fehler ihres Lebens erkannte, war ihr Mädchen bereits tot.

Lukas jedoch lebte. Er verharrte oben am Treppenabsatz, den Milchkrug drohend in der hocherhobenen Hand.

Oleander, Nerium oleander (sehr giftig)

Mord mit Oleandermilch oder -kaffee

Dieser sommerlich duftende Strauch mit mediterranem Flair dürfte eigentlich nur mit Totenkopfsymbol verkauft werden, so viele Opfer hat er schon gekostet. Einst mit gutem Recht als Giftrosenbaum bekannt, bezeichnete ihn der Botaniker Hieronymus Bock als »Unholdenkraut«, das ein »onfreundliches gewächs, vihe und leutten schedlich« sei. Auch der Homöopath Hahnemann spricht vom »Unholdoleander« und schreibt dessen recht bitterem Genuss Herzensangst, Kälte und Anschwellung des Unterleibs zu.

Der pflanzliche Serienkiller hat aber noch viel mehr zu bieten. Als Aufguss wurde er zu Selbstmord- oder Abtreibungszwecken verwendet, mit sozusagen todsicherem Erfolg. In Italien brachten sich häufig junge Männer um, weil sie die Gifte der Pflanze nutzen wollten, um bei der militärischen Musterung herzleidend zu erscheinen oder malariaartige Zustände zu simulieren. Einer von ihnen bekam hohes Fieber, starke Leibschmerzen, Blutharne und Diarrhö und verstarb nach eineinhalb Tagen, berichtet der deutsche Toxikologe Louis Lewin. Selbst im Zuge einer Radikaldiät haben mollige Mädchen früher am Blattwerk geknabbert, was allerdings zu einer Abnahme an Lebenskraft, nicht an Leibesumfang geführt hat. Immerhin gelten bereits fünf Blätter als letale Dosis. Sogar Oleanderhonig kann lebensgefährlich sein. Zudem sterben in mediterranen Gefilden wie auch den USA nach wie vor Menschen und Tiere, weil sie die Zweige der Büsche als Grillspieße oder zum Stöckchenwerfen mit dem Hund verwenden. Im Orient hingegen wurde die grausame Praxis der Oleandermilch praktiziert. War ein Säugling unerwünscht, dann gaben Vater oder Großvater ihm ein frisches Zweiglein zum Kauen, und Stunden später verstarb der bedauernswerte Nachwuchs. Und eine Frau servierte ihrem unliebsamen Gatten wochenlang Kaffee mit pulverisierter

Oleanderwurzel, doch der Mann überlebte den Mordanschlag wie durch ein Wunder.

Info: auch Giftrosenstrauch genannt. Bis zu 5 m hohes Hundsgiftgewächs mit lederartigen, lanzettförmigen Blättern und großen, fünfspaltigen Blüten in Trugdolden. Blüht den ganzen Sommer lang. | **Inhaltsstoffe:** Oleandrin, Cardenolidglykoside | **Vergiftungserscheinungen:** 8 bis 10 Samen oder 15 g Blattmaterial letal, rote Blüten giftiger als weiße; Krämpfe, Schock, Herzrhythmusstörungen, erweiterte Pupillen, Atemnot, blaue Lippen und Hände, Tod nach wenigen Stunden

Der Kern der Wahrheit

Es war ein sonniger Tag im Spätherbst. Das Kind hatte seinen Schulranzen nachlässig über die Schulter geworfen und trottete mit schlurfenden Schritten nach Hause. Es liebte dieses raschelnde Geräusch, wenn das herbstlich bunte Laub von seinen Stiefeln aufgewirbelt wurde und ein paar Meter weit durch die Luft tänzelte, um nach ein paar schier schwerelosen Runden erneut sanft kreisend auf dem Boden zu landen. Manchmal, wenn es ein besonders schönes Blatt erblickte, blieb das Kind stehen, hob seinen Fund auf, blies vorsichtig anhaftende Erde oder krabbelnde Insekten weg und nahm den rotgoldenen Herbstgruß mit heim.

An jenem strahlenden Tag im Oktober hatte es bereits eine Handvoll glänzender Kastanien und einen Mistelzweig in seinem Ranzen verwahrt, um den Eltern damit ein farbenfrohes Geschenk zu machen. Das sonderbare Gewächs mit den milchig trüben Beeren bringe Glück ins Haus, hatten sie im Sachkundeunterricht gelernt, und weil Papa und Mama seit Längerem so unglücklich wirkten, war das Kind während der großen Pause ins Lehrerzimmer geschlichen, um den Glückszweig zu stehlen, den die Lehrerin dort aufbewahrte.

Da werden sich Papa und Mama bestimmt riesig freuen, dachte es. Sein schlechtes Gewissen, weil es einen Diebstahl begangen hatte, schrumpfte mit jedem Schritt, der es seinem Elternhaus näher brachte. Als das Kind endlich am Gartentor angelangt war, war von Schuldgefühlen nichts mehr übrig.

Im dunklen Flur hängte es seinen Mantel ordentlich an den Haken, zog die Straßenschuhe aus und holte Blätter, Kastanien und Mistelzweig aus seinem Ranzen. »Papa, Mama!«, rief es aufgeregt. »Ich hab euch Glück mitgebracht.«

Aber es kam zu spät. Seine Eltern hingen bereits seit Stunden am alten Nussbaum hinter dem Haus.

Als Reinhold an jenem spätsommerlichen Sonntag die Augen aufschlug, erblickte er direkt vor seinem Schlafzimmerfenster den schönsten Sonnenaufgang seines Lebens – und leider auch den letzten. Aber das wusste er um sechs Uhr morgens noch nicht. Fasziniert von dem atemberaubenden Naturschauspiel erhob er sich von seinem Heublumenlager und öffnete das Fenster. Ein Traumtag begann. Tief sog er die frische Morgenluft ein, genoss den würzigen Geruch von feuchtem Gras und lauschte dem fröhlichen Gesang der Vögel. Er fühlte sich derart beschwingt, dass er sich sogar zu morgensportähnlichen Verrenkungen hinreißen ließ. Ein heimlicher Beobachter hätte die seltsam steifen und unkoordinierten Bewegungsabläufe zwar eher für modernen Ausdruckstanz mit Bandscheibenvorfall gehalten, aber Reinhold erfreute sich einfach nur an seiner neuen Lebendigkeit.

Die Entscheidung, sich im Interesse seiner mittlerweile recht maroden Gesundheit von der chemisch angereicherten und antibiotikalastigen Giftküche ab- und einer rein pflanzlichen Naturkost zuzuwenden, tat ihm spürbar gut. Schließlich wurde er nicht jünger, der Arzt hatte ihm anhand seiner Cholesterin- und Blutzuckerwerte erst kürzlich recht böse Ablebensszenarien prognostiziert, und seine neue Freundin zehrte zudem an seinen kärglichen Energiereserven. Immer öfter war er sich gleichermaßen ausgelaugt wie ausgesaugt vorgekommen. Hätte er so weitergemacht, Fast Food mit hohem Fettanteil am Tag und Fast Sex mit hohem Frustanteil in der Nacht, hätte er sein Pensionsalter wohl nicht mehr erreicht. Aber gerade als er wieder einmal im ganzheitlichen Energiesparmodus gelaufen war, war ihm dieser Kursfolder in die Hände gefallen, in dem es um geheime Kräfte und neue Leidenschaften ging, welche man sich allein durch eine energiegeladene pflanzliche Ernährungsweise aneignen konnte. Grünzeug for Future sozusagen. Und da ihm die Kollateralschäden seiner fleischlichen Gelüste ohnedies längst bewusst geworden waren, hatte er den Kurs nach kurzer Überlegung gebucht. Was hatte er schon zu verlieren, außer überflüssige Pfunde, wachkomatöse Zustände und die goldene Stammkundenkarte beim Apotheker seines Misstrauens?

Nun war er also hier, im Vitalhof, zwar erst seit zwei Tagen, aber er bemerkte bereits positive Veränderungen an sich. Viel zu lang schon hatte er sich nach der Arbeit träge wie ein Sack Reis gefühlt, der höchstens noch schwungvoll ins Bett fiel. Nun aber verspürte er zunehmend Anflüge einer neuen Kraft, mit der er, wenn schon nicht Bäume, so zumindest Stauden ausreißen könnte. Sogar sein eher buchhalterisches Naturell war nahezu romantischen Gefühlen gewichen. Wenn das so weiterging, würde er sich bald selbst nicht mehr erkennen. Bestens gelaunt schloss er das Fenster, schlüpfte in seine atmungsaktive Outdoorkleidung und machte sich auf den Weg zum Frühstücksraum.

Obwohl es gerade mal halb sieben war, waren die anderen Kursteilnehmer schon da. Das jugendliche Pärchen, er sah nach Hippie aus, sie nach Chemotherapie, hatte sich dem Anschein nach eine halbe Blumenwiese auf die Teller geladen, während die beiden Golden Ager nachdenklich vor dem Brotkorb standen und die urkörnige Auswahl studierten. Weißmehlprodukte oder banales, industriell gefertigtes Pseudobauernbrot kam bei Franziska, der Kurs- und Vitalhofleiterin, nicht auf den Frühstückstisch, sondern ausschließlich selbst gebackene Kreationen aus Emmer, Einkorn, Dinkel und Sauerteig. Sicher gesund, aber irgendwie nicht sein Geschmack. Er nickte den beiden zu, griff sich eine der schmucken Keramikschalen mit frischem Joghurt und rührte Hafermark, Weizenschrot, Chiasamen und getrocknete Johannisbeeren ein. Dazu nahm er sich das einzige Schälchen geriebener Nüsse. Er liebte Schalenfrüchte jeglicher Art. Die gaben Kraft und waren gut fürs Gehirn.

Ihm schräg gegenüber hantierte die gertenschlanke, um nicht zu sagen zaundürre Esotante mit dem gruseligen Kleidungsgeschmack an der Saftpresse herum. »Ein Smoothie am Morgen vertreibt Kummer und Sorgen«, stand auf einem geschnitzten Holzschild neben der Maschine, doch der verzweifelte Gesichtsausdruck der Frau strafte den Spruch Lügen.

»Könnten Sie vielleicht …?« Hilfesuchend blickte sie ihn an.

Er nickte. Die Esotante war in grellrote, gespenstisch flatternde und mit Fransen versehene Stoffbahnen gehüllt, die seiner Ansicht nach selbst den Umgang mit Messer und Gabel zu einer lebensgefährlichen Aufgabe machten. Da brauchte man sich nicht zu wundern, dass die meisten Unfälle im Haushalt passierten. Mit solchen Kleidern war klar, dass man sich früher oder später die Finger wegpürieren würde, aber das sollte nicht seine Sorge sein. Er war hier, um ein gesünderer und vor allem glücklicherer Mensch zu werden, da konnte er sich in Hilfsbereitschaft auch gleich üben.

Er stellte sein Tablett neben der Obstschale ab und machte sich an der Presse zu schaffen. »Sie dürfen sie nicht bis ganz oben hin füllen«, erklärte er fachmännisch. »Nur bis zum roten Rand hier, sehen Sie?«

»Oh, wie dumm von mir, natürlich, Sie haben völlig recht«, erwiderte die nahezu durchscheinend Flatterhafte und bedankte sich überschwänglich, bevor sie ihren fertigen Smoothie wie einen kostbaren Kelch an einen der hinteren Tische trug.

Er blieb an der Maschine stehen, um sich gleichfalls eine flüssige Vitaminbombe zuzubereiten.

Unschlüssig studierte er die Auswahl an Obst, Gemüse und Kräutern und nahm willkürlich von allem etwas, als sich der grau melierte Dampfplauderer zu ihm gesellte.

»Ich würde Ihnen empfehlen, weniger Borretsch zu nehmen.« Er wies auf das Kraut mit den hübschen blauen Blümchen, das er soeben in den Saftbehälter gegeben hatte. »Wissen Sie, Borago enthält recht viel Pyrrolizidinalkaloide, und die können auf Dauer Leber und Niere schädigen.«

»Aber auf Dauer sind wir ja nicht hier«, entgegnete Reinhold, während er trotzig noch ein wenig mehr von dem Kraut in die Presse stopfte. »Ich zumindest reise in acht Tagen wieder ab.« Er drückte den Einschaltknopf, um das Ende seiner Gesprächsbereitschaft zu signalisieren.

Der Besserwisser warf ihm einen tadelnden Blick zu, dann hielt er Ausschau nach einem neuen Opfer zum Beschwafeln.

Reinhold stellte den grünen Smoothie auf sein Tablett und marschierte zum Tisch mit den beiden Golden Agern. Die erweckten am wenigsten den Eindruck, bereits am frühen Morgen unter Sprechdurchfall zu leiden. »Darf ich?«, fragte er höflich.

»Bitte.« Der korpulente Mann, eine wahrhaft monochromatische Erscheinung – alles an ihm war dunkelbraun, selbst die Augen –, wies auf einen Stuhl, seine Gattin lächelte ein wenig verunsichert. Dann wandten sie sich erneut ihren dick mit Kräutertopfen beschmierten Emmer-Einkorn-Dinkelschnitten zu.

Reinhold leerte die ganze Schale geriebener Nüsse über sein Müsli, aß es mit Hingabe auf, trank den gesunden Smoothie dazu und studierte währenddessen nicht nur die vielversprechende Aussicht auf die umliegenden Almen, sondern auch das heutige Tagesprogramm. Um zehn stand eine Einführung in die aphrodisische Pflanzenheilkunde auf dem Programm, mittags würden sie gemeinsam ein siebengängiges Menü kochen, und nachmittags ging es um meditative Techniken zur Behebung energetischer Blockaden. Mit vitalisierendem Gemüse und deren Zubereitungsmöglichkeiten hatten sie sich bereits am Vortag ausführlich befasst.

Er holte sich noch einen Nachschlag vom Müsli, verspeiste ein weich gekochtes Ei von nachweislich glücklichen Enten und beschloss, seinen Stoffwechsel gleich nach dem Frühstück durch einen kurzen Spaziergang auf Trab zu bringen, bevor sein eingefleischtes Trägheitselement ihn austricksen konnte.

Als er am Feld mit den essbaren Blüten vorüberkam, fühlte er ein seltsames Kratzen im Hals, bei den Staudenbohnen wurde ihm übel, und die Blumen, Blüten, Bohnen, sogar das Gras und der Himmel verschwammen zu einer Komposition von Monet. Orientierungslos tapste er voran, pflügte durch das Kräuterbeet, übergab sich auf die Kapuzinerkresse, fiel auf die Knie und robbte mit letzter Kraft zu den blauen Blümchen, die er kurz zuvor noch in die Saftpresse getan hatte. Sie waren wirklich wunderhübsch anzusehen, er hätte sie nicht pürieren sollen. Das war leider schon sein letzter reumütiger Gedanke, denn eine halbe Stunde später war er tot.

»Ein Waaaaaaahnsinn!«, entfuhr es Kai, dem Mann mit dem Pferdeschwanz, kaum standen sie vor der Rückseite des alten Getreidespeichers, wo Franziskas Kräuterbeet lag.

Dörthe, seine Partnerin, nickte zustimmend. Im Unterschied zu ihm war sie kurz geschoren und eher wortkarg, aber gleichfalls tief beeindruckt von der blühenden Pracht, die vor ihnen lag. Toll. Phantastisch. Gigantisch. Paradiesisch.

Auch der Rest ihrer kleinen Gruppe, die hinter ihnen ums Eck gebogen kam, konnte nicht genug von dem grandiosen Anblick bekommen. Andächtig staunend blickten sich alle um. Ackergauchheil wucherte neben Löffelkraut; Knoblauchrauken, Kugeldisteln und Käsepappeln buhlten um Bienen und Hummeln, der würzige Duft wilden Thymians raubte ihnen beinahe den Atem, und im Schatten einer Hecke aus Wermut und Weinraute drängten Einbeeren und ein Salomonsiegel ans Licht.

»Polygonatum officinale«, bemerkte Professor Grimm mit wichtigtuerischem Gehabe, »verdankt seinen Namen den Narben früherer Blütenstände auf der Sprossachse, die aussehen wie ein Siegelabdruck. Das Rhizom dieser Pflanze …«

Weiter kam er mit seiner botanischen Expertise nicht, denn ihre Lehrmeisterin war zu ihnen getreten. Franziska Frohmuth, Kräuterpädagogin, Energetikerin, Ernährungsberaterin und biodynamische Gemüsebäuerin, betrieb diesen idyllisch gelegenen Bergbauernhof bereits seit mehr als zehn Jahren. Anfangs hatte sie nur Kartoffeln, Kraut und Rüben kultiviert, später waren seltene Gemüsesorten und Küchenkräuter hinzugekommen, und heute hielt sie auf ihrem Vitalhof »Zur schönen Aussicht« sogar genauso appetitliche wie lehrreiche Seminare ab.

Derzeit stand der zehntägige Kurs »Vegetarische Küche mit emotionalisierender Pflanzenkost« auf dem Programm. Und da der Kursbeitrag einen mittleren Monatslohn betrug, riskierte keiner der Teilnehmer, auch nur eins ihrer weisen Worte zu versäumen. Wobei deren Bandbreite an Emotionalisierungswünschen je nach Alter und Familienstand natürlich recht stark differierte. Die einen sehnten sich nach der Frau ihres

Lebens, die anderen nach Auferstehungsszenarien im Beckenbodenbereich, und wieder andere wollten die partnerschaftliche Konfliktkultur auf eine neue, gefühlszentrierte Ebene bringen. Immerhin hatte der kunstvoll gestaltete Werbefolder die Erweckung neuer Leidenschaften durch die geheimen Kräfte der Kräuter und Pflanzen versprochen. Das klang gesund und gab zu berechtigter Hoffnung Anlass.

Die Hüterin der Pflanzengeister kannte sich allerdings auch wirklich aus in ihrem Fach. Es gab keine Blume, keine Staude, kein Kraut und keinen Salatkopf, worüber sie nicht stundenlang referieren konnte. Und die Zuhörer hingen an ihren Lippen. Bis auf den korpulenten Typen, dessen ganzes Erscheinungsbild einer Variation in Dunkelbraun ähnelte – er hing eher an Franziskas Dekolleté.

Und das bebte gerade ganz leicht, weil sie vor einer recht unscheinbaren Pflanze in die Knie gegangen war. »Hier seht ihr den Guten Heinrich, Chenopodium bonus-henricus, eine altbewährte Heilpflanze, die gegen entzündete Euter oder hustende Schafe ebenso hilft wie gegen Vitaminmangel im Frühjahr. Man kann die Blätter wie Spinat und die Stiele als Spargelersatz verwenden und die Blütenstände in Butter dünsten. Schmeckt hervorragend.«

Die Variation in Dunkelbraun leckte sich die Lippen, sehr zum Missfallen seiner Gattin.

»Und hier«, Franziska winkte die Gruppe ein wenig näher zu sich, »habe ich ein griechisches Bergbohnenkraut, Satureja montana, auch als Glückspflanze bekannt, zumindest unter den Männern. Weil das Kraut durchaus wirkungsvoll ist, hat Karl der Große seinerzeit sogar dessen Anbau in Klostergärten strikt untersagt.« Sie lächelte. »Wenn ihr euch davon etwas erwartet, muss es aber wirklich das Berg- oder Winterbohnenkraut sein, denn die Sommerversion, Satureja hortensis, verbessert nur den Schweinsbraten.« Die Kräuterfachfrau machte eine kurze Pause, um ihren Zuhörern Zeit zum Mitdenken und Mitschreiben zu geben. »Im Übrigen gibt es ein altes Rezept für einen Liebestee mit diesem Kraut, angeblich von Nostradamus persönlich verfasst, das auch Minze und Salbei enthält. Den werden wir später noch gemeinsam aufbrühen.«

Die Antwort bestand aus kollektivem, teils vorfreudigem, teils skeptischem Nicken. Einige der Kursteilnehmer gingen noch rasch in die Hocke, um das erotisierende Pflänzchen digital zu verewigen, bevor die Erinnerung daran verblasste.

»Sieht irgendwie aus wie eine Mischung aus Rosmarinus officinalis und Veronica spicata«, bemerkte derweil der Professor, der eine hörbare Vorliebe für lateinisches Fachvokabular zu haben schien.

»Ein wenig, stimmt«, antwortete Franziska, »aber leider ähnelt das Bergbohnenkraut vor allem dem Gottesgnadenkraut. Und Letzteres weckt die Lebensgeister nicht, sondern, ganz im Gegenteil, es tötet sie.« Sie warf einen strengen Blick in die Runde. »Also schaut bitte ganz genau hin, bevor ihr an einer wildwüchsigen Pflanze rupft. Besser, ihr kauft die getrocknete Droge in der Apotheke.«

»Den Giftmischern dort trau ich aber nicht«, warf der Pferdeschwanzträger ein, »die rühren doch nur altes verschimmeltes Zeug zusammen. Ich trau nur dem, was ich selber pflücke.«

»Aber das kann sehr gefährlich sein«, kommentierte die Gattin der dunkelbraunen Variation derart entsetzt, dass ihre grauen Lockenwicklerlöckchen heftig wackelten. »Meine Nichte wollte mal Schafgarben sammeln und ist mit einem Schierling im Korb nach Hause gekommen. Nicht auszudenken, wenn ich das nicht bemerkt hätte. Tot hätte sie sein können.« Nach Zustimmung heischend sah sie ihren Mann an, doch der war immer noch in den Anblick des bäuerlichen Busens der Natur vertieft.

»Panikmache, alles Panikmache. Kennt denn irgendwer irgendwen, der sich schon mal mit einer Pflanze vergiftet hat?«

»Papst Hadrian VI. starb durch Aconitum napellus, also den Eisenhut, Sokrates durch den Schierlingsbecher, die Massenmörderin Marie Alexandrine Becker ermordete ihre Opfer mit Digitalis, dem Fingerhut, Hunderte Bulgaren starben an der Aristolochiasäure der Osterluzei und der Hund meines Nachbarn durch einen Palmfarn.« Der ältere Pflanzengelehrte bedachte den Pferdeschwanz mit einem Blick, der wenig Gutes verhieß. Dann blies er sich noch ein wenig stärker auf, um sein Resonanzvolumen zu erhöhen, und blaffte ihn an: »Und im Übrigen bin ich Apotheker.«

»Ihr seid hier, um euch zu emotionalisieren, nicht, um zu diskutieren. Durch laute Worte und negative Schwingungen vertreibt ihr die Pflanzengeister«, unterbrach Franziska den verbalen Schlagabtausch. »Nur mit friedvollen Gedanken kommt ihr den Kräften der Natur näher. Daher wenden wir uns nun dem Borretsch zu. Der bringt Ruhe ins Gemüt und Freude ins Herz. Das wusste schon Plinius, das wusste schon Hildegard von Bingen, und nun wisst ihr es auch.«

Mit raschen Schritten bahnte sie sich einen Weg durch das Dickicht an Baldrianstauden, blauen Lampionblumen, wilden Karden und meterhohen Liebstöckelbüschen und verschwand hinter einem blickdichten Sanddornstrauch. Die Gruppe schlich vorsichtig hinterher, sehr darauf bedacht, weder einem Pflanzengeist auf die Blätter noch Karden oder Sanddornen zu nahe zu treten. Hoch konzentriert kämpften sie sich Zentimeter für Zentimeter voran.

Auf einmal ertönte ein Kreischen. Laut, schrill und bebend. Das Kreischen schraubte sich in immer höhere Tonlagen, schrammte am hörsturzgefährdenden Bereich und ging ohne Unterbrechung in panisches Gebrüll über. Eine Abfolge von Vokalen, als würde man ein Schwein vierteilen.

Die Gruppe verharrte erst in Schockstarre, dann rannte sie los. Die einen nach vorne, dorthin, wo Franziska immer noch brüllte, die anderen zurück, auf die sichere Seite des Getreidespeichers.

Der pensionierte Apotheker, der Pferdeschwanzträger und die Esoterikerin zählten zu den Mutigen. Ohne Rücksicht auf Bänder, Knöchel oder botanische Verluste stürmten sie vorwärts, während Franziska mittlerweile Töne von sich gab, bei denen selbst dem Feldsalat die Blätter zu Berge standen.

Etwas Schreckliches musste passiert sein. Direkt vor ihnen. Wegen der gigantischen Gewürzstauden und des Sanddornbusches konnten sie allerdings weder Franziska noch den Grund ihres Gebrülls ausmachen.

»Schlangenbiss«, mutmaßte der Apotheker, »Bänderriss«, vermutete der Pferdeschwanzmann, »Erdwespen«, spekulierte die Esoterikerin.

Beim Gedanken an einen Angriff durch einen Stachelbiesterschwarm bremste das Trio jedoch instinktiv ab, was dem Toten zwar nicht mehr das Leben retten konnte, die Leiche aber zumindest vor einem Nasenbeinbruch bewahrte. Denn direkt vor ihnen, halb verborgen unter Baldrianbüscheln und Beinwellstauden, ruhte ein Kopf auf dem Boden. Ein absolut unversehrter, aber auch absolut toter Kopf. Der zugehörige Körper lag etwas weiter hinten, linker Hand umrahmt von blühendem Borretsch, auf der rechten Seite flankiert von Mutterkraut, Lakritz-Tagetes und einer heulenden Franziska.

Eine Minute lang starrten die drei reglos zu Boden. Niemand konnte glauben, was er da sah. Sie kniffen die Augen zusammen, rissen sie wieder auf, verschlossen sie erneut – aber das vermeintliche Trugbild blieb. Auf dem Boden lag ein Kopf. Ein abgetrennter Kopf. Und dieser Kopf hatte eindeutig einem der Kursteilnehmer gehört.

Kai, der Pferdeschwanzträger, wandte sich verstört ab. Seine morgens mit großem Appetit verspeisten essbaren Blüten schienen sich mitsamt Kräutertee und Topfenaufstrich ihren Weg zurück ans Licht zu bahnen. Angeekelt schluckte er mehrmals, zählte zur Ablenkung die Laubblätter aller blau blühenden Pflanzen ringsum, multiplizierte diese mit seinem Geburtsmonat und zog aus dem Ergebnis wiederum die Wurzel. Allein es half nichts. Sein Frühstück war spürbar auf dem Vormarsch.

Doris, die Esoterikerin, wandte sich nicht ab. Sie stimmte einen leisen, nahezu unhörbaren Gesang an, wiegte sich, die Arme um sich selbst geschlungen, dazu langsam vor und zurück und fixierte den Toten. »Er war nett«, sagte sie mit brüchiger Stimme. »Er hat mir heute Morgen noch einen Saft gepresst.« Sie hüllte sich in ihre Stoffbahnen und ließ sich umständlich auf die Erde nieder, direkt neben den körperlosen Kopf.

»Arrrgghhhhhh …« Die Kräuterpädagogin schien in einer akustischen Endlosschleife gefangen, was die ohnedies strapazierten Nerven der drei unfreiwilligen Leichenbeschauer zusätzlich strapazierte.

»Dabei ist Baldrian ein Beruhigungsmittel«, bemerkte der pensionierte Apotheker mit einer Gemütsruhe, als hätte er jahrzehntelange Erfahrung im Umgang mit abgetrennten Köpfen.

»Na, bei Ihnen scheint er eh zu wirken«, erwiderte der Pferdeschwanz, dessen käsige Gesichtsfarbe mittlerweile eine leichenblasse Nuance angenommen hatte.

»Panik bringt uns jetzt auch nicht weiter.« Professor Grimm, der Apotheker, trat auf Franziska zu, die immer noch auf dem Boden kauerte, zog sie vorsichtig hoch und gab ihr – weitaus weniger vorsichtig – zwei klingende Ohrfeigen.

Abrupt hörte die Kräuterpädagogin zu schreien auf und begann stattdessen zu schluchzen. »Das ist der Reinhold. Also ich meine, das war der Reinhold.« Ein Heulkrampf bahnte sich an.

»Es ist immer noch der Reinhold, nur halt tot«, versuchte der Pferdeschwanz sich im Beschwichtigungsmanagement, verschlimmerte die Lage damit aber nur.

»Seine Seele ist noch hier«, meldete sich die Esoterikerin zu Wort, die unverändert auf dem Boden saß und den körperlosen Kopf des Toten streichelte. »Ich spür es. Sie will uns etwas sagen.«

»Hände weg! Sie zerstören doch sämtliche Spuren.« Dumme Kuh, fügte Professor Grimm in Gedanken hinzu. Härter als nötig fasste er die Leichenstreichlerin an den Schultern und hievte sie gleichfalls auf die Füße.

Dann blähte er die Hühnerbrust auf und verkündete in autoritärem Tonfall: »Dieser Mann ist nicht an Herzversagen oder Hirnschlag verstorben, er hat seinen Kopf auch nicht zum Schlafen abgelegt, er wurde ermordet. Ergo ist das hier ein Tatort. Und auf einem Tatort trampelt man nicht herum wie eine Horde tanzwütiger Dinosaurier.« Und dann, mit einem grimmigen Seitenblick, der seinem Nachnamen alle Ehre machte, fauchte er die esoterische Doris an: »Wenn wir nicht alle gesehen hätten, wie dumm Sie sich da vorhin aufgeführt haben, würden Sie morgen schon unter Mordverdacht stehen. Oder hätten Sie dem Totenkopf noch rasch die Haare gewaschen, damit Ihre Fingerabdrücke da nicht mehr dran sind?«

»Nein, natürlich nicht«, murmelte die Angesprochene, »aber craniosacrale Kopfarbeit kann der Seele den Übergang auf eine andere Astralebene erleichtern.«

»Dann nehmen Sie doch die Seele bei der Hand und begleiten Sie sie. Aber lassen Sie gefälligst die Finger von dem Kopf.«

»Wir sollten endlich die Polizei rufen und nicht länger die Totenruhe stören«, unterbrach Franziska die Diskussion. Offensichtlich hatte sie sich so weit gefangen, dass sie, wenn schon nicht dem Toten, so zumindest den Tatsachen ins Auge blicken konnte.

»Find ich auch.« Kai, dessen Mageninhalt unverändert gegen die Schwerkraft ankämpfte, nickte zustimmend.

»Sie rufen die Polizei, ich bleibe hier und passe auf«, erklärte Grimm.

Mit diesem Vorschlag waren alle einverstanden. Erleichtert entfernten sie sich vom Ort des mörderischen Geschehens.

»Ich glaube nicht, dass der arme Reinhold jetzt noch einen Aufpasser braucht«, meinte der Pferdeschwanz auf dem Weg zum Haus, während seine Gesichtsfarbe wieder zurück ins Käsige kippte.

»Eiskalt. Der war total eiskalt«, kommentierte die Esoterikerin. »Also der Apotheker, nicht der Tote. So ein Emotionsminimalist ist mir überhaupt noch nie begegnet. Würde mich nicht wundern, wenn er selbst der Mörder wäre.«

»Der Reinhold hatte einen Mistelzweig in der Hand«, bemerkte Franziska. »Ich frag mich, warum.«

»Wird er wohl auf seinen letzten Metern irgendwo abgerissen haben«, mutmaßte Kai.

»Misteln wachsen auf Bäumen, nicht in Bodennähe«, erklärte Franziska.

»Er war ein netter Mensch«, insistierte Doris, »und so hilfsbereit.«

»Irgendwer muss ihn trotzdem schrecklich gehasst haben.« Der Pferdeschwanz wippte wie zur Bestätigung.

»Aber wer würde einen derart netten Menschen hassen?«

»Irgendwer wird es wohl getan haben. Ist doch logisch. Man wird ja nicht aus lauter Liebe umgebracht.«

Darauf wusste niemand mehr etwas zu sagen.

In betrübliche Gedanken versunken näherten sich die drei der Rückseite des Vitalhofs, wo sie bereits von den Schauplatzflüchtigen mit vor Angst oder Aufregung zitternden Nasenspitzen erwartet wurden.

»Um Himmels willen, was ist denn passiert?« Dörthe stürzte auf Kai, ihren Pferdeschwanzfreund, zu, als würde er nach jahrzehntelanger Abwesenheit von einem Kreuzzug zurückkehren, und schloss ihn schluchzend in ihre dünnen Arme.

»Wir haben uns furchtbare Sorgen gemacht«, proklamierte der monochromatische Golden Ager namens Siegbert in geradezu anklagendem Tonfall.

»Ja, das haben wir«, sekundierte ihm Gerhild, seine Gattin. »Furchtbare Sorgen.«

»Bitte regt euch nicht auf, aber Reinhold ist tot.« Franziska bemühte sich um einen möglichst undramatischen Tonfall.

»Ermordet hat man ihn«, ergänzte Kai, dessen größtes Talent darin lag, das Falsche zum falschen Zeitpunkt zu sagen.

Umgehend regten sich alle auf.

Die Golden Ager verfielen in Schnappatmung und bekreuzigten sich, während ihnen die Sensationsgier aus den Augen leuchtete, Dörthe erging sich ungeachtet ihrer millimeterkurz geschorenen Stoppelfrisur in haarsträubenden Hypothesen über einen überemotionalisierten Psychopathen, der ihnen allen den Garaus machen würde, Doris begann erneut, von Reinholds Seele zu phantasieren, die ihrer Ansicht nach immer noch um den Borretsch kreiste, Kai versuchte, seine Freundin zu beruhigen, womit er alles nur noch schlimmer machte, und Franziska trauerte, weil sie vorübergehend die Macht über die Pflanzen verloren hatte. Zumindest ihrem Gefühl nach.

Das weiße Berufkraut hatte seine Pflicht nicht erfüllt, das

Böse war bis zu ihr vorgedrungen, hatte mit schrecklicher Gewalt zugeschlagen und blutige Spuren in ihrem kleinen, friedvollen Paradies hinterlassen.

Als Rettung, Polizei und Spurensicherung eintrafen, war die Stimmung bereits unerträglich aufgeheizt, obwohl ein frischer Bergwind über die Almlandschaft wehte.

Als Erstes kam der Polizeiwagen mit knirschenden Reifen zum Stehen.

Ein kleinwüchsiger, rotgesichtiger und recht korpulenter Uniformträger zwängte sich ächzend hinter dem Steuer hervor und meinte anstelle einer Begrüßung: »Die Aussicht ist schön, aber die Anfahrt eine Zumutung.«

»Ganz deiner Meinung«, bestärkte ihn sein Kollege, der älter, schlanker und weniger griesgrämig wirkte. »Im Sinne des Natur- und Landschaftsschutzes sollte man Leichen nur in Tallagen ablegen dürfen.« Dann trat er auf die wartende Gruppe zu. »Inspektor Klein«, stellte er sich vor, »und das ist mein Kollege Wimpert.«

»Franziska Frohmuth. Ich habe den Toten gefunden.«

Klein winkte Notarzt und Rettungsmännern, die jetzt ebenfalls aus ihren Fahrzeugen stiegen.

»Bitte bringen Sie uns umgehend zum Opfer.«

Verunsichert blickte Franziska den Inspektor an. »Aber ich hab doch gesagt, der Mann ist tot. Mausetot.«

»Ein Laie kann das nie zu hundert Prozent beurteilen, glauben Sie mir. Ich habe genug leblos geglaubte Menschen verarztet, die von den Toten wiederauferstanden sind. Noch zählt jede Minute«, belehrte sie der Arzt.

»Um den wiederauferstehen zu lassen, müssten Sie schon Dr. Frankenstein sein«, warf Kai ungewohnt treffsicher ein und traf Wimpert damit exakt am falschen Fuß.

»Sparen Sie sich Ihre Kommentare fürs Verhör, da werden Sie nämlich einen langen Atem brauchen. Und kommen Sie mir bis dahin nicht blöd, sonst brauchen Sie auch noch einen Arzt, der Sie wiederbelebt.« Dann wandte er sich dem Rest der

Gruppe zu: »Sie bleiben hier und warten in Ihren Zimmern auf uns. Das Verlassen des Hofes ist strikt untersagt. Ist das klar?«

Kollektives Kopfnicken setzte ein.

Schließlich orderte er Franziska zu sich. »Los. Gehen wir.«

Resigniert zuckte die Kräuterfrau mit den Schultern und machte sich auf den Weg. Seit sie als Kind einmal in ein Brennnesselbeet gefallen war, hatte sie sich nie wieder derart unwohl in ihrer Haut gefühlt.

»Wir haben übrigens eine Wache am Tatort zurückgelassen«, warf sie auf halber Strecke ein, nur um das bedrückende Schweigen zu brechen.

Inspektor Wimpert, der mehr nach »Wampert« aussah, bedachte sie mit einem spöttischen Grinsen. »Na, wenn er so tot ist, wie Sie sagen, kann er eh nicht mehr davonlaufen, oder?«

Die Kräuterpädagogin bereute ihren Einwurf bereits, als Klein meinte: »Der Täter kehrt ja oft an den Tatort zurück. Vielleicht auch diesmal. Dann hätten wir schon zwei Leichen, wenn wir da sind, und die Anfahrt hätte sich wenigstens gelohnt.«

Franziska schauderte. Diese Möglichkeit hatten sie gar nicht bedacht. Beunruhigt beschleunigte sie ihre Schritte. Nicht auszudenken, wenn …

Doch ihre Sorge war unbegründet.

Der Apotheker, der sie schon von Weitem hatte kommen hören, stand immer noch stramm wie ein Wachsoldat. »Vorsicht! Passen Sie doch auf, wo Sie hintreten«, fuhr er den Notarzt an, der auf den letzten Metern die Führung übernommen hatte. »Haben Sie keine Augen im Kopf? So bleiben Sie doch stehen«, bekam Inspektor Wimpert zu hören. »Keinen Schritt weiter«, stoppte Grimm auch die Sanitäter. »Was wollen Sie überhaupt hier? Hier gibt's nichts mehr zu retten.«

»Das überlassen Sie mal uns«, blaffte der Notarzt zurück und blickte sich suchend um. »Wo ist der Mann überhaupt?«

»Sein Kopf liegt direkt vor Ihrem linken Schuh, aber wegen der Baldrianblüten und Beinwellblätter sieht man ihn nicht auf

Anhieb. Der Körper ist etwas weiter hinten, neben dem Borretsch.«

Zehn Augenpaare richteten sich ungläubig auf den Boden.

»Guter Gott.« Die Sanitäter ließen die Bahre sinken, der Notarzt nestelte an seinem Stethoskop herum.

»Scheint wirklich kein Fall für Sie zu sein«, sagte Wimpert und klopfte dem Arzt tröstend auf die Schulter, »da kann nicht mal mehr ein Flickschuster was ausrichten.«

Sie starrten den Kopf an. Der Kopf starrte zurück.

»Er heißt, also, ich meine, er hieß Reinhold Kronlechner«, sagte Franziska und überlegte, ob man nicht doch »er heißt« sagen müsse. Schließlich blieb ihm sein Name ja auf dem Grabstein erhalten.

»Das tut jetzt nichts zur Sache«, kanzelte Wimpert sie in seiner schroffen Art ab. »Reden Sie bitte nur, wenn ich Sie etwas frage.«

Liebenswürdig und charmant wie eine Rolle Stacheldraht, befand die Kräuterfrau und trat ein paar Schritte zurück. Sie hatte ohnedies genug von diesem grauenvollen Anblick.

Dafür beugte sich der Notarzt etwas nach vorne. »Seine Gesichtsfarbe gefällt mir nicht«, meinte er nachdenklich. »Er sieht so gesund aus mit diesen rosigen Wangen.«

»Zum Kranksein hatte er vermutlich keine Zeit«, erwiderte Wimpert. »Der ist in bester körperlicher Verfassung herumspaziert, bis ihm jemand den Kopf abgeschlagen hat. Der Schnitt sieht mir sehr nach Axt oder Beil aus, das dauert dann keine Minute, wenn die Klinge scharf ist. Mit einer guten Säge kriegt man das zwar auch hin, aber da müsste man das Opfer zuerst bewusstlos schlagen, weil das sicher nicht reglos liegen bleibt, um seiner eigenen Enthauptung zuzusehen. Nur ein Axt- oder Beilhieb ist auf Anhieb tödlich.«

Klein, der bislang geschwiegen hatte, umrundete derweil vorsichtig Reinholds Rumpf. Dabei bückte er sich immer wieder, studierte Blätter, Blumen und Bodenbeschaffenheit, betrachtete den Leichnam aus allen Blickwinkeln, machte Fotos und Notizen.

»Die Blutspuren weisen darauf hin, dass der Fundort mit dem Tatort identisch ist«, erklärte er mehr sich selbst als den Umstehenden. »Außerdem«, er winkte Franziska zu sich, »schaut es so aus, als wäre er auf allen vieren hierhergekrochen.« Er deutete auf eine breite Schneise platt gewalzter Küchenkräuter, die aussah, als hätte man einen schweren Sack Kartoffeln gegen seinen Willen über die Erde gezerrt. »Oder waren Sie das?«

»Nein. Ich und auch alle anderen, also wir sind von genau dem Weg gekommen, auf dem ich Sie auch hergebracht habe. Von der anderen Seite ist man zwar vom Hof aus schneller hier, aber da würde man ja mitten durch die Petersilie müssen und alles kaputt trampeln.«

Traurig betrachtete sie die kaputt getrampelte Petersilie. Der Inspektor hatte recht. Der Tote hatte nicht den üblichen Weg gewählt, er war querbeetein gekommen und dabei offenbar immer wieder gestürzt.

Doch warum? Was hatte er hier gewollt? Sie konnte sich noch erinnern, wie er nach dem Frühstück am geöffneten Küchenfenster vorübergewandert war und erwähnt hatte, wegen eines leichten Magendrückens ein wenig durch den Garten schlendern zu wollen. Als er dann später nicht zur Führung erschienen war, hatte sie gedacht, dass er sich nach seinem Spaziergang wohl hingelegt hatte und eingeschlafen war. Eine derart massive Umstellung der Ernährungsgewohnheiten führte durchaus öfter zu kurzfristigen, aber recht massiven Erschöpfungszuständen. Das war weder ungewöhnlich noch besorgniserregend und schon gar nicht lebensbedrohlich. Man verlor vielleicht ein paar Kilo, aber nicht seinen Kopf.

Die Sanitäter hatten mittlerweile allerdings ihre Geduld verloren.

»Sollen wir hier auf unseren Pensionsantritt warten, oder können wir wieder gehen?«, fragte eine der zwei Rettungskräfte, die irgendwie beide nach Zivildienst aussahen.

»Ich bin zwar schon in Pension, aber ich hab auch keine Lust, hier Wurzeln zu schlagen«, ließ sich der Apotheker vernehmen.

»Im Krankenhaus werde ich dringender gebraucht«, meinte der Notarzt und wandte sich gleichfalls zum Gehen.

Die beiden Polizisten blieben mit Franziska zurück. Klein studierte nach wie vor den zweiteiligen Leichnam, Wimpert seine Uhr.

»Wenn diese verdammten Spurensicherer nicht bald kommen, werde ich auch zum Axtmörder«, grummelte er. Wimpert hasste Ermittlungen an der frischen Luft, wo man ständig herumrennen und unter Koffeinabstinenz leiden musste. Mit Grünzeug, und blühte es noch so schön, konnte er nichts anfangen, weder auf dem Teller noch in der Wiese. Er war ein Fan von deftigen Wirtshausschlägereien, wohnzimmertauglichen Messerstechereien und Nötigungsversuchen im Puff, aber am gebirgigen Arsch der Welt kopflose Tote in der Botanik zu untersuchen war gar nicht nach seinem Geschmack. Als geborener Schreibtischhengst fehlten ihm sowohl Motivation als auch Kondition für derart sauerstofflastige Unternehmungen. Da latschte man in der Landschaft umher, setzte sich Ozonlöchern, Sonnenbränden oder Pollenflügen aus, verbrauchte mehr Kalorien, als man zuführen konnte, und das alles nur, weil sich irgend so ein Depp fernab von Kaffeemaschinen und Würstlständen hatte abmurksen lassen.

In solchen Fällen waren Wimpert Opfer und Täter gleichermaßen unsympathisch. Und um nicht zu viel seiner wertvollen Lebenszeit inmitten einer allzu sauerstoffgeschwängerten Luft verbringen zu müssen, brachte er derartige Ermittlungen meist außerordentlich rasch und sogar außerordentlich erfolgreich zu Ende. Weshalb man leider gerade ihn bevorzugt auf Auswärtstour schickte.

Es war bereits früher Nachmittag, als die Ermittler endlich zum Verhör riefen. Offensichtlich hatte die Spurensicherung jeden Grashalm einzeln eigenhändig umgedreht, um irgendeinen verwertbaren Hinweis zu finden, was ebenso offensichtlich Stunden gedauert hatte. Aber der Laune Wimperts nach zu schließen, waren deren Bemühungen erfolglos geblieben.

Tatsächlich hatten die drei Männer nichts außer Ameisen, Laufkäfern und einer mumifizierten Wühlmaus entdeckt. Die labortechnischen Untersuchungen standen zwar noch aus, aber wie es schien, hatte der Täter Handschuhe getragen, denn bis auf Doris' Fingerabdrücke am Kopf gab es keinerlei Spuren an und um den Toten. Das einzige Fundstück bestand in der Tatwaffe, einer banalen Axt, wie man sie zum Holzspalten verwendete. Der Mörder hatte sie achtlos – und ohne Fingerabdrücke – in einen Wermutstrauch geworfen.

Wimpert war wütend. Er hatte sich die Füße schmerzhaft in den Leib gestanden, war von Dutzenden Stechmücken massakriert worden, und statt an einer knusprigen Schweinsstelze hatte er an seinen bruchigen Nägeln herumkauen müssen. Nicht einmal Kaffee oder ein Krügel Bier hatte man ihm gebracht. Schlimmer ging definitiv nimmer. Mehrfach ungesättigt polterte er gleich einem wandelnden Tiefdruckgebiet in die Bauernstube und ließ sich krachend auf den nächstgelegenen Stuhl fallen. Seine Stirn war umwölkt, seine Beine taten weh, und in seinem Magen klaffte ein riesiges Loch.

»Bedienung!«, brüllte er.

Franziska, die in der Küche Gemüse für das Abendessen schnippelte, betrat vorsichtig den Raum. »Ja?«

»Bringen Sie mir was zu essen. Was Ordentliches, nicht so ein Kaninchenfutter. Und was zu trinken auch, aber kein Kräutergesöff. Dann schreiben Sie mir die Namen aller Teilnehmer an Ihrem komischen Kurs auf und holen mir die zwei Senioren her. Also die, wo der Mann so scheißhausbraun angezogen ist und die Frau ständig mit dem Kopf wackelt. Ich fang lieber mit denen an, nicht dass mir die vor dem Verhör noch an Altersschwäche krepieren.«

Franziska entfernte sich. Dieser Mensch griff bei seiner Wortwahl gerne ins Klo, fand sie, aber wer ständig mit Verbrechern Umgang pflegte, verfiel vielleicht irgendwann selbst in so eine brachiale Ausdrucksweise.

Sie hoffte, dass der andere, dieser Klein, sich blicken ließ, bevor sie selbst zur Befragung antreten musste. Der schien ihr weitaus menschenfreundlicher gesinnt. Aber vielleicht spielten sie einfach nur »good cop, bad cop«, wie man es in Fernsehkrimis häufig sah.

Zehn Minuten später setzte sie Wimpert einen Teller voll Mohnnudeln vor, mit Quittenmus und Kirschkompott, dazu zwei Käsebrote und ein großes Glas Apfelsaft. »Alkohol hab ich leider keinen. Ein Glas Milch könnte ich Ihnen noch anbieten, wenn Sie wollen.«

Der Inspektor betrachtete argwöhnisch erst das Essen, dann sie. »Haben Sie wenigstens Kaffee?«, brummte er.

»Natürlich. Zichorienkaffee, Feigenkaffee, Malzkaffee und sogar glutenfreien Lupinenkaffee.«

Wimpert hatte sich für den Polizeidienst entschieden, weil ihm eine Karriere bei Post oder Bahn zu mühsam erschienen war. In Momenten wie diesem bereute er seinen Entschluss. Kaffeeautomaten gab es überall, selbst am grindigsten Vorortbahnhof. Das Gleiche galt für Leberkäsesemmeln. Nur in seinem Beruf wurde man ständig in irgendwelche zivilisatorischen Entwicklungsgebiete geschickt.

»Passt schon«, sagte er und griff mit den Fingern missmutig nach einer Mohnnudel.

Er war gerade bei der dritten angelangt, als Siegbert und Gerhild Huber erschienen.

»Setzen Sie sich.«

Die beiden nahmen am gegenüberliegenden Ende des Tisches Platz. Gerhild machte einen innerlich wie äußerlich zerknitterten Eindruck, ihr Mann, diesmal nicht in Fäkalienbraun, sondern ganz in Friedhofsgrau, sah nach Gallenleiden aus.

»Na, dann erzählen Sie mal.«

»Was denn?«

»Alles, was Sie heute so getan, gemacht, getrieben haben. Also, falls Sie noch ein Triebleben haben, aber vermutlich eh nicht, sonst wären Sie ja nicht hier.« Wimpert grinste. Mit den Mohnsamen zwischen den Zähnen wirkte er noch bösartiger.

Den Hubers war weniger zum Lachen zumute.

»Wir sind gegen sechs aufgestanden«, schwadronierte Siegbert, »wir stehen immer recht früh auf, wissen Sie, weil da kriegt man mehr vom Leben mit als am Abend, wenn es dunkel ist, und dann sind wir frühstücken gegangen. Wir waren die Ersten im Frühstücksraum, nur die Frau Frohmuth war natürlich schon da und hat frisches Brot gebracht, das bäckt sie immer selbst aus so natürlichen Sachen wie Dinkel oder Gerste oder Einhorn oder so ähnlich, wir kennen uns da nicht so gut aus, und deshalb haben wir von allem ein Stück genommen und zwei Eier, das sind Enteneier, die sind größer als Hühnereier und laufen hinten am Waldrand ganz frei herum, also die Enten, nicht die Eier, und dann haben wir noch Topfenaufstrich und Radieschen und Gurken und Paprika genommen und etwas von dem Käse, und meine Frau hat sich ein Riesenstück vom Früchtekuchen heruntergeschnitten. Dann haben wir uns an den kleinen Tisch hinten am Fenster gesetzt und gegessen.«

Wimpert verspürte das dringende Bedürfnis, diesem schwachsinnigen Dampfplauderer eine aufs Maul zu geben. Die Frau von diesem geistigen Eierschwammerl musste entweder eine Heilige sein oder schwerhörig. Er wandte sich ihr zu. »Was sagen Sie dazu?«

»Also, wissen Sie, Herr Inspektor, in Wahrheit war das kein Riesenstück, so wie mein Mann gesagt hat, ich hab mir vom Kuchen gerade mal so eine Zwei-Zentimeter-Scheibe heruntergeschnitten.«

Der Inspektor, der eigentlich Kommissar der Mordkommission war, revidierte sein Urteil. Da hatten sich einfach zwei Deppen auf ein Packerl gehauen. Hätte der Mörder nicht die zwei umbringen können?, dachte er. Da hätte man gegebenenfalls sogar mildernde Umstände geltend machen können. Laut sagte er nur: »Gut. Lassen wir den Kuchen. Ist Ihnen irgendetwas aufgefallen beim Frühstück? Haben Sie das Opfer gesehen? Gekannt müssen Sie es ja haben, Sie waren schließlich im selben Kurs.«

»Natürlich.« Wieder ergriff der Mann das Wort. »Dieser Reinhard, Reinhold, Raimund, ich kann mich nicht genau erinnern, der hat sich ja heute Morgen sogar zu uns an den Tisch gesetzt. Er hat so ein grünes Zeug getrunken, einen von diesen modernen Presssäften mit dem ausländischen Namen, aber keinen Tee, keinen Kaffee, und ein Müsli hat er gelöffelt, wo er ganz viele Nüsse draufgestreut hatte, die ganze Schale, die am Buffet gestanden ist, dabei haben Nüsse total viele Kalorien, aber gut, außer ihm hat eh keiner geriebene Nüsse gegessen, denn die bleiben einem immer so an den Zähnen kleben«, – der Inspektor spürte mit der Zunge den Mohnsamen nach –, »und dann ist er relativ bald gegangen, und wir sind noch sitzen geblieben, weil meine Frau noch etwas Käse wollte.«

»Käse schließt den Magen«, warf sie ein.

»Da der Mann, der übrigens Reinhold heißt, Reinhold Kronlechner, bei Ihnen am Tisch gesessen ist, können Sie mir bestimmt sagen, wie er so gewirkt hat. War er müde, erschöpft, ängstlich, gesprächig, nervös, angespannt, heiter, energiegeladen, was auch immer? Und unterhalten werden Sie sich wohl auch haben. Worüber also?«

Gerhild und Siegbert sahen sich an, dann zuckten sie nahezu synchron mit den Schultern.

»Er hat nach gar nichts gewirkt, er hat einfach sein Frühstück gegessen. Wir kennen, also, wir haben ihn ja nicht gekannt, daher wissen wir nicht, wie er ist, wenn er nervös ist oder ängstlich. Jedenfalls ist uns nichts aufgefallen. Er hat höflich gefragt, ob er sich zu uns setzen darf, dann hat er sich hingesetzt und gegessen.«

»Und jetzt wollen Sie mir auch noch erzählen, dass Sie sich die ganze Zeit über angeschwiegen haben, oder was?«, fuhr Wimpert das Ehepaar entnervt an.

»Aber natürlich. Beim Essen spricht man nicht.«

Der Inspektor stach mit dem Messer auf die letzte verbliebene Mohnnudel ein. Briefträger wäre doch kein so schlechter Beruf gewesen, da kam man unter Leute, ohne mit ihnen reden zu müssen. »Nun gut. Was haben Sie also nach dem Frühstück und vor der Kräuterführung gemacht?«

»Zum Tatzeitpunkt?« Ein verdächtiges Funkeln hatte sich

in Gerhilds Augen gestohlen. Sie liebte Kriminalgeschichten, Mord und Totschlag.

»Genau. Zum Tatzeitpunkt.«

»Da waren wir auf unserem Zimmer und haben ein wenig gelesen.« Es schien ihr richtiggehend leidzutun, den spannendsten Teil des Tages verpasst zu haben.

»Kann das jemand bezeugen?«

»Ja, ich«, sagten beide gleichzeitig.

Mit einem herzhaften »Raus hier!« entließ sie der Inspektor.

Die beiden Jungspunde erwiesen sich als kaum besser. Zwar war mittlerweile auch Klein eingetroffen, was das Verhör weniger anstrengend machte, aber ergiebiger wurde es von seiner Anwesenheit auch nicht.

Kai und Dörthe waren den beiden Mordermittlern bereits mit ausgeprägtem Misstrauen gegenübergetreten. Bestimmt hatten die beiden eine kleine private Hanfplantage auf dem Dachboden oder im Hinterhof, mutmaßte Wimpert, gerade unter den Kleinkriminellen waren die Berührungsängste mit der Polizei ja oft am stärksten ausgeprägt.

Die junge Frau mit der Igelfrisur schien ihre Tränendrüsen zudem auf Dauerbetrieb eingestellt zu haben. Ununterbrochen schluchzte sie, faltete Taschentücher zusammen und wieder auseinander und stöhnte: »Oh mein Gott, wie furchtbar!«

Aufgefallen war allerdings auch ihr nichts. Entweder sie hatte nur Augen für ihren Freund gehabt, was Wimperts Ansicht nach ein Zeichen für chronische Fehlsichtigkeit gewesen wäre, oder sie gehörte generell zum Typus Gesellschaftsverweigerer. Er kannte solche Menschen. Sein Neffe war auch so einer. Am liebsten mit einem Joint in der Hand Wumpa-Wumpa-Musik hören, nicht reden, nicht denken, nicht einmal fernsehen, Fußball schauen oder Schnitzel mit Pommes essen, nicht über Politiker herziehen oder über Nachbarn lästern, einfach nur im wachkomatösen Zustand inmitten dichter Haschischschwaden herumhängen. Der würde es nicht mal mitbekommen, wenn kleine grüne Marsmännchen das Haus in Besitz nähmen oder

der Dritte Weltkrieg ausbräche. Und diese Dörthe schien ähnlich veranlagt.

Nein, sie habe nichts bemerkt, mit dem Toten nie ein Wort gewechselt, auch nicht, als er noch am Leben gewesen sei – Wimpert griff sich gedanklich ans Hirn, Klein kaute belustigt an seinem Bleistift herum –, und überhaupt sei sie nur hier, um sich selbst – und natürlich Kai – wieder näherzukommen, nicht, um neue Bekanntschaften zu schließen. Sie habe auch nicht die geringste Ahnung, warum man so einen armen Mann hätte umbringen wollen, aber so was könne sie sich sowieso nicht vorstellen, immerhin lebe sie strikt vegan. Weil töten immer böse sei.

Pferdeschwanz-Kai, der den Haarmangel seiner Freundin mehr als kompensierte, erwies sich zwar gleichfalls nicht als Quelle nützlicher Erkenntnisse, aber ein wenig mehr wusste er doch zu sagen. Dass der verschiedene Reinhold Kronlechner nach dem Pinkeln sein bestes Stück mit Rosenwasser eingerieben habe, war zwar amüsant zu hören, ermittlungstechnisch allerdings irrelevant. Letztlich hatte man ihm den Kopf abgehackt.

»Fällt Ihnen vielleicht noch was ein?«, fragte Klein. Sein Kollege bestand derweil auf einer Schweigestunde und träumte von Bier, Kaffee und Rindsrouladen.

»Ich hab ihn einmal gefragt, weil er als Typ irgendwie so gar nicht in einen vegetarischen Kochkurs gepasst hat, was er sich hier erwartet«, antwortete Kai nach langem Zögern. »Und er hat gemeint, dass er in seinem Leben so viel Fleisch zwischen die Hände und Zähne gekriegt hat, dass es ihm immer noch im Magen liegen würde.« Er fingerte nervös an seinem Pferdeschwanz herum. »Aber ich hab nicht nachgefragt, was genau er damit meinte.«

»Verstehe. Und Sie hatten nicht den Eindruck, dass er unglücklich war? Oder Angst vor etwas hatte?«

Kai dachte noch ein wenig länger nach.

»Nein. Unglücklich ist er mir nicht vorgekommen, eher erschöpft, und das auch nur körperlich. Angst, nein, auch nicht, oder doch, ich glaube, er hatte Angst vor dem Älterwerden.«

»Die hab ich auch«, mischte Wimpert sich unvermittelt ein. »Seit ich hier bin, habe ich das Gefühl, um Jahre gealtert zu sein.«

»Dann wären Sie ja schon längst in Pension«, bemerkte der junge Mann ungerührt.

»Raus!«, brüllte Wimpert.

»Na ja, so ganz unrecht hat er aber nicht«, frotzelte Klein, als Dörthe und Kai bereits gegangen waren.

Als Nächste betrat Doris Dürnbach das improvisierte Vernehmungszimmer. Wobei »betreten« nicht ganz der Wahrheit entsprach, sie wehte eher herein. Verhüllt wie ein Kunstwerk von Christo flatterte sie auf die beiden Ermittler zu.

»Schrecklich«, flüsterte sie mit schwacher Stimme, »einfach schrecklich. Heute Morgen hat er mir noch einen Smoothie zubereitet, weil ich mit dem Entsafter Probleme hatte, so ein hilfsbereiter Mensch, und heute Mittag war er tot. Einfach so.«

»›Einfach so‹ trifft es vielleicht nicht ganz. Reinhold Kronlechner ist möglicherweise noch einfach so in den Garten gegangen, aber dort hat ihm jemand den Kopf abgehackt. Was vermutlich nicht einfach so passiert ist.«

»Schrecklich, einfach schrecklich.«

Wimpert musterte die Kirschen in seinem ungegessenen Kompott, Klein die Maserung der Tischplatte.

»Genau. Aber können Sie uns sonst noch etwas über das Opfer sagen? Haben Sie sich mit ihm unterhalten, haben Sie Ungewöhnliches bemerkt, vielleicht negative Schwingungen, eine bedrohliche Aura?«

Klein hatte die zutiefst esoterisch imprägnierte Frau richtig eingeschätzt. Sie setzte sich etwas entspannter hin und meinte: »Gesprochen haben wir kaum miteinander, er hat sich von Anfang an sehr abseitsgehalten. War höflich und nett, aber sicher nicht wirklich gesprächig. Also im Unterschied zu diesem Apotheker.« Sie schlichtete ein paar Stoffbahnen um. »Im Grunde haben wir alle wenig miteinander geredet, also abgesehen von rein fachlichen Unterhaltungen über die Vor- und Nachteile von Sojasprossen etwa oder über die ideale Fermentierzeit für

Grünkohl. Wir sind ja hier, um zu lernen. Aber weil Sie das mit der Aura angesprochen haben, doch, seine war irgendwie seltsam, einerseits flammend rot, lebendig, leidenschaftlich, andererseits von dunklen bläulich blassen Schichten durchzogen, was für nekrotisierende seelische Traumata spricht. Vielleicht wurde er mal sehr verletzt, vielleicht hat er jemanden sehr verletzt, das kann ich nicht so genau sagen. Aber ich glaube, dass seine Traumata mit Frauen zusammenhängen, suchen Sie nach Frauen.«

»Verstehe.« Klein nickte wohlwollend. »Also eine Veranlagung zum Schürzenjäger.«

Sie nickte auch. »Und als er schon tot war, da habe ich genau gespürt, dass seine Seele Probleme hatte, sich zu lösen. Der Astralkörper konnte sich nicht richtig ausbilden, als hätte er auf Erden noch etwas zu erledigen. Eine Wiedergutmachung. Oder ein klärendes Gespräch, möglicherweise ein lediges Kind, für das er nie die Verantwortung übernommen hat, ich kann es nicht sagen. Ich hab versucht, ihm zu helfen, und seinen Kopf gestreichelt, aber Professor Grimm, also der pensionierte Apotheker, hat gemeint, damit würde ich gleich in Mordverdacht geraten wegen der Fingerabdrücke.«

Wimpert sezierte hingebungsvoll die Kirschen im Kompott.

»Sie haben dem Toten den Kopf gestreichelt?« Klein konnte es nicht glauben.

»Wegen der Loslösung der Seele. Ich kenne mich gut aus mit craniosacralen Techniken, die helfen oft dabei.«

»Interessant. Wie es scheint, wurden am Kopf tatsächlich Fingerabdrücke gefunden, das sind also Ihre?«

Sie nickte. »Es tut mir furchtbar leid. Daran hab ich überhaupt nicht gedacht.«

»Macht ja nichts«, presste Wimpert zwischen den Zähnen hervor, »wir lassen uns gerne Mehrarbeit aufhalsen.« Er wies zur Tür.

»Einfach schrecklich«, meinte Doris seufzend, erhob sich und flatterte von dannen.

Als Nächstes wurde der Apotheker gerufen. Gemessenen

Schrittes und erhobenen Hauptes betrat er den Raum, rückte sich ungefragt einen Stuhl zurecht und murrte: »Wurde aber auch Zeit.«

»Dass es die Pensionisten immer so eilig haben«, konterte Wimpert.

»Über sechs Stunden tatenlos herumzusitzen und zu warten fühlt sich wie eine Ewigkeit an.« Grimm bevorzugte es, seinen Frust in Worte zu fassen, statt ihn schweigend hinunterzuschlucken. Davon bekam man nur Magengeschwüre.

»Seien Sie doch froh, dass Sie überhaupt noch Gefühle haben!« Wimpert fand, dass es eher an ihm war, frustriert zu sein.

»Dann fangen wir jetzt an, damit Sie nicht noch mehr Ihrer wertvollen Zeit vergeuden«, mischte Klein sich ein. »Was haben Sie heute gemacht, gehört, gesehen, was ist Ihnen aufgefallen? Haben Sie den Toten näher gekannt oder zumindest mal mit ihm gesprochen?«

Insgeheim rechnete er es dem Mann hoch an, dass er weder schluchzte noch seufzte.

»Nun, ich habe gleich allen im kleinen Speisesaal mein Frühstück zu mir genommen, es dürfte so gegen halb sieben gewesen sein, und mit dem Opfer ein paar Worte gewechselt. Genau genommen habe ich den Mann vor den Gefahren der Pyrrolizidinalkaloide gewarnt, die er in viel zu großen Mengen in die Saftpresse gesteckt hatte. Diese ungesunden Substanzen schädigen Erbgut und Leber und stehen sogar im Verdacht, krebserregend zu sein. Wobei genau genommen gar nicht die Alkaloide selbst, sondern die Metaboliten, also deren Abbauprodukte, den Schaden anrichten. Böses Zeug, kommt sogar in Vergissmeinnicht vor.«

»Schön, schön«, unterbrach ihn Wimpert. »Der mögliche Leberschaden hat Kronlechner aber nicht umgebracht.«

»Nein, natürlich nicht. Umgebracht hat ihn eine Cyanidintoxikation.«

»Eine was?«

»Blausäurevergiftung. Rasch und effizient. Laienhaft ausgedrückt bewirkt die irreversible Bindung des Cyanids an das zentrale Eisen(III)-Ion des Häm-a_3-Kofaktors in der Cytochrom-c-Oxidase in der Atmungskette der Mitochondrien eine Blockade der Sauerstoffbindungsstelle, wodurch man relativ zügig erstickt.«

Weder Wimpert noch Klein wollten sich vorstellen, wie das Ganze fachmännisch ausgedrückt geklungen hätte.

»Der abgehackte Kopf war Ihrer geschätzten Ansicht nach also eine Folge dieser, ähem, Blausäurevergiftung?«, fragte Klein mit maximaler Selbstbeherrschung.

Grimm zuckte die Schultern. »Ich habe keine Ahnung, warum man einem Todgeweihten auch noch den Kopf abschlagen muss, aber vergiftet wurde er, das können Sie mir glauben.«

»Was in aller Welt bringt Sie auf eine derart absurde Idee?« Langsam verlor auch Klein seinen ausgeprägten buddhistischen Gleichmut.

»Der Bittermandelgeruch. Ich habe schließlich genug Zeit mit dem Toten verbracht. Der hat schlimmer nach Bittermandeln gerochen als eine Wagenladung voller Marzipanbrot. Und«, er rückte seine Krawatte zurecht, »eine hellrote Gesichtsfärbung hatte er auch. Ganz typisch für Blausäurevergiftungen.«

Die beiden Polizisten sahen sich an. Entweder hatte dieser pensionierte Pillendreher im Laufe seines Apothekendienstes zu viele berauschende Substanzen eingeatmet, oder an seinen haarsträubenden Behauptungen war wirklich etwas dran.

»Wir werden dem natürlich nachgehen«, beendete Klein das Verhör. »Danke für das Gespräch.«

Mit einem gnädigen Nicken entschwand der Apotheker aus dem Raum.

»Von wegen Sprung in der Schüssel, bei dem hat's schon das ganze Tafelservice erwischt«, meinte Wimpert, kaum war die Tür hinter Grimm zugefallen.

»Ich weiß nicht, ich hab da so ein ungutes Gefühl. Hat nicht auch der Arzt was von einer komischen Gesichtsfarbe gesagt?«, erwiderte Klein.

»Dem Quacksalber glaub ich gar nichts, der stellt seine Diagnosen doch mit dem Zufallsgenerator. Ich war mal wegen

Bandscheibenproblemen in seiner Praxis, und der hat die ganze Zeit nur über Blutfette geredet.«

Klein enthielt sich einer Antwort. »Rufen wir die Letzte rein«, meinte er stattdessen. »Mir reicht's für heute.«

Franziska Frohmuth schlich mehr, als dass sie ging. Mit hängenden Schultern und traurigem Blick nahm sie am äußersten Rand der Holzbank Platz. Ihre ganze Erscheinung erinnerte an ein geknicktes Gänseblümchen.

Viel mehr als die anderen wusste zwar selbst sie als Kursleiterin nicht zu sagen, hatte sie privat doch kaum mit Kronlechner gesprochen und am Morgen, abgesehen von seinem Magendrücken, gleichfalls nichts Ungewöhnliches bemerkt, aber zumindest hatte sie begriffen, dass der Mörder kein Fremder sein konnte.

»Niemand verirrt sich zufällig hierher, findet ebenso zufällig meine Axt und erschlägt den Erstbesten, der ihm in meinem Garten vor die Füße läuft.« Nachdenklich blickte sie aus dem Fenster. »Ich meine, niemand konnte wissen, dass der Tote, also der Reinhold, nach dem Frühstück Richtung Kräuterbeet spazieren würde. Genauso gut hätte er ja auch auf sein Zimmer gehen oder sich in die Hängematte auf der Streuobstwiese legen können. Außerdem hätte ein Fremder mit dem Fahrrad oder gar zu Fuß kommen müssen, weil die Straße bei mir zu Ende ist. Man kann sein Auto hier nirgendwo unentdeckt abstellen. Sogar der Förster parkt immer hier.«

»Und die Axt? Wer wusste, wo Sie die aufbewahren?«

»Jeder. Ich hab sie gestern vor aller Augen aus dem Schuppen geholt, um Holz für das Feuerritual zu hacken. Danach habe ich sie einfach zurück auf den Hackstock gelegt.«

»Mhm. Das bringt uns kaum weiter.« Klein resignierte. Gerade die ersten vierundzwanzig Stunden waren bei Mordermittlungen entscheidend, sie aber hatten immer noch keine Spur.

»Irgendein Verdacht? Wem von Ihren Schützlingen trauen Sie ein solches Verbrechen zu?« Wimpert hatte genau die Frage gestellt, mit der Franziska sich bereits den ganzen Nachmittag herumgequält hatte. Eine Antwort hatte sie allerdings nicht gefunden.

»Keinem. Glauben Sie mir, darüber denke ich seit Stunden nach. Seit deren Ankunft hier habe ich mir jede Bemerkung, jede Bewegung, jede Begegnung ins Gedächtnis gerufen, da war einfach nichts verdächtig. Die zwei Pärchen haben sich eigentlich nur miteinander befasst, wobei das ältere überhaupt sehr schweigsam und introvertiert ist, die allein reisende Frau, also die Doris, hat eher monologisiert, oder sagen wir, sie verkehrt in anderen Sphären, der Apotheker ist zwar ein etwas herber Charakter, und seine belehrenden Zwangsbeglückungen haben ihm keine großen Sympathien eingebracht, aber nein, einen Mord würde er nie begehen. Zumindest nicht mit einer Axt. Ihm würde ich ein historisches Duell zutrauen, von Angesicht zu Angesicht, wegen Ehrenbeleidigung oder so, aber nicht, dass er jemanden hinterrücks mit einer Axt umbringt. Ich bin nämlich ziemlich sicher, dass er Arthrose hat. Wahrscheinlich auch Gicht. Seine Finger sind immer so gekrümmt.«

»Und das Opfer?«

»Nun, der Reinhold hat sich auch sehr zurückgehalten. Ich denke, er war nur hier, weil er sich eine Kräftigung seiner, ich sag mal, Virilität erhoffte. Sicher kein Mensch der großen Gefühle. Haben Sie seine Uhr gesehen? Der trug eine Breitling, er war also ein erfolgsverwöhnter Mensch. Wahrscheinlich hat ihm der Erfolg langfristig einfach zu viele Energien gekostet. Und die wollte er hier wieder auftanken.«

»Aber ist es nicht ungewöhnlich, dass Menschen, die sich seit mehr als zwei Tagen einer gemeinsamen Sache widmen, sich so gar nicht näherkommen?«, warf Klein ein.

»Die Gruppe ist etwas ungewöhnlich, das stimmt. Sehr distanziert. Wenig zugänglich. Schauen Sie, bisher sind wir untereinander immer per Du gewesen, das hat stets funktioniert. Doch diesmal war es so, dass ich zwar alle geduzt habe und alle mich, aber innerhalb der Gruppe sind sie beim Sie geblieben.«

Eine Zeit lang schwiegen die drei. Wimpert vor Frust, Klein vor Resignation, die Kursleiterin vor gedanklicher Erschöpfung.

»Mehr können Sie uns also nicht sagen?«, fuhr Wimpert sie an.

Franziska zögerte, überlegte, rang mit sich. »Nun ja, etwas ist mir schon noch aufgefallen. Der Tote hatte einen Mistelzweig in der Hand.«

»Ja?«

»Misteln wachsen auf Bäumen, nicht auf dem Boden«, erklärte sie erneut. »Das Opfer oder der Täter muss den Zweig also von der Streuobstwiese geholt haben. Auf den Apfelbäumen dort wachsen Misteln, im Garten findet man keine. Außerdem«, sie zögerte wieder, »ist so ein Drudenfuß, wie man die Mistel auch nennt, von großer magischer Bedeutung. Wer immer den ausgewählt hat, kennt sich mit der Symbolik von Pflanzen aus.«

»Welche Symbolik hat denn so ein Drudenfuß?«, fragte Klein. Besser die Sprache der Blumen als ein Vortrag über die chemischen Vorgänge einer imaginären Blausäurevergiftung.

»Also prinzipiell bringt er Glück ins Haus. Sagt man zumindest. Historisch gesehen gilt er als göttliche Essenz des Lebens. Als der Trojaner Aeneas seine Dido aus dem Hades rettete, soll er sie mit Hilfe einer Mistel zu neuem Leben erweckt haben. Den Drudenfuß kennt man aber auch als Symbol der Unsterblichkeit sowie als weibliches Prinzip. Genauso schützt er vor Krankheit und Zauberei, man braut magische Tränke daraus, die gegen Gift wirken und unfruchtbare Tiere wieder fruchtbar machten sollen, über dem Bett aufgehängt schützt er vor Alpträumen, den Jägern sichert er fette Beute, und in der Krebstherapie greift man gleichfalls gerne zur Mistel.«

»Interessant.« Wimpert hatte keine Ahnung, wie ein Mistelzweig beschaffen war, wusste aber, wie seine Geduld beschaffen war. Nämlich schlecht, ganz schlecht. »Und was sagt uns das nun über den Täter? An welche der tausendundein Interpretationen von Misteln wird er wohl gedacht haben? Immer vorausgesetzt, dass nicht das Opfer selbst das Zeug gepflückt hat.«

»Ich weiß es nicht«, bekannte Franziska. Und sank noch ein wenig mehr in sich zusammen.

»Wir leider auch nicht«, konterte Wimpert. Und damit war das Verhör zu Ende.

Das Misstrauen aber hatte erst angefangen. Nachdem niemand von der Gruppe abreisen durfte, bis der Fall zumindest einigermaßen klare Konturen angenommen hatte, erkannten die Teilnehmer nach und nach selbst, dass kein Fremder Hand an die mörderische Axt gelegt haben konnte. Und gingen sich folglich konsequent aus dem Weg. Zwei schreckliche Tage lang. Am Mittag des dritten kehrten Wimpert und Klein auf den Vitalhof zurück, was die allgemein angespannte Situation nicht gerade entspannte.

Die Vorerhebungen seien abgeschlossen, ließen sie die Gruppe wissen, die gerade vor ihren Suppen- und Salatschüsseln saß, der Gerichtsmediziner habe seine Arbeit gleichfalls beendet und festgestellt, dass Reinhold Kronlechner tatsächlich Opfer eines Giftanschlags geworden war. Und zwar, bevor er enthauptet wurde.

Auf dem Gesicht des pensionierten Apothekers machte sich ein triumphierendes Grinsen breit, auf allen anderen zeichnete sich blankes Entsetzen ab. Umgehend wurden Löffel oder Gabel fallen gelassen.

»Sie unterstellen mir einen Giftmord?« Franziska Frohmuth konnte nicht glauben, was sie soeben gehört hatte. »Mir ist in meinem ganzen Leben noch kein falsches Blatt ins Essen gerutscht. Nicht aus Versehen und nicht aus Absicht.«

Eine derartige Unterstellung kam ihrem wirtschaftlichen Ruin gleich. Eine Leiche im Kräuterbeet war schon geschäftsschädigend genug, aber sie als Mörderin hinzustellen, das ging definitiv zu weit.

Was zumindest Inspektor Klein verstand, der rasch intervenierte. »Aber nein, bitte beruhigen Sie sich. Reinhold Kronlechner starb«, er warf dem Apotheker einen kurzen Blick zu, »durch eine Blausäurevergiftung. Also genau genommen durch Cyanid. Wie es Professor Grimm geweissagt hat. Und diese Blausäure stammte aus zerkleinerten Marillenkernen. Von denen das Opfer vor seinem Tod offenbar große Mengen zu sich genommen hat.« Nun warf er auch Franziska einen kurzen Blick zu. »Ich nehme doch an, dass Ihre vegetarische Emotionskost nicht auf geschroteten Kernen beruht?«

Sie schüttelte entschieden den Kopf.

»Ich hab mich umgehört«, brachte sich Wimpert ein, »es gibt überhaupt keine Rezepte, für die man Marillenkerne benötigen würde. Die sind ja allgemein als giftig bekannt.«

»Und in solchen Höhenlagen wie dieser wachsen Marillen meines Wissens auch nicht«, beruhigte Klein die Kursleiterin, die zustimmend nickte.

»Aber woher hatte der Täter sie dann?«, fragte Pferdeschwanz-Kai.

»Das werden wir herausfinden, darauf können Sie Gift nehmen«, antwortete Wimpert. Niemand hatte weitere Fragen.

Aber trotz erschöpfender Ermittlungen und ebensolcher Verhöre fanden sie es einfach nicht heraus. Zwar war völlig klar, dass der Täter das mörderische Steinobst selbst mitgebracht haben musste, aber da die Kerne im Verdauungstrakt des Opfers gelandet waren, hatte der Übeltäter die entkernten Früchte nur noch essen müssen – und dadurch sämtliche Spuren getilgt. Man konnte lebende Menschen ja keiner Autopsie unterziehen, um deren Mageninhalt zu untersuchen, und Gepäckkontrollen bei der Anreise zu einem Kochkurs zählten auch nirgendwo zum Standard-Check-in. Außerdem hätte beim Anblick eines Jausenpakets mit Käsebrot, Schokoriegel und Obst auch wirklich niemand vermutet, eine Mordwaffe vor sich zu haben.

»Am liebsten wär mir ohnehin, wenn diese ganzen Grünzeugfanatiker gesammelt ins Gras beißen würden«, stellte Wimpert nach weiteren erfolglosen Erhebungen fest. »Dann könnten sie dort vor sich hin kompostieren, und ich hätt meine Ruhe und mal wieder ein gescheites Mittagessen.« Verdrossen betrachtete er die Grünkohldinkellaibchen mit Kräuterjoghurtsoße. Auf dem Vitalhof schien es nur Gerichte zu geben, bei denen es offenbar nicht um guten Geschmack ging, sondern darum, eine größtmögliche Zahl an unverdaulichen Körndln in den Zahnzwischenräumen zu platzieren. Der Polizist stocherte missmutig in seinem Gebiss herum.

Klein sah die Verköstigung pragmatischer. »Besser Körndl im Mund als Blausäure im Bauch«, meinte er.

Die Kursteilnehmer schienen gleichfalls keinen rechten Appetit zu haben und hielten sich bei der Nahrungsaufnahme merklich zurück. Erst als die beiden Polizisten ihre Ration vertilgt hatten, riskierten auch sie vorsichtig ein paar Bissen, nahmen aber hauptsächlich Salat und Rohkost zu sich.

Franziska war verzweifelt. »Die halten mich für eine Giftmischerin, auch wenn sie nichts sagen«, klagte sie Klein ihr Leid, während sie den Tisch abräumte.

»Aber nein, das hat nichts mit Ihnen zu tun«, suchte er, sie zu beruhigen. »Den Leuten ist einfach bewusst geworden, dass der Mörder nach wie vor unter ihnen weilt und auch sie jederzeit vergiften könnte.«

Ein eher beunruhigender Gedanke.

»Aber warum sollte er?«

»Er oder sie. Giftmischerei ist ja traditionell in weiblicher Hand. Ein weiterer Mord könnte sogar ganz einfache Gründe haben. Entweder weil sich jemand erinnert, doch etwas Verdächtiges bemerkt zu haben, etwa wie jemand am Frühstücksbuffet die Schale mit den geriebenen Nüssen durch eine Schale mit geriebenen Marillenkernen vertauscht hat. Und der Täter davon irgendwie erfährt. Oder weil er beziehungsweise sie noch gar nicht erreicht hat, was er oder sie erreichen wollte. Solange wir das Motiv nicht kennen, ist alles denkbar.«

»Und was werden Sie nun machen?«

»Hoffentlich keine Wurzeln hier schlagen«, entfuhr es Wimpert.

»Wir wissen es ehrlich gesagt auch nicht. Es gibt keine Zeugen, keine Fingerabdrücke außer denen der Leichenstreichlerin, der Kopf wurde nicht fachmännisch, sondern mit Gewalt abgetrennt, aber da das Opfer zu diesem Zeitpunkt laut ärztlicher Expertise bereits sehr geschwächt war, konnte es keine

Gegenwehr mehr leisten. Warum man nach einem tödlichen Giftanschlag überhaupt noch auf das Mittel der Enthauptung zurückgegriffen hat, wird uns gleichfalls nur der Mörder sagen können. Aber dafür müssen wir ihn finden.«

Die Kursleiterin stellte das eingesammelte Geschirr auf den Tisch. »Ich hätte da eine Idee«, murmelte sie.

Und dann erklärte sie den Polizisten ihren Plan mit der Sprache der Blumen.

»Schwachsinn«, kommentierte Wimpert.

»Mag sein«, meinte Klein, »aber immer noch besser als gar keine Idee.«

Also beschlossen sie in Ermangelung von Alternativen, versuchsweise die Blumen sprechen zu lassen.

Der Plan war ganz einfach. Im Zuge einer weiteren Vernehmungsrunde würde Franziska den Raum betreten und dem jeweiligen »armen Opfer« rhetorischer Polizeigewalt einen Blumenstrauß überreichen. Einen ganz besonderen Strauß aus lauter vielsagenden Gewächsen. Der Mörder würde die Botschaft verstehen, das war zumindest ihre Hoffnung.

Herr und Frau Huber waren die Ersten, denen Franziska mit bedauernden Worten für das schreckliche Ungemach das – in Kleins Augen durchaus prächtige – Gebinde überreichte.

Siegbert zuckte mit keiner Wimper, Gerhild, seine Frau, hingegen schien aufs Angenehmste überrascht. »So schöne Blumen«, schwärmte sie, »vielen Dank, die nehm ich gleich mit aufs Zimmer.«

Auch das junge Paar, Kai und Dörthe, zeigte keine verräterischen Reaktionen. Kai kritisierte zwar lautstark die Unsitte, Lebewesen für rein dekorative Zwecke zu entwurzeln, und sprach sogar von einem botanischen Massaker, schien die einzelnen Bestandteile des Straußes aber gar nicht zu bemerken. Dörthe fand zumindest die Farbgebung recht beruhigend und strich mit ihren knochigen Fingern gedankenverloren über die Blütenköpfchen. Mehr geschah nicht.

»Schwachsinnsidee, hab ich ja gleich gesagt«, grummelte Wimpert, als die beiden den Raum verlassen hatten.

»Abwarten, wir müssen abwarten«, beruhigte ihn Klein. Ob der Täter in die Falle tappte, die sie ihm zu stellen versuchten, oder ob sich der Kahlschlag im Blumenbeet als vergeudete Liebesmüh entpuppte, das würde sich erst zeigen. Oder eben nicht.

Als Nächstes flatterte die Esoterikerin in die zum improvisierten Polizeirevier mutierte Bauernstube.

Und wieder klopfte Franziska nach einer gewissen Zeit an, trat ein und hielt der Frau die Blumen hin. »Es ist mir derart unangenehm«, begann sie ihren penibel einstudierten Text, »erst dieser furchtbare Mord, dann das Chaos, die ständigen Befragungen, das muss ja der reinste Psychoterror für dich sein. Und da habe ich mir gedacht, ich muss dich mit der Kraft der Pflanzen unterstützen. Diesen Strauß hab ich eben erst gepflückt, er steckt noch voller Energie und ist ganz auf deine wahre Persönlichkeit abgestimmt. Weil jeder von uns unvergleichlich und damit einzigartig ist.«

»Wie nett, wirklich ganz nett«, bedankte sich Doris Dürnbach und ergriff das Gebinde. »Der erste Lichtschimmer an diesem trüben Tag.« Sie wirkte ehrlich erfreut, und als sie ging, hielt sie den Strauß fest an ihre Brust gedrückt.

Der ältliche Apotheker erschien als letzter der Kursteilnehmer. Seit seinem investigativen Volltreffer mit der Blausäurevergiftung behandelte er die beiden Polizisten wie zwei angehende Zauberlehrlinge, denen er mit Rat und Tat zur Seite stehen musste. Mit wohlwollender Herablassung beantwortete er all ihre Fragen, belehrte sie in Sachen Giftkunde und schenkte ihnen sogar hie und da ein gönnerhaft freundliches Lächeln. Aber kaum hatte Franziska die Stube betreten, ihren Spruch aufgesagt und ihm den Strauß vors Gesicht gehalten, schlug seine Laune unübersehbar um.

Zwei tiefe Zornesfalten gruben sich in seine Stirn. »Niemand hat mich je so beleidigt«, fauchte er sie an. »Individuell auf die Persönlichkeit abgestimmt, eine Frechheit ist das.« Er zog ein paar blassgelbe Pflanzen aus dem Gebinde, knickte sie demonstrativ in der Mitte ab und warf sie zu Boden. »In deinen Augen bin ich also ein unsympathischer, missgünstiger Mensch, den du nicht ausstehen kannst.« Mit voller Kraft trat er auf den Blumen herum. »Besten Dank, junge Frau, und mir hätte es hier beinahe gefallen. So kann man sich täuschen.« Böse funkelte er sie an. »Und nun verschwinde mit deinem blühenden Affront.«

Franziska nahm das kriminalistische Bukett wieder an sich. Als sie schon beinahe die Tür erreicht hatte, rief Grimm ihr mit vor Zorn bebender Stimme nach: »Übrigens zeugt der Mistelzweig von besonders schlechtem Geschmack. Einfach nur pietätlos.«

Die beiden Ermittler, denen Blumen generell nichts sagten, mussten ihre vereinten Kräfte darauf verwenden, Süßholz zu raspeln, um den erbosten Mann wieder einigermaßen zu beruhigen. Professor Grimm fühlte sich zutiefst in seiner Ehre gekränkt, was er durch endlose Schimpftiraden auch lautstark zum Ausdruck brachte. Und schuld an dieser unverzeihlichen Kränkung schienen ausgerechnet diese mickrigen blassen Blümchen zu sein, die immer noch zertreten auf dem Boden lagen.

»Gelbe Nelken sind ein Symbol für Antipathie und Abneigung!«, tobte er. »Und wenn sogar ich das weiß, weiß es diese Pflanzenhexe umso mehr.« Er schlug mit der Faust auf den Tisch. »Sie mag mich nicht, ach was, sie kann mich auf den Tod nicht ausstehen, das hat sie mir damit sagen wollen.«

»Und was ist mit den anderen Blumen?«, wollte Wimpert wissen.

»Kann ich nicht sagen, hab ich mir nicht angeschaut. Ist auch nicht mein Wissensgebiet. Ein Mistelzweig war jedenfalls dabei, so einer, wie ihn der Tote in Händen gehalten hat. Misteln bringen angeblich Glück, aber das hat dem Ermordeten wenig genutzt. Jedenfalls eine Geschmacklosigkeit sondergleichen, ausgerechnet mir so was in einem Strauß unterzujubeln.«

Als der gekränkte Professor gleich einer Gewitterzelle endlich abzog, hörte man ihn noch minutenlang durchs ganze Haus donnern.

»Und was sagt uns das nun?« Wimperts kleine graue Zellen konnten mit derart blumigem Geschwurbel wenig anfangen.

Er war kein feinstofflich veranlagter Mensch, er war mehr der Mann fürs Grobe. Dass ein Erwachsener im Vollbesitz seiner geistigen Kräfte wegen eines blassgelben Zierunkrauts derart in Rage geriet, überstieg sein Vorstellungsvermögen.

»Offenbar hat er kapiert, was diese Frohmuth ihm sagen wollte, nämlich dass sie ihn nicht leiden kann«, schlussfolgerte Klein. Doch auch er konnte sich nicht erklären, inwiefern diese Erkenntnis ihrer Mördersuche zuträglich sein sollte.

»Schwachsinn! Wenn ich jemanden nicht mag, sag ich ihm das einfach, und zwar bestimmt nicht durch die Blume.«

»Stimmt, du nimmst den Vorschlaghammer.«

Nun mussten beide lachen. Es war einfach zu absurd. Ein Mörder lief frei herum, und sie befassten sich mit den Feinheiten der Blumensprache. In genau dem Moment kam Franziska wieder herein.

»Mir ist grad eher zum Heulen zumute«, meinte sie. »Der Professor ist derart aufgebracht, der riskiert einen Hirnschlag, wenn er sich nicht bald beruhigt. Und ich fühl mich irgendwie schuldig. Ich hätte doch nie gedacht, dass er ausgerechnet die Symbolik gelber Nelken kennt.«

»Und weil er sie kennt und entsprechend reagiert hat, ist er nun der Mörder? Oder nur das Opfer Ihres botanischen Fehlschlags?«, fragte Klein mit süffisantem Unterton. Er bereute mittlerweile, für diesen Versuch gestimmt zu haben.

»Aber nein doch, ganz im Gegenteil. Wenn einer unschuldig ist, dann der Professor«, erwiderte Franziska. Und erklärte den beiden Ermittlern, dass es mindestens zwei gute Gründe für ihre These gab. Zum einen hätte der wirkliche Täter es vermieden, Aufsehen zu erregen, hätte also niemals die beleidigte Leberwurst gespielt. Und zum anderen, was in ihren Augen ein noch weitaus triftigerer Grund war, hätte sich der Täter nicht über die gelben Nelken geärgert, die, das stimme schon, ein Symbol für Antipathie und Verachtung seien, sondern vielmehr über die restlichen Pflanzen. Allen voran über die Brennnesseln, die in der Blumensprache »Ich habe dich durchschaut« bedeuteten. Was dem Mörder bestimmt nicht recht gewesen wäre.

Diese blumige Kernaussage hatte sie zusätzlich mit einem ganzen Potpourri an Bedeutungsträgern unterstrichen. Mit Hortensien, die Gefühlskälte suggerierten, mit Disteln, die die Sünde symbolisierten und stets am Ort eines Verbrechens wuchsen, mit Mohn, der für gefallene Kämpfer und dunkle Mächte stand, mit Holunder, einem Gruß aus dem Totenreich, mit orangefarbenen Lilien, die Rache und puren Hass vermittelten, und natürlich mit jeder Menge Berufkräuter gegen das Böse, damit bei dieser blühenden Botschaft keinesfalls Missverständnisse aufkämen. Die Mistel hatte sie als Erinnerung an den Mord gewählt. Insgesamt hatte der gesamte Strauß also keine einzige positiv besetzte Pflanze enthalten. Und natürlich hatten alle das gleiche Gebinde überreicht bekommen.

Wimpert stöhnte, sein Kopf rauchte, sein Magen knurrte.

»Und was hatten Sie sich für eine Reaktion erwartet?«, wollte Klein nun wissen.

»Na ja, ich bin eigentlich immer noch davon überzeugt, dass der Mörder sich mit der Symbolik von Pflanzen auskennt, warum sonst die Mistel in der Hand des Toten? Und ich hatte halt gehofft, dass er –«

»Oder sie«, warf Klein ein.

»Also, dass es vielleicht ein verräterisches Zucken um den Mund gibt oder ein böses Funkeln in den Augen, so was in der Art. In Kriminalromanen verrät sich der Täter doch immer durch seinen Blick oder durch zusammengepresste Lippen.«

»Sie sollten besser Gartenratgeber lesen, die sind realistischer«, meinte Klein.

»Oder Kochbücher«, brummte Wimpert.

»Schade um die Blumen«, murmelte Franziska und ging.

Während die beiden Ermittler ihren Heimweg antraten und dem aus Sicherheitsgründen auf dem Hof abgestellten Beamten eine gute Nacht wünschten, beschloss die Kräuterfrau, dem Professor die Wahrheit über die gelben Nelken zu gestehen. Sie hatte ihn wirklich nicht derart kränken wollen, hielt ihn im Grunde für einen guten Menschen, wenngleich mit einem unguten wichtigtuerischen Zug. Doch da sie niemandem mehr vertrauen konnte und die beiden Polizisten ihr kein weiteres Ohr mehr leihen würden, schien Professor Grimm in diesem Moment die einzig mögliche Ansprechperson. Jeder im Haus konnte der Mörder sein, nur er nicht. Zumindest nicht in ihren Augen. Leise klopfte sie an seine Zimmertür.

Um drei Uhr morgens schlich auch der Mörder zu einer Zimmertür. Aber noch weitaus leiser. Er klopfte auch nicht an. Stattdessen schob er mit einem Stück Draht den Schlüssel aus dem Schloss, was bei dem alten Buntbartmodell ein Leichtes war, und öffnete dann lautlos die Tür.

Sein Opfer schlief tief und fest. Und so sollte es auch bis in alle Ewigkeit bleiben.

Vorsichtig trat der Mörder zum Kopfende des Bettes und betrachtete die liegende Gestalt. Sie tat ihm irgendwie leid. Er hätte es gerne bei einem Mord bewenden lassen, aber dieser Mensch wusste zu viel. Und Mitwisser konnte er keine gebrauchen. Mit beiden Händen griff er nach dem eigens mitgebrachten Daunenkissen und hob es hoch.

»Unterstehen Sie sich!«, brüllte Professor Grimm und drehte das Licht an.

Der Mörder ließ das Kissen fallen, die schlafende Gestalt schreckte hoch.

»Doris.« Sie rieb sich die Augen. »Was machst du denn hier?«

»Dich umbringen«, polterte der pensionierte Apotheker. »So wie schon den Reinhold. Nur mit anderen Waffen.« Er bückte sich ungelenk nach dem Kissen, Franziska richtete sich schlagartig auf, und die erfolglose Doppelmörderin ließ resigniert die Schultern hängen.

Es war vorbei.

Als die beiden Ermittler zum ersten Hahnenschrei erneut auf dem Hof eintrafen, saß die Täterin bereits in der Küche und trank Melissentee. Der Beamte, der zur Vermeidung weiterer Gewaltverbrechen vor Ort geblieben war und das ganze Geschehen verschlafen hatte, lehnte ihr gegenüber, starrte missmutig in seine Tasse und träumte von echtem Bohnenkaffee.

Alle anderen hatten sich in der Stube versammelt und redeten wild durcheinander. Dank der unglaublichen Kombinationsgabe des einstigen Apothekers, der quasi über Nacht vom arroganten Klugscheißer zum heldenhaften Lebensretter mutiert war, musste niemand mehr einen tödlichen Anschlag fürchten, was für eine nahezu ausgelassene Stimmung sorgte. Sogar der gesunde Appetit hatte sich bei allen wieder eingestellt. Zwar herrschte über das Motiv der scheußlichen Tat nach wie vor Unklarheit, was einen Hagel an Hypothesen zur Folge hatte, aber eine Mörderin mit bloßen Händen dingfest gemacht zu machen, das genügte für eine euphorische Frühstückslaune.

Erst das Eintreffen der beiden Ermittler setzte dem lautstarken Treiben ein Ende.

»Raus!«, kommandierte Wimpert.

»Bitte verlassen Sie vorübergehend den Raum«, setzte Klein mit einem entschuldigenden Lächeln nach.

Dann wurde Doris Dürnbach vorgeführt. Für eine auf frischer Tat ertappte Mörderin machte sie einen überraschend gefassten Eindruck, verwirrt und ziemlich durcheinander war allein ihr Haar. Entweder hatte sie es sich oft genug gerauft, oder ihr Kissen hatte vor seinem Einsatz als Mordinstrument bereits als Friseur gedient.

»Ja, ich habe Reinhold Kronlechner umgebracht«, gestand sie ungefragt. »Er hat meine Eltern auf dem Gewissen, und jetzt habe ich ihn auf dem Gewissen. Das ist ausgleichende Gerechtigkeit.«

Und sie erklärte Wimpert und Klein, dass der Tote zu Lebzeiten als korrupter, geldgieriger und herzloser Anlageberater tätig gewesen war und die ganzen Ersparnisse, von ihrem Vater und ihrer Mutter durch Jahrzehnte schwerster Arbeit mühsam zusammengetragen, einfach verspekuliert hatte. Ohne das kleinste Gefühl von Reue. Ein Verlust, der ihre Eltern nicht nur das kleine Häuschen, das sie der Bank überschreiben mussten, sondern auch ihr Leben gekostet hatte. Am alten Nussbaum hängend, wurden sie von ihr gefunden. Sie war damals gerade neun gewesen, ein naives Volksschulkind, das gegen seinen Willen zur ungeliebten Tante Christl gekommen war. Die Tante, die bereits sieben Kinder und einen nichtsnutzigen Mann am Hals gehabt hatte, hatte mit ihr ein weiteres Maul zu stopfen bekommen.

»Er hat es redlich verdient«, meinte sie mit fester Stimme. »So viel Leid, wie der verursacht hat, konnte ich ihm gar nicht antun. Ich hoffe, er schmort noch lange in der Hölle nach.«

Dass dieser Unmensch absolut herz- und reuelos gewesen war, konnte sie mit Bestimmtheit sagen, denn sie hatte ihn Monate nach dem Tod ihrer Eltern kennengelernt. Als deren Fall gemeinsam mit drei anderen Betrugsanzeigen vor Gericht verhandelt wurde. Eine stundenlange Angelegenheit, von der sie mit gerade mal neun Jahren so gut wie nichts verstanden hatte, doch das Ende bekam sie mit. Freispruch in allen Punkten. Kronlechner hatte sich mit einem strahlenden Zahnpastalächeln erhoben und dem Richter gedankt, während die Kläger, tiefste Verzweiflung ins Gesicht geschrieben, auf ihren Sitzen zusammengesackt waren.

Nur sie war gleichfalls aufgestanden, was aufgrund ihrer Größe oder besser gesagt Kleinheit aber nicht weiter aufgefallen war. Mit geballten Fäusten hatte sie sich durch den voll besetzten Saal bis zu Kronlechner gedrängt und ihn am Ärmel seines seidig glänzenden Jacketts gezupft. »Sie sind schuld, dass meine Eltern sich erhängt haben«, hatte sie ihn angezischt. Und er hatte sich zu ihr herabgebeugt und gemeint: »Sie waren halt nicht stark genug, um zu überleben. Das ist Darwinismus. Wirst du irgendwann mal in der Schule lernen.«

Und sie hatte gelernt. Nicht sehr viel, da ihre Ziehtante kein Geld für eine höhere Ausbildung besessen hatte, aber genug zum Überleben. Mit den Jahren war sogar die Erinnerung an ihre Kindheit verblasst und der Hass auf den Totengräber ihrer Familie ein bisschen geschwunden, aber als sie ihm bei diesem Kurs von Angesicht zu Angesicht gegenüberstanden hatte, waren die Gefühle wieder aufgeflammt.

»Insofern hat das mit der Emotionalisierung durch Pflanzenkost bei mir auf Anhieb funktioniert«, stellte sie nahezu amüsiert fest. »Der Workshop war jeden Cent wert.«

»Haben Sie Kronlechner sofort wiedererkannt?«, fragte Klein.

»Ja. Er hatte so ein herzförmiges Muttermal am linken Handrücken. Das war mir schon damals bei Gericht aufgefallen, da hätte er sich gar nicht mehr vorzustellen brauchen.«

»Aber eins versteh ich nicht«, sagte nun Wimpert. »Warum hat er Sie nicht wiedererkannt?«

Doris lächelte. »Ich war damals neun, ein Kind, ein Neutrum sozusagen. Und nach der Sache hab ich den Namen meiner Tante angenommen. Sie hat mich zwar nie sonderlich gemocht, aber dennoch adoptiert, um mir Hänseleien und üble Nachrede zu ersparen. War ein netter Zug von ihr.«

»Mhm, verstehe. Und kaum hatten Sie den Mann erblickt, haben Sie Ihren Mordplan gefasst?«

»Also, die Mordabsichten habe ich genau genommen sofort gehabt, den Plan musste ich erst noch entwickeln.«

»Und die Marillen?«

»Die hatte ich mir noch zu Hause als Jause eingepackt, für unterwegs, sie aber dann nicht gegessen. Glück für mich, Pech für ihn sozusagen. Als ich dann beim ersten Frühstück gesehen habe, wie er sich Berge an geriebenen Nüssen auf sein Müsli kippte, ist mir die Idee mit den Kernen gekommen.«

»Sie wussten also über die möglicherweise tödliche Wirkung von Marillenkernen Bescheid?«

»Natürlich. Schon als Kind. Meine echte Mama hat mich immer davor gewarnt, Kerne zu zerbeißen, weil die giftig sind. Eigentlich interessiere ich mich schon mein ganzes Leben lang für Pflanzen. Aber zur Sicherheit hab ich noch mal nachgegoogelt.«

Die Täterin stand ihnen so bereitwillig Rede und Antwort, dass Wimpert sich ziemlich überflüssig vorkam. Wenn die sowieso alles von sich aus erzählte und man nichts aus ihr rausprügeln musste, hätte er genauso gut unten im Tal bleiben und beim Fleischer ein gescheites Frühstück zu sich nehmen können, dachte er und gab sich ein paar Minuten lang kulinarischen Tagträumen hin.

Währenddessen erklärte Doris gerade, dass sie Reinhold gar nicht hatte enthaupten wollen.

Sie war ihm mit der Axt in den Garten gefolgt, um einschreiten zu können, falls er wegen der schmerzhaften Vergiftungssymptome zu laut um Hilfe gerufen hätte. Tatsächlich aber war er relativ ruhig zu Boden gefallen und auf allen vieren Richtung Kräuterbeet gekrochen. Dann aber, irgendwo zwischen Dill und Kapuzinerkresse, hatte er sich auf einmal umgedreht, sie mit der Axt erblickt, sich aufgerichtet und gemeint: »Warum? Dich hab ich doch gar nie gefickt und sitzen gelassen?«

Und als sie ihm gesagt hatte, wer sie war und warum er nun sterben musste, hatte er nur erwidert, dass Geld allein ohnehin nicht glücklich mache, Blauäugigkeit seiner Erfahrung nach meist eine tödliche Krankheit sei und er sich wirklich nicht an alle seine Kunden erinnern könne. An Doris im Übrigen auch nicht.

Da hatte sie einfach zugeschlagen. Damit er endlich den Mund hielt. Vor blinder Wut hatte sie allerdings schlecht gezielt und ihm statt auf den Kopf gegen den Hals geschlagen. Asymmetrische Zustände gefielen ihr jedoch nicht, die widersprachen jeglicher Harmonie, daher hatte sie die Sache durch einen zweiten Schlag wieder geradegerückt. Das Beil war ordentlich scharf gewesen, das musste sie Franziska lassen.

Wimpert und Klein betrachteten die geständige Täterin mit einer Mischung aus Faszination und Abscheu. Doris Dürnbachs Stimme klang so ruhig und teilnahmslos, als würde sie über das Filetieren von Fischen reden.

»Und der Mistelzweig diente als Grabbeigabe, oder was?«, fuhr Wimpert sie an. Er mochte keine axtschwingenden Frauen, er gestand dem weiblichen Geschlecht nur das Schwingen von Kochlöffeln zu.

»Ach, der Zweig.« Doris lächelte. »Wissen Sie, für mich ist die Mistel kein Symbol von Glück, sondern von Unglück. Ein hübscher, aber bedrohlicher Todesbote, der mich mein ganzes Leben lang daran erinnert hat, wie Papa und Mama am Nussbaum hinterm Haus gehangen sind. Nur wegen diesem Schuft.« Sie ballte die Hände. »Der kleine Drudenfuß war so gesehen als Gruß meiner Eltern gedacht, damit dieses Scheusal sie in der Hölle nicht noch einmal vergisst.«

Demnach hatte die Kräuterpädagogin aus einer im Grunde falschen Annahme dennoch die richtigen Schlüsse gezogen, dachte Klein beinahe mit Bewunderung, behielt seine Überlegungen aber für sich. Er hatte definitiv genug von reuelosen Mördern und angeblich sprechenden Blumen.

Nicht einmal Wimpert schien sonderlich an einer Fortführung der Vernehmung interessiert. Ohne Einsatz seiner brachialrhetorischen Befragungsmethoden machten ihm Verhöre ohnedies keinen Spaß.

»Verstehe«, meinte er nur, »eine interessante Geschichte. Auch wenn ich nach wie vor glaube, dass Sie mit dem vorgetäuschten Axtmord nur die Behörden in die Irre führen wollten. Oder irre ich mich da?«

»Möglich ist alles«, antwortete die Mörderin, »aber warum sollte ich Sie anlügen?«

Eine Frage, die aus Zeitgründen niemand weiterdiskutieren wollte.

Daher wandten sie sich dem Anschlag auf Franziska zu. Und mussten peinlich berührt feststellen, dass die Kursleiterin mit ihrer im Nachhinein betrachtet lebensbedrohlichen Annahme recht gehabt hatte. Die Mörderin hatte die blühende Botschaft des Blumenstraußes sehr wohl verstanden. Zwar hatte sie sich nicht erklären können, wodurch die Kursleiterin ihr auf die Schliche gekommen war, war aber dennoch in Sorge verfallen. Sie hatte sich in hundertprozentiger Sicherheit gewiegt und dann das.

»Aber ehrlich gesagt bin ich dem Pillendreher sogar dankbar dafür, dass er mich davon abgehalten hat. Franziska hat wirklich nichts Böses getan, ihr Tod wäre durch nichts zu rechtfertigen gewesen, und ich hätte mich danach bestimmt schlecht gefühlt«, meinte sie. »Interessieren würde mich nur, wie die beiden auf mich gekommen sind.«

Das mit dem Blumenstrauß konnte Klein ihr erklären, aber was den pensionierten Apotheker betraf, da mussten sie ihn selbst erst fragen.

Und der ließ sich nicht zweimal bitten.

»In meinem Beruf muss man ja ein Auge für kleinste Details haben«, hub er mit stolzgeschwellter Brust an, »und außerdem ein unfehlbares Gedächtnis. Stellen Sie sich nur mal vor, ich hätte bei einer Mischung zwei Milligramm von einem Wirkstoff vergessen. Oder versehentlich den falschen gewählt.«

Klein nickte ergeben, Wimpert trommelte mit den Fingern ungeduldig auf den Tisch.

»Schon gut, und weiter?«

»Weiter nichts. Gestern Abend kam Franziska nach der fatalen Blumenstraußverteilung noch zu mir, um sich zu entschuldigen. Sie hat mir erklärt, dass sie mit dem Gebinde nur den Mörder hatte entlarven wollen. Wir haben lange miteinander geredet, jedes Detail dieser abscheulichen Tat unter jedem Gesichtspunkt betrachtet, aber erst viel später, Franziska war längst gegangen, ist es mir wie Schuppen von den Augen gefallen.« Er legte eine Kunstpause ein.

»Was?« Wimpert stand kurz davor, die Tischplatte zu zerkratzen.

»Dass sich niemand je gefragt hat, *wie* der Mörder die Marillenkerne zerkleinert hat.« Er warf den Ermittlern einen vorwurfsvollen Blick zu. »So was kriegt man ja nicht mit einer Nagelfeile hin. Oder dem Taschenmesser.«

»Nein«, seufzte Klein, »vermutlich nicht.« Diese Überlegung hatten sie tatsächlich nie angestellt.

»Eben. So was geht nur mit einer kleinen Küchenreibe, diesen winzigen Dingern, mit denen man Muskatnüsse reibt und sich dabei immer die Finger abschürft.«

Eine Erfahrung, die keiner der beiden Ermittler je gemacht hatte.

»Und anhand einer Muskatreibe haben Sie Doris Dürnbach als Täterin identifiziert?« Das war einfach verrückt, völlig unvorstellbar.

»Genau.« Grimm nickte. »Ich habe mich an unseren gemeinsamen Gemüsekochkurs am Vortag des Mordes erinnert. Meine Aufgabe war es, die Zucchiniblüten zuzubereiten. Im Teigmantel. Dafür braucht es in jedem Fall eine Prise Muskataroma. Franziska hatte mir zwar eine Nuss, aber keine Reibe gegeben, daher habe ich sie darum gebeten. Aber sie war gerade mit dem Blanchieren vom Blutampfer beschäftigt.«

Auf der Tischplatte zeichneten sich erste kleine Kratzspuren ab.

»An ihrer statt hat Doris treffsicher eine der Schubladen geöffnet, die Reibe hervorgezogen und sie mir gegeben. Natürlich habe ich mir dabei nichts gedacht, nicht einmal wirklich darauf geachtet, aber nachdem ich die Problematik mit der Giftstoffzerkleinerung erkannt hatte, wurde mir auf einmal die Tragweite dieser banalen Geste bewusst. Würden Sie in einer riesigen Küche mit bestimmt zwanzig Schubladen und Schranktüren instinktiv wissen, wo genau Sie nach einem Kleinteil kramen müssten?« Triumphierend sah er in die Runde. »Natürlich nicht. Außer Sie hätten das Ding selbst schon einmal gebraucht und deshalb danach gesucht.«

Da Klein nicht einmal wusste, wie eine Muskatreibe aussah, enthielt er sich jeglicher Antwort.

Wimpert hingegen meinte: »›Höflichkeit ist eine Zier, doch weiter kommt man ohne ihr.‹ Hat schon meine Oma gesagt.« Und er war ganz ihrer Meinung.

»Jedenfalls hatte ich die Frau nach dieser Erkenntnis in Verdacht. Sie war mit dem Opfer beim Gemüseentsafter doch eine gute Viertelstunde zusammengestanden, und unter ihren großraumzeltartigen Kleidern hätte sie nicht nur eine Schale geriebener Kerne, sondern einen ganzen Marillenbaum verbergen können. Ich glaube sogar, mich zu erinnern, dass sie bei ihrer Ankunft hier recht lange lila lackierte Nägel hatte. Sind mir nämlich bei der Vorstellungsrunde aufgefallen. Scheußliche Dinger. Ein echter Scheidungsgrund. Aber egal, jedenfalls waren ihre waffenscheinpflichtigen Krallen bei unserem gemeinsamen Kochen auf einmal verschwunden. Das Reiben von Nüssen oder gar Kernen ist schon mit normal langen Nägeln eine Herausforderung, aber mit derart spitzen Klauen wäre das schlichtweg ein Ding der Unmöglichkeit. Glauben Sie mir, ich weiß, wovon ich rede.«

Wieder nickten Wimpert und Klein. Ihnen graute bereits bei der Vorstellung, das unvermeidliche Protokoll anzufertigen, in dem sie für die Obrigkeit festhalten müssten, dass die Täterin aufgrund sprechender Blumensträuße und einer verräterischen Muskatreibe gefasst worden war. Und zwar von einer gretlfrisurtragenden Kräuterpädagogin und einem besserwisserischen Apotheker im Ruhestand. Der Spott der Kollegen würde sie bis zu ihrem Pensionsantritt verfolgen.

»Das sind ja schöne Aussichten«, brummte Wimpert, als sie mit knirschenden Reifen den Vitalhof verließen.

Pfirsich und Aprikose (Marille), Prunus persica und Prunus armeniaca (Samen giftig)

Tödliche Krebsprophylaxe und antikes Mittel der Todesstrafe

»Die Pfersing / wie DODONAEUS (Rembert Dodoens) schreibet / sind dem Magen gar schädlich / geben auch dem Leib gar keine Nahrung / sondern sie faulen gar leichtlich / sonderlich wann man sie nach der anderer speiss gebrauchet / alsdann verderben sie auch andere Speiss / daher dann vielerley Schwachheiten / fürnemlich aber faule Magenfieber verursacht werden«, notierte Tabernaemontanus und sprach der leckeren Frucht damit jeglichen kulinarischen Wert ab. Stattdessen rät er zu den blausäurehältigen Kernen: »Pfersingkern klein zerstossen / unnd mit Wein getruncken / eröffnen die verstopffte Leber und das Miltz.« Aufgrund ihrer toxischen Inhaltsstoffe bietet der Verzehr von Steinobstkernen aber vor allem gute Aussichten auf Krankheit, Siechtum und Tod. Der Amygdalingehalt von Aprikosen (circa acht Prozent) und Pfirsichen (circa sechs Prozent) ist besonders hoch, weshalb im alten Ägypten angeblich Pfirsichkerne zur Vollstreckung von Todesurteilen verwendet wurden. Ein im Louvre aufbewahrter alter ägyptischer Papyrus legt von dieser Praxis Zeugnis ab.

Aber auch die Samen der Marille sind nicht ohne. In Palästina etwa, wo oft Süßspeisen mit nicht entkerntem Steinobst gegessen werden, kommt es immer wieder zu tödlichen Vergiftungen. Hierzulande hingegen enden Kernbeißer vor allem aufgrund alternativmedizinischer Praktiken auf der Intensivstation. Der Irrglaube, Pfirsich- und Marillenkerne würden als Krebsheilmittel taugen, fordert Jahr für Jahr seine Opfer. Also Hände weg vom sogenannten Vitamin B17, hinter dem sich das hochgiftige Amygdalin verbirgt. Ob als Frucht frisch vom Baum oder als Fertigpräparat, spielt hierbei keine Rolle. Ein siebenundsechzigjähriger Pensionist fand sich nach regelmäßigem Genuss eines hausgemachten Aprikosenkernextraktes ebenso im Krankenhaus wieder wie ein kleines Kind, das versehentlich die Vitaminpillen der Eltern vernascht hatte.

Info: sommergrüne Obstbäume aus der Gattung der Rosenartigen, die bis zu 8 m hoch werden und im Frühling kleine weiße oder rosafarbige Blüten tragen, aus denen sich im Herbst die Früchte entwickeln | **Inhaltsstoff:** Amygdalin (Blausäure-Cyanid wie bei Bittermandeln) | **Vergiftungserscheinungen:** Schwindel, Erbrechen, rötliche Hautfarbe, zunehmende Lähmung, Bewusstlosigkeit, Atemstillstand

Wie gewonnen, so zerronnen

Als seine Facebook-Fans das Selfie im Whirlpool gerade mit dem hundertdreiundfünfzigsten Like bedachten, machte Silvester seinem Namen alle Ehre und ließ es ordentlich krachen. Allerdings nur ein einziges Mal, danach klaffte ein tödliches Loch in Tante Gundulas Kopf. Und für den Mörder begann weniger ein neues Jahr als vielmehr ein ganzes neues Leben. Dachte er zumindest.

Tante Gundula, die ältere Schwester seiner kürzlich verstorbenen Mutter, hatte sowieso schon viel zu lange gelebt. Sofern man deren einsiedlerische Existenz überhaupt als Leben bezeichnen konnte. Der alte Hungerhaken war so gut wie nie unter Leute gegangen und hatte auch mit niemandem verkehrt, seit man ihren dritten Kurzzeitgemahl vor mehr als zwanzig Jahren in Friedhofserde gebettet hatte. Danach hatte sie es gut sein lassen und sich keinen weiteren Geldesel mehr geangelt. Wenn man bedachte, dass ihre drei Gatten allesamt sehr alt und sehr begütert gewesen waren, mussten ihre finanziellen Rücklagen ohnedies noch für mindestens zehn Wiedergeburten reichen. Und weil die Tante in all ihren Ehen kinderlos geblieben war, hatte sie sich im Laufe der Zeit statt kostspieligen Nachwuchs gefühlt tausendundein Zimmerpflanzen angeschafft, die jeden freien Quadratzentimeter ihrer verrußten Altbauwohnung einnahmen.

Das war schon in seiner Kindheit so gewesen. Silvester konnte sich noch gut erinnern, wie ihn seine Mutter einst Woche für Woche zu ihrer Schwester mitgeschleppt hatte, wo er dann stundenlang steif auf einem harten Hocker ausharren musste, um in seinem kindlichen Bewegungseifer keinesfalls eins ihrer fragilen Gewächse zu beschädigen. Noch schwerer als die aufgezwungene Untätigkeit fiel ihm allerdings, dass er stets auch den Atem anhalten musste, wenngleich freiwillig, da die Tante zwar rauchte wie ein Schlot, sich aber jeglicher Frischluftzufuhr widersetzte.

»Die Fenster bleiben geschlossen« zählte zu ihren Standardsätzen, sobald jemand einen sehnsüchtigen Blick Richtung Sauerstoffquelle warf. Aber nicht, weil die Tante bereits zu Lebzeiten gern mumifiziert wäre, sondern weil Gundulas Wachsblümchen äußerst mimosenhafte Ansprüche an ihre künstliche Behausung stellten. Die exotischen Gewächse vertrugen weder Temperaturschwankungen noch Lufttrockenheit, warfen beim leisesten Windhauch die Blüten ab und gediehen laut Tante am besten in einem nahezu tropischen Klima.

Wofür sie mit ihrer Qualmerei, einem Zimmerspringbrunnen und dem selbst im Frühsommer rauchenden Holzofen ausreichend sorgte. Dass der kleine Bub wegen der Schadstoffanreicherung in ihren vier Wänden kollabieren oder gar nachhaltige gesundheitliche Schäden davontragen könnte, kümmerte Tante Gundula nicht. Nächstenliebe, Fürsorge und – was am schlimmsten war – auch die einzigen finanziellen Zuwendungen ließ sie allein ihrer Porzellanblumensammlung zukommen.

Seine Mutter bekam nur selten etwas ab, um ihr knappes Haushaltsbudget etwas aufzufetten. Und das im wahrsten Sinne des Wortes, war doch nahezu Silvesters gesamte Kindheit von Rama geprägt gewesen. Echte Butter aufs Brot gab es höchstens Ostern, Weihnachten und manchmal an seinem Geburtstag, falls der Vater nicht wieder aufs falsche Pferd gesetzt und den gesamten Lohn verspielt hatte. Was leider in elf von zwölf Monaten der Fall war.

Dann musste Mutter den Canossagang zu ihrer verhassten Schwester antreten, um die Familie irgendwie durchzufüttern. Doch Gundula, die mit ihren Reizen ebenso geizte wie mit ihren Barmitteln – sah sie doch selbst aus wie ein Sujet auf den Plakaten der Welthungerhilfe –, verschloss ihr Herz und ihr Portemonnaie der mütterlichen Jammerei.

»Was hast du dich auch mit diesem lahmarschigen Säufer eingelassen«, wies sie seine Mutter unweigerlich zurecht, kaum hatte die auf einem der muffigen Fauteuils Platz genommen.

Und ebenso unweigerlich antwortete seine Mutter: »Er säuft nicht, er spielt«, als würde das ehrenwerter sein.

»Egal, Laster ist Laster. Und du musstest diesen Halunken ja unbedingt heiraten. Hättest halt mehr auf Aktienpakete als auf Muskelpakete geschaut, so wie ich, dann würdest jetzt nicht betteln müssen.«

Nach dieser rituellen Kopfwäsche blickte seine Mutter stets betreten zu Boden, während der Bub die vergilbten Gardinen anstarrte und mal wieder die Luft anhielt. Wegen des Rauchs, aber auch wegen des stets unsicheren Ausgangs ihrer Bittgänge.

Manchmal zeigte sich Tante Gundula nach einer ausreichenden Menge von unterwürfigen Selbstanklagen, Heulanfällen und Selbstmorddrohungen zumindest in dem Maße mildtätig, dass sie sich schlurfenden Schrittes in die Küche begab, um in der alten Kredenz nach der Zuckerdose zu kramen, wo sie ihr Haushaltsgeld aufbewahrte. Mit ihren Knochenhänden klaubte sie dann widerwillig ein paar zerknitterte Scheine heraus, rollte diese in einem Stück Zeitung zusammen und überreichte den Papierzigarillo mit strengem Blick seiner Mutter. Allein für diese psychoterroristische Geste hatte der Junge sie schon damals umbringen wollen. Da das Aufrollen der Scheine, das nötig gewesen wäre, um die Gesamtsumme zu erkennen, mit einer umgehenden Rücknahme des Geldes verbunden war, saßen sie meist noch stundenlang wie auf heißen Kohlen, ohne zu wissen, ob sie damit nun Stromrechnungen, Spielschulden oder zumindest ein paar Kilo Kartoffeln bezahlen konnten oder nicht.

Für die Spendenbereitschaft der Tante gab es leider keinerlei klare Regeln. Ihre ohnedies nur in Spurenelementen vorhandene Hilfsbereitschaft schien mehr von unwägbaren Faktoren wie der Planetenkonstellation, ihrem Blutzuckerspiegel oder der Blühbereitschaft ihrer Wachsblumen abzuhängen als vom Füllstand der Zuckerdose, in der sich Silvesters Einschätzung nach schon damals stets der durchschnittliche Monatslohn eines mittleren Angestellten befunden hatte. Schließlich hatte dieses widerliche Weib keinerlei größere Ausgaben zu bestreiten. Die luxuriöse Wohnung in einem der besten Viertel der Stadt gehörte ihr ebenso wie drei weitere ehelich geerbte Immobilien, die bestimmt üppigste Zinsgelder abwarfen, für die Tante Geizhals, wie er sie insgeheim nannte, im Grunde gar keine Verwendung hatte.

Sie schien nichts zu brauchen und nichts zu kaufen. Der nahezu vollkommene Leerstand ihres Kühlschranks hätte selbst praktizierende Bettelmönche und notorische Kostverweigerer in Panikzustände versetzt, ihre zerschlissene Kleidung sah aus, als stammte sie aus den ehemaligen Einzugsgebieten des Warschauer Pakts, und anstelle von ausgedehnten Reisen unternahm sie höchstens Ausflüge in auf Tropenpflanzen spezialisierte Gartenhandlungen. Und selbst wenn ihre Porzellanblümchensammlung in Anschaffung und Pflege bestimmt kostspieliger war als eine entsprechende Anzahl an Usambaraveilchen oder Gummibäumen, so hätte sie diese schon mit Goldstaub düngen und mit Champagner gießen müssen, um mehr auszugeben, als sie monatlich einnahm. Kurz gesagt, Tante Gundula war reich, ohne einen Finger rühren zu müssen, während seine Mutter Tag und Nacht den Buckel krumm machte, um ihr karges Haushaltseinkommen aufzubessern. Sie putzte und nähte, erledigte Krankenhilfsdienste und führte Hunde spazieren, aber Geld schien bei ihnen kein Bleiberecht zu besitzen. Kaum hatten sie ein paar Kröten daheim, fand sich eine väterliche Spielschuld ein, die Kohle war wieder weg, und Mutter musste erneut den kalorischen Notstand ausrufen.

Wenn Silvester dann abends mit knurrendem Magen im Bett lag, wusste er nicht, wen er mehr hassen sollte: seinen Vater, der jeden Cent verspielte, seine Tante, die jeden Cent in ihren Sparstrumpf oder ihre Wachsblümchen steckte, oder seine Mutter, die nichts dagegen unternahm.

Wenig verwunderlich also, dass er bereits mit zehn Jahren äußerst klare Vorstellungen von seiner Zukunft hatte. Als ein Klassenlehrer sich einmal nach seinen beruflichen Plänen erkundigte, antwortete er wie aus der Pistole geschossen: »Arbeiten mag ich nicht, da bleibt man immer arm. Ich will reich sein, ich glaub, ich werde Auftragskiller.«

Der Lehrer starrte ihn ungläubig an, ließ ihn das Ganze noch einmal wiederholen, um eine akustische Halluzination auszuschließen, schwankte danach kurzfristig zwischen Einberufung der Eltern und Einlieferung beim regionalen psychiatrischen Dienst, befand jedoch nach eingehender Überlegung beide Optionen als zu aufwendig und legte das Gehörte unter der Rubrik »Hirngespinste eines vorpubertären Fratzen« ab. »Du solltest weniger vor der Glotze hocken, das tut dir nicht gut«, war letztlich alles, was er dazu sagte.

Und Silvester schwieg und blickte peinlich berührt seine abgekauten Fingernägel an. Sie besaßen gar kein Fernsehgerät mehr, das hatte seine Mutter bereits vor Monaten zur Pfandleihe getragen.

Es kam nie wieder zurück. Genauso wenig wie seine armseligen Kindheits- und Jugendtage, an denen er weder ferngesehen noch Fußball gespielt, sondern Hunger gelitten hatte. Sobald er alt genug war, musste er zudem seiner Mutter bei kleinen Erledigungen und größeren Putzarbeiten zur Hand gehen.

Und als die ersten Jungs in seiner Klasse die ersten Mädchen ins Kino oder zu McDonald's einluden, lud er sich höchstens Kohle- oder Kartoffelsäcke auf (je nach Jahreszeit), die er auf Wunsch und gegen ein geringes Trinkgeld für bessergestellte Mitmenschen von hier nach dort trug. Abends fiel er dann derart müde ins Bett, dass er nicht mal mehr Lust verspürte, gegen seinen pubertären Testosteronstau vorzugehen. So verging die Zeit. Sie war nicht schön, aber für Silvester dennoch unvergesslich.

Als er mit fünfzehn die Schule verließ, hatte er so einiges fürs Leben gelernt. Zwar konnte er keine Kostenrechnungen aufstellen, dafür aber Putzpläne, keine Verben konjugieren, aber Klospülungen reparieren, und anstelle von angehauftem Buchwissen prahlte er mit seinem antrainierten Bizeps. Dank Letzterem ließ sich auch kräftig zuschlagen, was ihm selbst gegenüber älteren Phrasendreschern große Vorteile verschaffte. Während andere also mit einem guten Abschlusszeugnis angaben und mit gescheiten Worten um sich warfen, warf Silvester nur ein paar abgehackte Silben hin, verlieh seinen Kraftausdrücken allerdings durch einen beschwingten rechten Haken eine nachhaltige Aussagekraft, wodurch er üblicherweise Recht erhielt.

Nur bei der Lehrstellensuche half ihm seine kommunikative Brachialmethode nicht. Die wenigen Meisterbetriebe, die über seine schulischen Defizite hinwegsahen und ausschließlich auf sein kräftiges Äußeres setzten, bereuten ihre Entscheidung rasch. Da Silvester der unverrückbaren Ansicht war, sein lebensnotwendiges Arbeitspensum bereits in jüngsten Jahren erledigt zu haben, wollte er nur noch die Hände in den Schoß legen – und so nebenbei das schnelle Geld verdienen. Wofür eine Lehrstelle allerdings nicht der richtige Ort war. Egal, ob er sich als Spengler, Installateur, Bankkaufmann, Florist oder Automechaniker versuchte, seine kurzen Ausflüge in die Arbeitswelt endeten stets mit einem Rauswurf.

Aber bevor es dazu kam, schlich er in Zeitlupentempo durch die Betriebe, die Hose auf Arschgeweihhöhe, die Finger fest in die Gürtelschlaufen verkrallt, und machte auf Widerstandskämpfer – also, er widerstand jedem noch so kleinen Anflug von Arbeitseifer.

Sein Talent zur selektiven Wahrnehmung ermöglichte es ihm, mühelos vier von fünf Aufträgen zu überhören, und bekam ihn der Vorarbeiter, Büroleiter oder Ladeninhaber doch zu fassen, murrte Silvester unweigerlich: »Muss das jetzt sein?«

Kurz gesagt, das Einzige, was der Junge an seinen diversen Lehrstellen lernte, war, fachgerecht Bierflaschen zu fellationieren.

Damit ließ sich allerdings kein Vermögen anhäufen. Und so stand er mit knapp sechzehn unverändert ohne Arbeit und ohne Einkommen da und lag seiner Mutter schwer im Magen beziehungsweise auf der Tasche.

Ein Dilemma. Weder wollte er auf Kosten seiner Erzeugerin leben noch durch ehrliche Arbeit ehrliches Geld verdienen. Beides kränkte ihn in seiner männlichen Ehre. Also schlug er sich mit kleineren Betrügereien, Taschendiebstählen und Auftragsschlägereien durch, bis sich der Arm des Gesetzes als stärker erwies. Mit einer langen Vorstrafe, einem kurzen Aufenthalt im Jugendstrafvollzug und der Forderung nach Schmerzensgeld beendete er seine Karriere als Vorstadtganove.

Silvester tobte. Sein Leben schien unter einer einzigen ungerechten Kostenlawine begraben, aus eigener Kraft würde er es nicht wieder befreien können. Um den Schaden einigermaßen wiedergutzumachen, blieb ihm keine andere Wahl, als zu Tante Gundula zu pilgern. Nur sie konnte ihn aus seiner prekären Lage retten. Widerwillig – und ohne das Wissen seiner Mutter – begab diesmal er sich auf den Canossagang, der zu einer Art Familientradition zu werden drohte.

Bei jedem Schritt sank ihm das Herz ein wenig tiefer, während seine Wut in ungesunde Höhen stieg. Als er endlich vor dem imposanten Palais stand, in dem seine Tante die gesamte erste Etage belegte, hatte sein Zorn bereits alttestamentarische Ausmaße angenommen, doch für eine entsprechend göttliche Rache fehlte es ihm an Handwerkszeug. Weder Blitz noch Donner oder gar eine Sintflut stellten sich ein. Und als er auf den goldenen Klingelknopf drückte und drinnen die schleppenden Schritte seiner Tante hörte, verpuffte sein Groll wie ein Fliegenfurz inmitten von Blasmusik. Dann ging die Tür knirschend auf.

»Na, da schau her«, blaffte sie ihn statt einer Begrüßung an, »wenn das nicht der nichtsnutzige Bengel meiner unseligen Schwester ist.«

Silvester ballte seine Hände zu Fäusten, um ihr nicht gleich an die Gurgel zu gehen. Zögernd betrat er die höhlenartige Behausung seiner reichen Verwandten. Der Rauch hing wie immer in dicken Wolken in der spärlichen Luft, und schon nach den paar Metern zum Wohnzimmer lechzten seine Zellen nach künstlicher Beatmung.

Widerwillig wies sie ihm einen Platz auf dem verstaubten Fauteuil zu, auf dem sonst seine Mutter saß.

»Und? Was willst du? Du bist ja sicher nicht gekommen, weil du Sehnsucht nach deiner alten Tante hast«, stellte sie durchaus richtig fest.

»Nein.« Verlegen studierte er die Brandlöcher im verrußten Bezug. »Also, ich hab ein Problem –«, setzte er an, doch sie schnitt ihm herrisch das Wort ab.

»Du hast kein Geld.« Das war keine Frage, sondern eine Feststellung, bei der sich ihre Stirn umgehend in Plissierfalten legte. »Genau wie deine Mutter. Unfähig. Alle beide.«

Silvester setzte gedanklich zu einem rechten Haken an und betrachtete seine Schnürsenkel.

»Also, nun red schon.«

Und dann legte er eine ziemlich geschönte, aber dennoch einigermaßen zutreffende Beichte ab.

»Das väterliche Gen kannst also auch nicht verleugnen«, meinte Tante Gundula am Ende seiner verbalen Selbstkasteiung, stand auf und ging in die Küche.

Silvester dachte an die Zuckerdose und schöpfte bereits Hoffnung, als die Tante mit einer neuen Schachtel Zigaretten zurückkam, sich umständlich auf dem zerschlissenen Diwan niederließ, indem sie ihre knochigen Extremitäten wie eine Gottesanbeterin zusammenfaltete, und erst einmal gegen die knisternde, aber offenbar rissfeste Zellophanhülle ihrer Sargnägel ankämpfte.

Der Bittsteller kartografierte derweil den Blütenbestand der Porzellanblumen. Da gab es gelbe, weiße und rosafarbene, und irgendwie sahen sie alle genauso zickig aus wie seine Tante.

Als er bereits siebenhundertneunundsechzig gezählt hatte, ließ sie sich endlich zu einer Antwort herab. »Nun gut. Schenken tu ich dir das Geld nicht, aber du kannst es dir bei mir verdienen. Zwölf Euro die Stunde, ohne Jause.«

Das war Putzfrauenlohn. Silvester schluckte seinen Frust hinunter. »Und was muss ich dafür tun?«

»Meine Pflanzen pflegen. Das Gießen ist ein wenig umständlich, das Düngen auch, und manche gehören neu aufgepfropft.«

Silvester mochte kein Grünzeug. Nicht im Topf und nicht auf dem Teller, aber in diesem Fall blieb ihm keine andere Wahl. Wegen Körperverletzung hatte er noch eine Strafe von fünfhundert Euro zu begleichen, wollte er nicht erneut in den Knast. Am liebsten hätte er Tante Gundula natürlich den dürren Hals umgedreht und das Geld aus der Zuckerdose genommen, aber damit würde er nicht weit kommen. Für einen Neuanfang in Venezuela wäre es bestimmt zu wenig.

Also stimmte er missmutig zu, sich dreimal die Woche um ihre hochheiligen Gewächse zu kümmern.

Bereits am nächsten Tag trat er seinen Job an. Während er unermüdlich – und unter dem gestrengen Blick der Tante – die mit zimmerwarmem, rechtsdrehendem und kalkarmem Wasser gefüllte Gießkanne durch das dschungelartige Gestrüpp der Ranken manövrierte, traktierte Tante Gundula ihn mit ihrem unnützen enzyklopädischen Wissen über Wachsblumen. Die Hoya carnosa, die zu den Seidenpflanzengewächsen zähle, stamme ursprünglich aus Japan, China, Australien und Ostindien, wo sie bla, bla, bla …

Silvester seufzte. Von ihm aus hätten sie aus einer fernen Galaxie oder gar dem Raumschiff Enterprise stammen können. Es interessierte ihn nicht, solange sie keine Blätter aus Gold hatten. Und das war eindeutig nicht der Fall. Doch die Wachsblumenexpertin monologisierte unbarmherzig weiter.

Diese wunderbaren Pflanzen seien Epiphyten, die ohne eigene Wurzeln überleben könnten und dennoch beinahe das Alter eines Menschen erreichten.

Silvester biss die Zähne zusammen und schwieg, seine Tante hingegen dozierte ohne Punkt und Komma begeistert weiter. Über zweihundert Arten dieser herrlichen Pflanzen habe sie in ihrem Refugium bereits versammelt, von der kräftigen Hoya carnosa über die seltene australische Chamelaucium uncinatum, die Nadeln statt Blätter habe, einer Hundertschaft an Hoyas bella bis hin zu Raritäten wie einer panaschierten Hawaiian Purple und der herrlich duftenden Lacunosa. Sogar zwei Hoyas griffithii habe sie in ihrem Besitz, die als Heilmittel in der traditionellen chinesischen Medizin Karriere gemacht hätten, dazu eine Hoya patella, die ausgesprochen selten sei und besonderer Zuwendung bedürfe, um ihre Blüte zu entwickeln.

Behutsam strich sie über eine der seidig schimmernden

Scheindolden, die Silvester allesamt an diese süßlichen rosa Marzipanblumen erinnerten, mit denen die Leute gerne Geburtstagstorten verzierten. Für ihre Zimmerpflanzen brachte die Tante eindeutig mehr Verständnis auf als für ihre engsten Anverwandten. Zudem schien sie über eine Art Kiemenatmung zu verfügen, denn während ihres gesamten Vortrags hatte sie – im Unterschied zu ihm – nicht einmal sichtbar Luft geholt.

Drei Wochen lang musste der Neffe die botanische Dauerbeschallung der Tante durchstehen, dann hatte er die fünfhundert Euro beisammen.

Der Rest verlief nach Drehbuch. Sie erhob sich, schlurfte in die Küche, zog die Zuckerdose hervor, kramte eine Zeit lang in ihr herum, rollte einige Scheine zusammen, schlurfte zurück ins Wohn- beziehungsweise Blühzimmer und drückte Silvester seinen Lohn in die Hand. Ob ihr seine Arbeit auch ein Trinkgeld wert gewesen war, konnte er wegen der Zigarilloform nicht sagen, getraute sich jedoch gleichfalls nicht, die Summe vor Ort zu kontrollieren. Aber wenn er sich noch lange bei dieser Pflanzenhexe aufhielt, würde er sowieso an Sauerstoffmangel zugrunde gehen, und das Geld wäre egal.

Wenigstens hatte es damals noch keinen Zwang zum Tragen einer Mund-Nasen-Bedeckung gegeben, denn dann wäre er bei seiner hochakrobatischen und schweißtreibenden Tätigkeit – die Ranken dieser Pflanzen waren oft meterlang und miteinander verwoben wie die Linien eines U-Bahn-Plans – bestimmt kollabiert.

Nach zehn Minuten beendete die Tante zum Glück von sich aus das Gespräch und geleitete ihn zum Ausgang.

»Fesch und faul wie der Vater«, meinte sie zum Abschied, klopfte ihm mit den Fingerknöcheln auf die Schulter und schob ihn zur Tür hinaus.

Kaum hatte Silvester die Wohnung verlassen, kehrte seine mörderische Wut zurück. Was erlaubte dieses menschliche Wrack sich eigentlich? Wer gab diesem Weib das Recht, ihn wie einen Taugenichts zu behandeln? Immerhin hatte er zu einem Hungerlohn geschuftet, ohne Pause, ohne jede Erfrischung und unter erschwerten Bedingungen, was Frischluftzufuhr und Dauerbeschallung im dezibellastigen Bereich betraf. Kein Wunder, dass ihr die Männer stets weggestorben waren. Ins Nirwana gebrüllt, beim Zeitunglesen erstickt oder einfach nur vor dem leeren Kühlschrank verhungert, mutmaßte er. Doch da irrte er sich gewaltig, was er leider zu spät erkennen sollte.

Für ihn war Tante Gundula jedenfalls der lebende Beweis dafür, dass Geiz offenbar wirklich geil sein musste, denn warum sonst hatte man(n) jemanden wie sie geheiratet?

Und da er sich mittlerweile nicht mehr in Sichtweite ihrer Fensterfront befand, kramte er mit fiebrigen Fingern sein Lohnröllchen hervor und faltete die Scheine auseinander. Fünfhundertfünf Euro. Er traute seinen Augen nicht, zählte noch ein paarmal nach, da die Tante den Betrag aus Fünf- und Zehn-Euro-Scheinen zusammengestückelt hatte, aber es blieb dabei, sie hatte ihn mit ganzen fünf Euro Trinkgeld bedacht. Damit konnte er im Supermarkt vier Flaschen Bier erwerben – und zu Hause in seinem Zimmer fellationieren, statt mit irgendeinem Mädel mal großzügig auf den Putz zu hauen.

Er hätte sich durchaus eine aussuchen können, er sah wirklich gut aus, da hatte die Tante nicht gelogen, aber die Frauen, die er wollte, schienen ihre Männer weniger mit den Augen als mit dem Taschenrechner auszuwählen.

Übellaunig steckte er das Geld wieder ein und betrat einen Supermarkt, um seine fünf Euro gegen Flüssignahrung zu tauschen. Betrunken war immer noch besser als betrübt.

Danach ging er nach Hause, hörte seiner Mutter beim Jammern zu und trank Bier.

Ein Jahr später hing Silvester immer noch an der Bierflasche, ohne jede Aussicht auf einen alkoholischen Qualitätssprung hin zum erträumten Champagner, von bereitwilligen Superbienen ganz zu schweigen, weil es ihm unverändert an finanziellen Mitteln fehlte. Zwar war er nicht mehr straffällig geworden, um jegliche Schmerzensgeldforderung zu vermeiden, aber mit der Kohle, die er durch sporadische Hilfsarbeiten am Bau, regelmäßige Putztätigkeit an der Seite seiner Mutter und eher seltene Gärtnerarbeiten bei Tante Gundula verdiente, konnte er bestenfalls einen Zwergdackel ausführen, aber keine ausgewachsene Frau.

Doch eines Tages geschah ein Wunder und brachte den lang ersehnten Geldsegen mit sich. Silvester kam gerade erschöpft von seinem Einsatz als Bodenpediküre zurück, als neben ihm eine Luxuskarosse hielt. Die Wagentür schwang auf, und eine ihm irgendwie bekannte Stimme sagte: »Komm, steig ein, ich bring dich heim.«

Der junge Mann zögerte. Er kannte niemanden dieser Einkommensklasse. Seine wenigen Freunde fuhren gleich ihm bestenfalls im Autobus herum, aber nicht im metallic glänzenden SUV. Er wollte schon weitergehen, als die Stimme erneut erklang: »Kennst mich nicht mehr? Ich bin's, der Kevin.«

Nun erinnerte er sich. Kevin hatte der etwas ältere Lehrbub geheißen, mit dem er während seines kurzen beruflichen Zwischenstopps in der Autowerkstatt zu tun gehabt hatte. Der konnte doch höchstens im letzten Lehrjahr sein. Mit so einem Salär leistete man sich vielleicht ein Mountainbike, aber doch keinen Geländewagen.

Neugierig geworden stieg Silvester ein. Und als er den protzigen Landrover wieder verließ, wusste er, dass die Zeit der fellationierten Bierflaschen vorüber war.

Zu Hause warf er Putzeimer, Wischmopp und Handschuhe in die Ecke, verweigerte das Abendessen und brachte stattdessen Stunden damit zu, seinen Körper auf Hochglanz zu polieren. Endlich würde er seine Muskeln gewinnbringend – und gefahrlos – einsetzen können, denn morgen begann dank seiner neuen Einkommensquelle eine neue Zeitrechnung. Kevin, der längst nicht mehr an rostigen Karosserien herumschraubte, sondern mit seinem glänzenden Schlampenschlepper lässig um innerstädtische Kurven kratzte, hatte ihm das Jobangebot seines Lebens unterbreitet. Er würde seinen Körper den ganzen Tag lang kostenlos in den besten Fitnessclubs der Stadt stählen können, wenn er nebenbei ein paar verbotene Anabolika an den

Mann oder auch die Frau brachte. Also an all die fanatischen Bodybuilder und Sixpackzüchter, an die bierbauchschwangeren Möchtegerncasanovas und Nachwuchstalente im Damenfußball. Es gab ja einige nicht offiziell erhältliche anabole Steroide, die heiß begehrt, aber streng verboten waren. Hatte Kevin gesagt. Und der musste es wissen, sonst würde er nicht in Saus und Braus leben.

Und Silvester entpuppte sich als echtes Verkaufstalent. Bereits drei Wochen nach »Arbeitsbeginn« konnte er das Hungertuch gegen eine Damasttischdecke tauschen, nach sechs Monaten und einer erfolgreich bestandenen Führerscheinprüfung zog ein schweres Motorrad bei ihm ein, und nach einem Jahr kurvte er bereits im eigenen Lexus herum. Auch was die flotten Bienen anging, von denen er immer geträumt hatte, lief die Sache mittlerweile zu seiner vollsten Zufriedenheit. Wer einen attraktiven Körper, gepaart mit einem üppig bestückten Portemonnaie, zur Schau stellen konnte, wurde allerorts umschwärmt. Ihm blieb nur die Qual der Wahl.

Sogar eine eigene Wohnung konnte er sich leisten, ein intimer Rückzugsort, zu dem er weder Eltern noch Zimmerpflanzen Zutritt gewährte. Er hatte mit seiner Vergangenheit gebrochen, wollte nie wieder Topfpflanzen sehen und sein ärmliches Elternhaus schon gar nicht. Nur seine Mutter besuchte er hin und wieder, um ihr etwas Geld zuzustecken.

Er habe einen super Job im Fitnessbereich, hatte er ihr erklärt und ein paar Scheine offen auf den Tisch gelegt. Und seine Mutter hatte sich kindlich gefreut, das Geld genommen und keine weiteren Fragen gestellt. Mit seinem sportlich durchtrainierten Körper, einem soliden Oberklassewagen und den teuren Markenklamotten sah er auch wirklich nicht wie ein Kleinganove aus, sondern wie einer, der es geschafft hatte.

Und das war auch über zwei Jahre lang der Fall. Dann kam Corona und nahm ihm erst seine Mutter und danach sein Einkommen. Der Lockdown schlug ihn quasi zu Boden. Fitnessclubs waren geschlossen, Gymnastikkurse wurden abgesagt,

Sperrstunden vorverlegt, das Nachtleben wurde ausradiert, und die Menschen wagten sich kaum mehr auf die Straße. Zudem hatten sie schon bald einen Lieferengpass, da sie ihre Ware aus dem Ausland bezogen.

»Schöne Scheiße«, brachte Kevin das wirtschaftliche Desaster auf den Punkt.

Silvester nickte zustimmend und zog sich eine Linie rein. Sie selbst konsumierten keine Anabolika, weil die ihrer Ansicht nach gesundheitsschädlich waren, aber gegen etwas Kokain ließ sich nichts sagen. Wer reich und schön war, der musste auch so leben.

Aber nun sah es ganz danach aus, als würden sie in Zukunft allein mit ihrer Schönheit auskommen müssen. Eine sehr unerfreuliche Aussicht.

Statt Gerätetraining für die Muckis galt es nun, ihre kleinen grauen Zellen zu Höchstleistungen anzuspornen, eine völlig neuartige Disziplin. Silvester und Kevin machten Pläne und verwarfen sie, entwickelten Szenarien, die sich als undurchführbar herausstellten, und jagten Ideen nach, die sie nicht richtig zu fassen bekamen.

Und dann war es ausgerechnet ein Haartrimmer, der ihnen die Lösung all ihrer Probleme offenbarte. Da die Friseure gleichfalls einem behördlichen Öffnungsverbot unterlagen, die Haare aber dennoch weiterwuchsen, bestellten sie ein Haarschneidegerät. Und weil die Dauer der amtlichen Maßnahmen nicht absehbar war und sie keine Lust auf Selbstverstümmelungen hatten, rasierten sie sich einfach eine Glatze. Damit sah man immer irgendwie frisiert aus.

Als sie nach vollendeter Rasur in den Spiegel blickten, meinte Kevin: »Jetzt schauen wir aus wie Brüder.«

Und auf einmal bekam Silvester DIE Idee zu fassen. Er holte zwei weiße Shirts aus dem Schrank und drückte seinem Kumpel eins davon sowie den obligatorischen Gesichtswimpel in die Hand. »Los, zieh das an und setz das Ding auf.«

Auch er zog sich beides über und schubste Kevin erneut vor den Spiegel. Mit den ausgeprägten Oberarmmuckis, dem Oben-ohne-Look und der Maske im Gesicht sahen sie nahezu identisch aus. Kevin war vielleicht eine Spur breiter an den Hüften und Silvester ein paar Zentimeter größer, aber die Unterschiede fielen nur auf, wenn sie im Doppelpack unterwegs waren.

»Oida«, entfuhr es Kevin, »mit dem Nasendeckel könnten wir glatt als Zwillinge durchgehen.«

»Eben«, erwiderte Silvester, »und damit werden wir reich.«

Sein Plan war so einfach wie genial. In vier Tagen würde der Lockdown zu Ende sein und Kevin als Silvester einen Wellnesstag in der nahe gelegenen Therme buchen, dort mit seiner, Silvesters, Kreditkarte bezahlen, halbstündliche Selfies und Live-Aufnahmen aus dem Whirlpool in seiner, Silvesters, Facebook-Timeline posten und ein paar auffällige Auftritte hinlegen, damit das Personal ihn gut in Erinnerung behielt. Derweil würde Silvester in Seelenruhe zu seiner Tante fahren und sie ins Jenseits befördern. Dann brauchte er nur noch auf sein Erbe zu warten. Nach dem Tod seiner Mutter war er der einzige lebende Verwandte Gundulas. Er konnte nur hoffen, dass der alte Drachen seinen Besitz nicht dem Botanischen Garten oder einer Stiftung zur Erforschung von Porzellanblumen vermacht hatte, aber selbst in dem Fall würde ihm ein beträchtlicher Pflichtteil zustehen.

Kevin war begeistert. Drei Tage und drei Nächte lang klopften sie ihren Plan auf etwaige Schwachstellen und Stolpersteine ab, fanden aber nur ein einziges Detail, das der Nachbesserung bedurfte. Die Polizei, die im Falle eines gewaltsamen Ablebens ja ermitteln würde, könnte auch Kevin als Täter in Betracht ziehen. Ihre enge Freundschaft war in gewissen Kreisen doch bekannt. Aber auch dafür fand sich eine Lösung. Der Alibigeber würde vor seinem Thermenbesuch einfach die Yvonne abschleppen. Mit der langbeinigen Blondine, die ihrer Haarfarbe alle Ehre machte, lief ohnedies immer das gleiche Programm ab. Erst absorbierte sie kübelweise Champagner, natürlich nur Moët & Chandon, danach war Horizontalgymnastik angesagt, und als posterotisches Dessert gelüstete es sie üblicherweise nach Erdbeeren mit Schokomousse. Danach kam wieder Champagner dran, und alles begann von vorne. Nur nicht beim nächsten Mal, denn da würden sie Yvonne eine ordentliche Dosis Schlafmittel verpassen. Und während das blonde wie blauäugige Dornröschen schliefe, würde Kevin als Silvester seinen Wellnesstag genießen, und der echte Kevin hätte dennoch ein Alibi. Yvonne. Sie würde Stein und Bein schwören, den ganzen Tag mit ihm verbracht zu haben.

Und genau so war es. Alles verlief nicht nur absolut nach Plan, sondern sogar noch besser, denn Tante Gundula half bei ihrem eigenen Ableben auch noch mit. Was Silvester leider nicht wusste.

Abgesehen von der Beschaffung der Handfeuerwaffe aus dem virtuellen Darknet dauerte die ganze Aktion jedenfalls nicht einmal zehn Minuten. Der Neffe klingelte, die Tante öffnete die Tür, doch im Unterschied zu all seinen bisherigen Besuchen bedachte sie ihn weder mit bösen Blicken noch mit den üblichen Bosheiten und Beleidigungen. Sie ließ die Tür einfach offen stehen und schlurfte ins Wohnzimmer zurück. Wortlos.

Dort nahm Silvester unaufgefordert Platz und wartete, doch Tante Gundula, die ihm noch dünner als sonst vorkam, sah ihn nicht einmal an. Sie hatte sich ihm gegenüber hingesetzt, sah ungewöhnlich blass, nahezu grau im Gesicht aus und schwieg immer noch. Einen Moment lang war er direkt froh, diese dämliche Maske und Chirurgenhandschuhe zu tragen. Nicht auszudenken, wenn auch sie an diesem pandemischen Virus erkrankt wäre und er statt fetter Beute eine tödliche Infektion mit nach Hause brächte.

»Geht's dir gut?«, stammelte er schließlich, während er aufstand und auf eine Hoya multiflora zutrat, als wollte er sie betrachten. Da er seine Tante zwar umbringen, ihr dabei aber nicht in die Augen sehen wollte, musste er hinter ihr stehen.

»Was heißt ›gut‹?«, nuschelte sie, als er beinahe die ideale Position hinter ihrem Rücken erreicht hatte. »Der Tumor nagt an mir, aber bald habe ich keine Schmerzen mehr. Und dann werde ich glücklich sein, so glücklich, wie es meine drei Gatten waren. Dank meiner bewährten Tropfen.« Sie griff nach einer dunklen Flasche, auf die jemand ein großes vierblättriges Kleeblatt geklebt hatte, und goss sich ein Glas der dem Geruch nach hochprozentigen Flüssigkeit ein.

Nie zuvor hatte Silvester seine Tante trinken sehen, das musste an dem Tumor liegen, von dem sie allerdings auch das erste Mal sprach. Oder sie hatte sich auf ihre alten Tage ein Zweitlaster zugelegt, neben den Zigaretten. Doch letztlich machte das alles keinen Unterschied mehr, er hatte sowieso keine Zeit, um auf ihr natürliches Ableben zu warten. Diese Weiber hatten ja stets irgendein Wehwehchen und wurden dennoch steinalt. Und sollte es doch Corona sein, musste er die Wohnung so schnell wie möglich wieder verlassen. Nahezu pietätvoll wartete er, bis Tante Gundula das Glas geleert hatte, dann drückte er ab. Ein kurzer Knall, ein langer Tod.

Vorsichtig tastete er nach ihrem Puls, doch da war keiner mehr. Er sprintete los, warf den Inhalt der Küchenschränke auf den Boden, danach den der Kleiderschränke, der Kommoden und Schubladen, riss einige Pflanzen von der Wand, um den Anschein eines Einbruchsdiebstahls zu erwecken, und nahm zum Schluss noch rasch den Inhalt der Zuckerdose an sich. Dass sich unter Tante Gundulas Wohnung ein derzeit geschlossener Kindergarten befand, erleichterte ihm die Arbeit ungemein. Somit fielen auch mögliche Ohrenzeugen weg.

Nach nicht einmal zehn Minuten hatte er seine bereichernde Mission beendet und war schon fast an der Tür, als er noch einmal kurz zurückkehrte und die Flasche ergriff. Glück in Tropfenform konnte man immer gebrauchen.

Zu Hause angelangt schmiss er Maske und Handschuhe in den Müll, legte die Pistole auf den Couchtisch und griff nach Kevins Smartphone, um sein »Alibi« zu kontrollieren. Was er sah, beruhigte ihn ungemein.

Sein Alias plätscherte ganz nach Plan im Whirlpool herum, was nicht nur ihn, sondern auch zweihunderteinundzwanzig Facebook-Freunde erfreute. Da Selfies und Livestream aus dem dunstigen Spa-Bereich einer Therme naturgemäß etwas nebelverhangen und trüb ausfielen, hätte selbst seine Mutter – sie ruhe in Frieden – nicht bemerkt, dass da gar nicht er, sondern sein Spezi in der Wanne lag. Gleiche Glatze, gleicher Waschbrettbauch, gleiche Tattoos, gleiches Aufreißergrinsen, und die dicke Goldkette, die sonst immer er trug, hatte er Kevin auch umgehängt. Gefährliche Nähe kam zudem nicht auf, galten doch überall Abstandsregeln und Personenbeschränkungen. Ein Pech für die Thermenbetreiber, aber ein Glück für sie.

Selbst später beim Essen riskierte Kevin nichts, saß allein mit Maske am Tisch und hatte Teller und Gläser in den Vordergrund gerückt.

Silvester jubilierte. Wenn auch noch Yvonne wunschgemäß ins Reich der chemischen Träume getaucht war, woran er nicht zweifelte, konnte einfach nichts schiefgehen, egal, was die Polizei für Theorien aufstellte. Dass er als Erbe automatisch ins Zentrum der Ermittlungen rücken würde, war klar, aber gegen ein im wahrsten Sinne des Wortes wasserdichtes Alibi konnten auch die Beamten nichts unternehmen. Zudem war Tante Gundulas Reichtum allgemein bekannt, und in Zeiten wie diesen, wo die Arbeitslosenzahl ebenso rasch stieg wie die Fieberkurve bei Covid-19, suchten bestimmt genügend Menschen auf wenig legalen Wegen nach einem unbürokratischen Notgroschen.

Silvester warf einen letzten Blick auf Kevins Handy, dann streckte er sich entspannt auf dem Sofa aus. »Don't worry, be happy«, sang er leise, und bei der zweiten Strophe fielen ihm Tante Gundulas Glückstropfen ein. »Sie haben meine Männer glücklich gemacht, jetzt machen sie mich glücklich.« Das waren ihre Worte gewesen, und so was sagte man doch nicht über einen normalen Supermarktschnaps. Das war bestimmt irgendein exklusiver und sauteurer Privatbrand. Das Etikett und der kitschige Klee sahen jedenfalls nicht nach Massenproduktion aus. Vielleicht sollte er ja gleichfalls auf sein Glück trinken?

Silvester erhob sich, um die Flasche und ein Glas zu holen, und schenkte sich großzügig ein. Dabei mochte er Spirituosen im Grunde gar nicht, weil die immer so im Hals brannten. Lieber trank er im Eichenfass gereiften Glenglassaugh-Whisky aus den schottischen Highlands, der schimmerte so herrlich golden. Und Gold war seine Lieblingsfarbe. Aber sollten tatsächlich ein paar Viren in Tante Gundulas verrußter Luft überlebt und sich in seine Nähe gewagt haben, desinfizierte so ein Selbstgebrannter wahrscheinlich besser als alles andere.

Er hob das Glas mit der grünlich schimmernden Flüssigkeit und trank auf seine Erbtante, doch das befürchtete Brennen in der Kehle blieb aus. Das Zeug ging nahezu als Gaumenschmeichler durch, irgendwie sämig, mit einer leicht bitteren Note und einer prickelnden Frische im Abgang. Wermut wahrscheinlich, sinnierte Silvester, der sich mit Bitterstoffen nicht auskannte. Aber dennoch süffig, stellte er erfreut fest. Er goss sich erneut ein. Doppelt hielt schließlich besser.

Und weil ihm sonst nichts mehr zu tun blieb, außer Kevins Rückkehr abzuwarten, döste er auf dem Sofa vor sich hin, eingelullt von goldenen Zukunftsvisionen. Von Zeit zu Zeit nahm er das Smartphone zur Hand, um sich selbst in Whirlpool, Salzgrotte und Schwebeliege zu betrachten, doch verschwamm ihm zunehmend der klare Blick. Tantes Schnaps musste stärker sein als angenommen, überlegte er und fragte sich kurz, wann man wohl die Leiche der Einsiedlerin finden würde. Sie hatte ja nicht mal eine Putzfrau gehabt. Wer, außer Würmern, sollte sie da heimsuchen? Doch bald wurde ihm selbst das Denken zu anstrengend. Also ließ er es ganz bleiben und beschloss, sich stattdessen einen Toast zu machen.

Aber kaum hatte er den Kühlschrank geöffnet, wurde ihm übel, und er verspürte ein eigenartiges Ziehen im Bauch. Dieser verdammte Schnaps. Gleichzeitig mit dem Hass auf die tote Tante flammte auch der Schmerz auf. Silvester ließ sich erneut aufs Sofa fallen, griff nach der Flasche und wollte das kleine Etikett lesen, das hinten draufklebte, doch seine Augen verweigerten ihm den Dienst. Drei Stunden später tat sein Herz es ihnen gleich.

Und da Tote bekanntlich schlecht hörten, hörte er sein doppelgängerisches Alibi nicht mehr, wie es spätnachts leise an seine

Tür klopfte. Er bekam auch nicht mit, wie Kevin verhalten fluchte, weil Silvester seinen Schlüssel stecken gelassen hatte, weshalb er sich vergebens mit einem Zweitschlüssel abmühte und das Schloss schlussendlich mit Nagelfeile, Kreditkarte, zwei zufällig eingesteckten Zahnstochern und zusammengebissenen Zähnen knackte.

Die Tür sprang auf, Silvesters Alibi betrat die Wohnung und schlich auf Zehenspitzen ins Wohnzimmer. Schließlich war es weit nach Mitternacht, und er wollte keine nachbarschaftliche Aufmerksamkeit erregen.

Der Raum war durch die Straßenbeleuchtung ausreichend in schummriges Licht getaucht, um Silvester zu erkennen, der bäuchlings hingestreckt auf dem Sofa lag. Offenbar hatte der erste Mord seines Lebens ihn doch ziemlich erschöpft. Was Kevin durchaus verstehen konnte, er hatte bei dem Plan ja den weitaus angenehmeren Teil der Arbeit erledigt. Für Sex, Drugs und Thermenwellness mit gefakten Tattoos brauchte es weder Nerven aus Stahl noch eine Handfeuerwaffe.

Zu gern hätte er gewusst, ob das Problem mit der reichen Tante nachhaltig und zu beidseitiger Zufriedenheit gelöst war, aber Silvester schien in einen Tiefschlaf gefallen zu sein. Vor ihm auf dem kleinen Couchtisch stand eine Flasche, daneben ein Glas, und die Pistole lag auch dabei.

»Oida, bist du deppert! Eine Tatwaffe wirft man weg«, zischte er den Liegenden an und wollte schon nach der Pistole greifen, als ihm die seltsame Stille auffiel. Silvester schlief völlig lautlos, gerade er, der normalerweise Geräusche von sich gab wie ein kaputter Auspufftopf. Musste wohl an der Bauchlage liegen.

Kevin rüttelte ihn, zuerst sanft, dann kräftiger. Er wollte ihm doch unbedingt berichten, wie unfassbar perfekt alles abgelaufen war. Es gab Hunderte virtueller Zeugen für seinen, also Silvesters Wellnesstag, dazu Dutzende Bedienstete, mit denen er lange Gespräche über den Härtegrad der Saunatücher und die Möglichkeit, Reis statt Pommes zu seinem Schnitzel zu bekommen, geführt hatte. Außerdem hatte das Schlafmittel in

Yvonnes Schokomousse bestens funktioniert. Sie hatte seine ganze Abwesenheit verschlafen, und als sie erwacht war, war er bei ihr gewesen, und sie hatte nur Durst, aber keine Erinnerung gehabt. Also alles nach Plan.

Doch Silvester rührte sich nicht.

Offenbar im alkoholbedingten Tiefschlaf, dachte Kevin mit einem Blick auf die geöffnete Flasche. Hatte sich wohl einen Belohnungsrausch gegönnt. Oder auch einen Beruhigungsrausch, falls die Tante Widerstand geleistet hatte. Er nahm die Flasche zur Hand und roch daran. Eindeutig kein Schnaps. Dann fiel sein Blick auf das Etikett: »Glückstropfen«. Was es nicht alles gab. Daneben klebte auch noch ein getrocknetes Kleeblatt. Kevin setzte die Flasche an die Lippen und nahm vorsichtig einen Schluck. Gar nicht übel, fand er. Ein wenig bitter, irgendwie würzig, definitiv kein Schnaps. Jedenfalls garantiert selbst gemacht.

»Auf unsere goldene Zukunft«, sagte er mehr zu sich selbst als zu seinem Kumpel und trank einen weiteren Schluck. Für Kaffee war es eh noch viel zu früh, und von Champagner hatte er bis auf Weiteres genug. Das Zeug rann ihm angenehm ölig die Kehle runter, während sich ein im wahrsten Sinne des Wortes herzerwärmendes Gefühl in ihm breitmachte.

Mit müden Augen griff er ein letztes Mal zur dunklen Bouteille und versuchte, die in winzigen Lettern angegebenen Inhaltsstoffe zu entziffern: »Absinth (76 %), Honig (6 %), Digitalisextrakt (18 %)«.

Bis auf Honig kannte er zwar nichts davon, aber Hauptsache, es waren keine Nüsse drin. Auf Nüsse reagierte er nämlich allergisch, davon bekam er schlimmen Dünnschiss. Glück gehabt, dachte er. Und würde zu Lebzeiten nicht mehr erfahren, wie sehr er sich damit irrte.

Fingerhut, Digitalis purpurea (sehr giftig)

Der Klassiker für Giftmörder

Der Blutdruck steigt, der Puls fällt, das Herz bleibt stehen. (Selbst-)Mord durch Digitalis war und ist äußerst beliebt, da bereits zwei bis drei Blätter tödlich sein können. Berühmte Autoren wie Agatha Christie hatten eine Vorliebe für das potente Herzmittel. So heißt es in ihrem Roman »Alter schützt vor Scharfsinn nicht«: »Und, ist sie gestorben? An was?« – »Jemand hat beim Spinatschneiden ein paar Fingerhutblätter erwischt – ein reines Versehen ...«

Aber auch im wahren Leben beziehungsweise Sterben hat das Kraut viel Schaden angerichtet. Der Arzt Monsieur Couty de La Pommerais bringt seine Ex-Geliebte damit um, die belgische Serienmörderin Marie Alexandrine Becker greift gleich elf Mal zu Digitalis, 1976 werden in einem deutschen Krankenhaus zahlreiche Patienten damit zu Tode gepflegt, und der österreichische Industriemanager Heribert Apfalter, die Schlüsselfigur des Noricum-Prozesses, soll angeblich auch durch Digitalis gestorben sein. Sogar Cangrande I. della Scala, einstiger Stadtherr von Verona, so vermuten neue Untersuchungen, fiel 1329 einer Überdosis Fingerhut zum Opfer. Doch auch heute noch sorgen die beiden Herzglykoside Digoxin und Digitoxin unverändert für Schlagzeilen: Gesundheitsbewusste Kräuterteetrinker sterben, weil sie statt nach Melisse nach diesem bitteren Kraut greifen, Selbstmörder bereiten sich Auszüge zu, und weil sich die giftigen Substanzen, sofern sie nicht gleich erbrochen werden, im Körper anreichern, riskieren auch Herzpatienten, denen Digitalis vom Arzt verschrieben wurde, durch Überdosierung manchmal den Tod. Dabei ist der Fingerhut seit seiner therapeutischen Entdeckung durch den englischen Arzt William Withering (»Abhandlung vom rothen Fingerhut und dessen Anwendung in der praktischen Heilkunde«, 1786) unverzichtbarer Bestandteil von Medikamenten bei Herzleiden. Und hat so gesehen auch manches Leben gerettet.

Info: auch Waldglöckchen, Fuchskraut, Elfenkraut oder Liebfrauenhandschuh genannt. Mehrjähriges, krautiges Wegerichgewächs mit roten (gelben oder wolligen), glockenförmigen Blüten, die traubenartig angeordnet sind und in ihrer Form an Fingerhüte erinnern. Wollige, behaarte Blätter. Blüte: Juni–August | **Inhaltsstoffe:** Herzglykoside Digoxin und Digitoxin | **Vergiftungserscheinungen:** Übelkeit, Erbrechen, Sehstörungen, Schwindel, Absinken der Pulsfrequenz, Delirium, Herzstillstand

Bis dass der Tod euch scheide

Es war Montag, mein Lieblingstag. Montag, das bedeutete Haferschleim, und nichts tat meinen strapazierten Nerven so gut wie bekömmlicher Haferschleim. Löffel für Löffel kehrte meine innere Sicherheit zurück, und nach dem dritten Teller fühlte ich mich endlich wieder ruhig.

Ich hasste Wochenenden, ausnahmslos alle, und die Wochenenden, die mit irgendwelchen Feiertagen zusammenfielen, waren erst recht die Hölle für mich. Am liebsten hätte ich mich bereits Freitagabend im Waschkeller verbarrikadiert und einfach auf den Montag gewartet, aber Egon, meinem Mann, würde das bestimmt nicht gefallen haben. Siebenundfünfzig Jahre lebten wir nun schon Seite an Seite, und nie war mir die Zeit in seiner Nähe lang geworden, nie hatte ich einen anderen begehrt, nie an unserer Ehe gezweifelt, nie war ein böses Wort über meine Lippen gekommen. Egon war mein erster Mann gewesen, und er würde auch mein einziger bleiben.

Dass uns keine Kinder beschieden waren, hatte uns eine Zeit lang zwar ziemlich betrübt, aber letztlich erkannten wir sogar die Vorteile darin, etwa dass uns so mehr Zeit füreinander blieb. Und seit Egon pensioniert war, hatte ich ihn ganz für mich alleine.

Außer an den Wochenenden. Da konnte es vorkommen, dass irgendwelche Leute in Form von Verwandten, Bekannten oder ehemaligen Arbeitskollegen ungebeten vor unserer Tür standen, um unser Wohnzimmer zu bevölkern. Nicht dass ich prinzipiell etwas gegen diese Menschen hatte, einige von ihnen wären mir anderswo und zu einer anderen Zeit vielleicht sogar sympathisch gewesen, aber zu Hause brachten sie meinen geordneten Tagesablauf völlig durcheinander, stießen meine akribische Planung um, setzten sich locker plaudernd über meine eingefleischten Rituale hinweg und machten sich wahrscheinlich insgeheim auch noch lustig über meine sichtbare

Verwirrtheit, die gewöhnlich in Panikattacken ausartete. Eine von Egons Nichten hatte mal gemeint, ich hätte eine schwere soziale Phobie und müsse mich behandeln lassen, aber ich war ja nicht krank, andere Menschen machten mich krank. Außer Egon natürlich.

Dass ich weder freundschaftliche noch nachbarschaftliche Kontakte pflegte, verstand sich von selbst. Von meiner Verwandtschaft drohte mir diesbezüglich ohnedies keine Gefahr, denn sie beschränkte sich auf meine Schwester Edeltraud, die ihr Leben bereits in jungen Jahren ganz in den Dienst des Herrn gestellt hatte. Und da sie unverändert auf den Wegen Gottes wandelte, kreuzte sie die meinen beruhigenderweise nur sehr selten.

Auf Egons Familie traf das leider nicht zu. Zwei Brüder, vier Schwestern, alle fruchtbar, Kinder und Kindeskinder und was sonst noch so dazugehörte. Und immer hatte einer von ihnen ganz zufällig in unserer Nähe zu tun. Bereits beim Gedanken an derartige Heimsuchungen fühlte ich dieses dumpfe Pochen in der Brustgegend, den kalten Schweiß und die Angst, an der ich nach und nach zu ersticken drohte.

Schon als kleines Kind hatte ich großen Wert auf einen strikt geregelten Lebenslauf gelegt und jede Abwechslung ängstlich gemieden. Den Reizen der großen weiten Welt konnte ich ebenso wenig abgewinnen wie der sich ständig wandelnden Mode. Vierzig Jahre lang hatte ich am selben Ort meinen Urlaub verbracht, vierzig Jahre lang die Zahnpasta derselben Marke verwendet. Und wenn sich das mittlerweile geändert hatte, dann allein aufgrund biologischer Gegebenheiten. Reisen fand ich in meinem Alter zu anstrengend, und dritte Zähne bedurften keiner Zahnbürste. Doch meine Liebe zur ständigen Wiederkehr des Gleichen war nach wie vor ungebrochen. Was anderen als Zeichen einer wachkomatösen Existenz erschien, erfüllte mich mit fortwährenden Glücksgefühlen.

Und deshalb genoss ich meinen montäglichen Haferschleim so sehr. Der cremig-hellbraune Brei signalisierte Entwarnung; bis zum nächsten Wochenende war der Ausnahmezustand wieder aufgehoben, und ich konnte mich meinen Tagesabläufen ungestört und ganz nach Plan widmen.

Am Dienstag gab es dann Kartoffelpüree mit Würstchen und mittwochs gedünsteten Karfiol. Der Blumenkohl war ein Neuzugang in unserer wöchentlichen Speisenfolge, eine Notlösung, die wir eingeführt hatten, um den traditionellen Spinat zu ersetzen. Wobei wir das grüne Gemüse durchaus mochten, doch die Flecken auf dem Tischtuch hatten uns regelmäßig jeden Genuss verdorben. Spinattag war Mittwoch gewesen und Waschtag erst Samstag. Dagegen hatten wir etwas unternehmen müssen, denn es war unzumutbar, tagelang auf ein grün geflecktes Tischtuch zu starren.

Donnerstag kam unverändert Polenta auf den Teller, und Freitag gab es Wurstnudeln. Unser Samstagsmenü bereicherte den Speiseplan zwar auch erst seit sieben Jahren, aber mittlerweile hatten wir uns einigermaßen daran gewöhnt. Früher hatte es samstags immer Reissuppe gegeben, aber die Reiskörner blieben uns so oft unter den dritten Zähnen kleben, dass wir gezwungen waren, auf eine Alternative zu sinnen. Die wir im Grießbrei gefunden hatten, mit Schokostreuseln obendrauf. Sonntag, am Tag des Herrn, kochte mein Mann. Sauerkraut mit Selchfleisch. Sommers wie winters.

Außenstehende äußerten sich meist abfällig über unsere feste Menüfolge, allerdings ohne je deren Vorteile bedacht zu haben. Wir brauchten weder Kochbücher zu wälzen noch Einkaufszettel zu verfassen; zudem musste unser Essen sowieso viel zu vielen Anforderungen genügen, um einfach einer Rezeptsammlung entnommen zu werden. Wir hatten schließlich Monate damit zugebracht, jedes einzelne Kriterium auf Alltagsverträglichkeit zu überprüfen.

Auf meinen Teller kam nur, was löffeltauglich war. Messer und Gabeln stellten in unserem Alter – immerhin waren wir beide schon um die achtzig – potenzielle Gefahren dar, und je mehr Besteck wir benutzten, desto mehr Abwasch fiel an. Was den Verbrauch an Wasser und Spülmittel in die Höhe trieb. Außerdem mussten die dritten Zähne geschont werden. Unsere

Gebisse waren sündhaft teuer gewesen und wurden deshalb nur am Wochenende eingesetzt, wenn es Selchfleisch gab oder Besuch kam.

Damit nicht genug, stellte natürlich auch mein Mann hohe Ansprüche an unsere Mahlzeiten.

Sie mussten eine kurz bemessene Garzeit haben, denn Egon legte Wert auf Sparsamkeit, sowie einen hohen Sättigungsgrad. Um in den Genuss von Mengenrabatt zu kommen, war es zudem angebracht, die Zutaten stets für mehrere Wochen im Voraus zu kaufen; jahreszeitabhängige Produkte kamen deshalb ebenso wenig in Frage wie leicht verderbliche Ware, denn eine Kühltruhe besaßen wir nicht. Egon fand, der Stromverbrauch eines solchen Gerats stehe in keinem Verhältnis zu seinem Nutzen, und damit hatte er sicher recht, denn er verstand was von diesen Dingen. Nur dank seiner klugen Planung konnten wir im Laufe der Zeit ein hübsches Sümmchen zur Seite legen, mit dem wir uns vor drei Jahren den Traum unseres Lebens erfüllt hatten: das eigene Familiengrab.

Den Tag, an dem ich meine letzte Ruhestätte das erste Mal umrundet hatte, werde ich nie vergessen. Vor lauter Glück und Stolz hatte ich sogar Tränen vergossen.

Diesen Luxus hatten wir uns wirklich hart vom Mund abgespart. Seit mehr als zwanzig Jahren lebten wir ohne Fernsehgerät. Da es mit unseren Augen ohnedies nicht mehr zum Besten stand, rückten wir abends einfach unsere Stühle an die Wohnzimmerwand und lauschten der Stimme des Nachrichtensprechers, die aus der Nachbarwohnung drang. Das genügte. Wir mussten die Gräuel nicht auch noch sehen, die Tag für Tag die Welt und unsere Nachbarn in Atem hielten. Selbst Tageszeitungen kauften wir längst keine mehr. Wenn es dunkel wurde, schlich sich Egon einfach in den Hof und kramte die gelesenen Exemplare aus der Altpapiertonne. Ärgerlich war dabei nur, dass einige sich nach wie vor über die Mülltrennordnung hinwegsetzten und die Zeitungen in den Container für den Kompost stopften. Nur weil der zuvorderst stand. Dann musste Egon erst die Kartoffelschalen und Wursthäute herunterklauben, und manchmal ging dabei eine ganze Seite kaputt, was bei zweiseitigen Geschichten recht störend war. Einige Hausbewohner wiederum warfen ihre Zeitungen überhaupt erst nach einem ganzen Monat gesammelt weg. Aber das störte uns weniger. In unserem Alter spielte es wirklich keine Rolle mehr, wenn die Schlagzeilen schon vorgestrig waren. Das waren wir ja letztlich auch.

Früher einmal, als Egon noch gearbeitet hatte, da hatte ich mich auf der Suche nach Lesestoff oft selbst durch den Müll gewühlt, aber die Zeiten hatten sich geändert, und heute bewies er täglich das bessere Händchen bei der Auswahl unserer abendlichen Lektüre. Früher war ich ja auch Handarbeiten recht zugetan gewesen, doch irgendwann hatte Egon gemeint, dass die Ersparnis durch selbst gestrickte Socken vom Energieverbrauch der Hundert-Watt-Glühbirnen wieder wettgemacht würde. Womit er vermutlich recht hatte, denn er kannte sich ja wie gesagt aus mit diesen Dingen.

Ich gab das Stricken also auf. Bücher und Kreuzworträtsel liebte ich allerdings nach wie vor. Wenn man die Lösungen mit Bleistift eintrug und sie später wieder ausradierte, konnte man sie fast unbegrenzt verwenden. Und was die Bücher betraf, hatte ich sowieso nur drei Lieblingsautoren, deren Werke ich immer wieder las. Da wusste ich wenigstens, was mich erwartete. Ein neues Buch hätte mich nur verunsichert. Ich genoss es, in Gedanken dem Geschehen vorauseilen und mich innerlich schön langsam auf den Schluss einstellen zu können.

Abends, wenn Egon nicht zu müde war, saßen wir zusammen und lasen. Um keine unnötige Energie zu verschwenden, besaßen wir nämlich nur zwei Glühbirnen, von denen eine je nach Bedarf in Küche, Schlaf- oder Wohnzimmer ein- und ausgeschraubt wurde. Die andere hing dauerhaft im Badezimmer, denn unser Versuch, auch dort eine Wechselbirne zu benutzen, war an der Dringlichkeit gescheitert, zu der uns unsere mittlerweile recht schlaffen Schließmuskeln oft zwangen.

Doch diese ganzen teilweise drastischen Maßnahmen nahmen wir gerne in Kauf, denn sie verblassten angesichts der

Freude, die uns jedes Mal überkam, kaum betraten wir den Friedhof. In der dritten Gräberreihe links, neben einer Bank und im lauschigen Schatten einer Trauerweide, lag unsere zukünftige letzte Ruhestätte, auf deren prunkvollem Grabstein aus blassbraunem Marmor bereits unsere strahlenden Gesichter verewigt waren. Bei der Bildauswahl hatten wir lange überlegt, uns schlussendlich jedoch für das Hochzeitsfoto entschieden, auf dem wir so glücklich aussahen. Vor einem halben Jahr hatten wir uns sogar die dazu passende Gravur leisten können. Dort stand nun in wunderbaren goldenen Lettern: »Bis dass der Tod euch scheide«. Und so würde es auch sein.

Die blühendsten Aussichten bot meiner Ansicht nach jedoch die Bepflanzung der Grabstelle, um die Egon und ich uns gemeinsam kümmerten. Ich wählte die Pflanzen aus, setzte sie und jätete das Unkraut, mein Mann goss und düngte. Und unsere Mühen wurden stets mehr als belohnt. Über zwanzig unterschiedliche Chrysanthemenarten hatte ich heuer gepflanzt, von denen die eine Hälfte bereits in vollster Blüte stand, während die andere üppig mit Knospen bestückt war. Ich mochte diese farbenfrohen Gewächse, die gerade in der nebelverhangenen Jahreszeit so bunte Akzente setzten, oft sogar bis zum Weihnachtsfest. In Asien galten diese Korbblütler ja seit jeher als Symbol für Glück, Gesundheit, Langlebigkeit und sogar Unsterblichkeit, nicht als Todesboten wie bei uns. Außerdem schienen sie mir verwandte Seelen zu sein, kamen wie ich bestens mit der Dunkelheit zurecht, stellten keine großen Ansprüche an ihre Umgebung und gediehen ohne jede botanische Gesellschaft, also dann, wenn andere Blumen längst ihren Winterschlaf hielten.

Die silbrig glänzenden rosa oder reinweißen Nebelrosen und die herrlich duftenden chinesischen Tee-Chrysanthemen hatte ich am liebsten, aber auch die Sorten Anastasia, Bounty Blanc, Hans Schmid und Herbstkuss erfreuten mich sehr.

Zweimal wöchentlich, jeweils montags und mittwochs, begab ich mich zu ihnen, um nach dem Rechten zu sehen, dienstags und donnerstags kümmerte Egon sich um sie, die restlichen

Tage verbrachten wir oft gemeinsam an diesem friedlichen Ort, saßen auf der morschen Holzbank unter der Trauerweide und betrachteten unser letztes Domizil. Jetzt im Spätherbst war generell wenig zu tun, aber die Buchstaben auf dem Marmor brauchten in dieser feuchten und kalten Zeit mehr Pflege als sonst. Und dann war da noch das kleine Engelchen, das auf einem hohen schmiedeeisernen Kreuz thronte und schützend seine Hand über unser Abbild hielt. Eine mit Blattgold überzogene Skulptur aus Venedig; wir hatten sie im Versandhandel bestellt und dafür restlos unsere Pensionistensparstrümpfe geleert, aber ihr göttlicher Anblick war es uns wert. Außerdem hatten wir zwölf Jahre Garantie darauf. Sollte nichts Unvorhergesehenes passieren, so würden wir uns in ein paar Jahren sogar eine silberne Wolke dazu leisten können.

An einem Mittwoch, ich hatte gerade begonnen, den Karfiol zu putzen, klarte der Himmel nahezu sommerlich auf, und es wurde ungewöhnlich warm. Und das, obwohl der Oktober schon seinem Ende zuging. Ich mochte es gar nicht, wenn das Wetter sich nicht an jahreszeitliche Vorgaben hielt. Mein Kreislauf stürzte dann regelmäßig in bedrohliche Tiefen, auf dem Friedhof tummelten sich viel zu viele Menschen, und die Sommerblüher trieben erneut aus, nur um kurz darauf dem ersten Frost zu erliegen. Bereits letzten Mittwoch hatten die Temperaturen einen mittleren zweistelligen Wert erreicht, sodass wir den Karfiol mit kurzen Ärmeln und bei geöffnetem Fenster einnehmen konnten, was uns die leider unvermeidliche Geruchsbelastung bei der Verarbeitung von Kohlgemüse erspart hatte. Und die Prognosen versprachen weiterhin strahlende Aussichten. Hoffentlich begannen die Chrysanthemen nicht zu schwitzen und warfen ihre Knospen ab.

Doch meine Befürchtung erwies sich als unbegründet. Beim nachmittäglichen Lokalaugenschein zeigten die Pflanzen sich von ihrer blühendsten Seite. Keine Minierfliegen, kein Chrysanthemenrost, nicht einmal größere Spinnmilbennester waren zu sehen, ein wahrhaft erfreulicher Anblick. Besonders das unempfindliche »Bienchen« mit den zarten gelben Blüten hatte einen unglaublichen Wachstumsschub hingelegt.

»Du Brave, du«, flüsterte ich und strich ihm liebevoll über die Blätter. Ich war überzeugt davon, dass ein Teil der botanischen Pracht auf unserem Grab nur meinen aufmunternden Worten zu verdanken war. Es hieß ja nicht umsonst, dass man mit seinen Blumen reden sollte. Und ich sprach ständig mit ihnen. Könnte ich singen, ich würde ihnen sogar Lieder von Schumann vortragen, die fand ich besonders schön.

Ebenso schön verlief der Donnerstag. Die Polenta schmeckte wie stets vorzüglich, und die abendliche Ausbeute des Altpapiercontainerns hatte uns sogar zwei Hochglanzmagazine beschert. So verbrachten wir einen rundum gelungenen Tag.

Der Umschwung kam mit dem Wochenende. Bereits Freitagmittag ballten sich die ersten dunklen Wolken am Himmel zusammen, und ein kalter Wind kam auf. Der Wettergott meinte es offenbar gut mit mir. Nicht nur die kälteliebenden Chrysanthemen würden sich freuen, auch ich freute mich, denn bei diesen niedrigen Temperaturen blieben uns die üblichen Heimsuchungen durch die riesige Verwandtschaft meines Mannes bestimmt erspart. Dachte ich zumindest. Aber Alois, Egons jüngerer Bruder, fiel dennoch bei uns ein, dummerweise genau in dem Augenblick, in dem ich das Bügelbrett aufgestellt hatte. Freitags um vier musste ich bügeln, das war die einzig mögliche Zeit dafür. Später würde es zu finster sein, und früher forderte das ungespülte Geschirr sein Recht ein. Nun blockierte der Bügelladen den Weg zum Sofa, weshalb Egon und sein Bruder am Esstisch Platz nahmen, was mir überhaupt nicht passte, denn ich hatte das alte Tischtuch bereits in die Wäsche gegeben und ein neues aufgelegt, das ganz frisch gebügelt war und vor dem Wochenende nicht schmutzig werden sollte.

Ich konnte mich beim Bügeln überhaupt nicht mehr konzentrieren, weil die beiden jetzt dort saßen. Vielleicht sollte ich ihnen ja eine Tasse Tee bringen oder aber das frische Tischtuch wieder wegnehmen, aber dann würden die heißen Tassen direkt auf der Tischplatte stehen, was diese hässlichen Wasserränder hinterließ. Das Bügeleisen ständig aus- und einzustecken, denn Tee kochen und bügeln konnte ich schließlich nicht gleichzeitig, würde außerdem unverhältnismäßig viel Strom kosten. Das wiederum wäre eine glatte Verschwendung, und Egon schien so ins Gespräch mit seinem Bruder vertieft, dass er mein Dilemma gar nicht bemerkte.

Mein Gott, wie ich diese Situationen hasste. Schon standen mir die Tränen in den Augen, ich verbrannte mich am Bügeleisen und schrie auf, mein Mann wollte mir zu Hilfe eilen und stieß dabei gegen das Bügelbrett, woraufhin die ganze säuberlich zusammengelegte Wäsche auf den Boden fiel. Sein Bruder saß einfach da und lachte. Ich hasste ihn, ich hasste alle, ich …

Es brauchte ganze zwei Stamperl Baldriantropfen, bis ich mich zumindest so weit beruhigt hatte, um unfallfrei ins Bett zu gelangen, wo ich dann die ganze Nacht davon träumte, unter Wäschebergen zu ersticken.

Der darauffolgende Samstag war auch nicht besser. Er schien sich sogar mit seinem Vorgänger verbündet zu haben, denn ungeachtet der anhaltenden Schlechtwetterfront strömten gleich vier Verwandte mit nassen Kleidern, tropfenden Schirmen und dreckigen Schuhen zu unserer Wohnungstür herein. Um nicht erneut in Panik zu verfallen, beschloss ich, allein auf den Friedhof zu gehen. Die Toten machten mir weitaus weniger Angst als die Lebenden.

Doch kaum hatte ich unser Grab erreicht, erwartete mich schon der nächste Schock. Dort, wo vor ein paar Tagen noch die silbrige Nebelrose geblüht hatte, klaffte nun ein Loch. Mein Herz machte einen Sprung. Und dann noch einen, als ich feststellte, dass auch das fleißige Bienchen fehlte, eine weitere meiner Lieblingschrysanthemen.

Vandalen! Diebe! Grabschänder!

Entsetzt ließ ich mich auf die morsche Holzbank fallen und

starrte auf die Misere. So was hatte es doch früher nicht gegeben. Leute, die einfach Gräber plünderten, die Zeiten wurden wirklich immer schlimmer.

Über eine Stunde lang saß ich auf der Bank und rang nach Luft. Dann schlich ich verzweifelt nach Hause. Wir konnten uns doch nicht rund um die Uhr auf die Lauer legen, um einen Chrysanthemendieb zu stellen. Selbst wenn wir ihn auf frischer Tat ertappten, was sollten wir zwei altersschwache Gestalten schon ausrichten? Und der Polizei würde der Diebstahl zweier Blumenstöcke nicht einmal eine Aktennotiz wert sein, dessen war ich mir fast sicher.

Daheim – Onkel, Tante und die beiden Neffen waren Gott sei Dank bereits im Aufbruch – brach ich in Tränen aus. Erst nach einer Tasse Melissentee und einigen Heulkrämpfen hatte ich mich ausreichend gefasst, um Egon in verständlichen Worten von der Gräueltat zu berichten. Hier handelte es sich ja nicht nur um Diebstahl, sondern auch um Besitzstörung und, zumindest symbolisch, auch um eine Störung der Totenruhe.

Mein Mann war gleichfalls entsetzt. Er sprang auf, wühlte in der Tischschublade herum und zog einen Zettel heraus. »Da. Chrysanthemum x hortorum, ›Nebelrose‹, hat zweiundzwanzig Euro gekostet, und das war eine Aktion damals, mit minus zwanzig Prozent, wenn ich mich recht erinnere. Und hier, das Bienchen hat auch dreizehn Euro gekostet. Macht insgesamt fünfunddreißig Euro. Eine Sauerei ist das.«

Doch so groß unsere Empörung auch war, so klein schienen uns die Möglichkeiten, weitere Diebstähle zu verhindern.

»Es ist bestimmt nur wegen Allerheiligen, da hat noch jemand auf die Schnelle einen Blumenstock gebraucht«, suchte Egon mich zu trösten. »Nach Allerseelen ist die Gefahr bestimmt gebannt.«

»Und wenn nicht?«

»Dann werden wir in Zukunft nur noch Plastikblumen hinstellen. So wie viele andere auch.«

Aber davon wollte ich nichts hören. Eine Pflanze musste leben, besonders auf einem Friedhof. Tote Gewächse für tote

Menschen, nein, das ging überhaupt nicht. Außerdem gefiel mir die Vorstellung, dass aus verrottetem Gebein neues Leben erwuchs, viel zu gut. Leider hatte mein Mann ein weitaus weniger inniges Verhältnis zu botanischen Wiedergeburten und blühenden Schönheiten als ich. Um Geld zu sparen, würde er durchaus auf deren Reize verzichten, fürchtete ich. Daher schien der Schutz der Grabblumen einzig und allein mir zu obliegen.

Stundenlang lag ich wach und dachte nach. Wie sollte ich Blumen gegen Diebstahl sichern? Ich konnte die Pflanzen ja nicht mit Fahrradschlössern an den Grabstein ketten. Oder eine Überwachungskamera aufstellen. Wobei ich mich mit derart modernem Gerät ohnedies nicht auskannte, wusste ich doch nicht einmal mit einem dieser kleinen Telefone umzugehen, mit denen die Leute heutzutage ständig herumrannten.

Am nächsten Morgen fühlte ich mich, als hätte man mein Gehirn durch einen Fleischwolf gedreht. Ich hatte die halbe Nacht kein Auge zugetan und war erst am frühen Morgen in einen unruhigen Schlaf gefallen.

Egon stellte bereits das Mittagessen auf den Tisch, als ich endlich in die Gänge kam. Rasch holte ich Besteck und Servietten. Schließlich war Selchfleischtag, da brauchten wir Gabel und Messer. Und auf einmal hatte ich eine Idee.

Doch kaum wollte ich meinem Mann davon erzählen, läutete es an der Tür. Mittägliche Sonntagsbesucher empfand ich als doppelt unangenehm. Erstens störten sie unsere Feiertagsruhe, was schon schlimm genug war, und zweitens auch noch genau zur Essenszeit.

»Komm rein, Luis«, hörte ich Egon sagen. Seit sein jüngerer Bruder geschieden war, schneite er uns immer öfter ins Haus.

Und diesmal brachte er mich nicht nur um die friedvolle Stimmung bei Tisch, sondern in gewisser Hinsicht auch um die Liebe meines Lebens. Doch das wusste ich zu diesem Zeitpunkt natürlich noch nicht.

Da Luis nicht nur seine Frau, sondern auch seine Wohnung verloren hatte, wollte mein Mann ihm just an diesem Sonntag beim Aus- und Umzug helfen.

»Es wird spät werden, Liebes, warte nicht auf mich«, meinte er zum Abschied. Und schon war er fort.

Enttäuscht räumte ich die Teller ab. Es war weder Zeit geblieben, um ihm von meiner genialen Idee der Chrysanthemensicherung zu erzählen, noch konnte er mir nun bei deren Umsetzung helfen. Ich musste mich wohl oder übel allein an die Arbeit machen, wollte ich keine weiteren Verluste riskieren.

Vorsichtig packte ich die Garten- und Grabraubutensilien in meine Einkaufstasche und machte mich auf den Weg.

Der Plan mit den Messern erschien mir einfach perfekt. Auf dem Friedhof waren die scharfen Dinger wenigstens zu etwas gut, bei uns zu Hause lagen sie bis auf die zwei Sonntagsmesser sowieso nur in der Besteckschublade herum; aber mit der Spitze nach oben ins Erdreich gesteckt würde sich jeder potenzielle Blumendieb ins eigene Fleisch schneiden. Ich war begeistert von meiner genialen Idee. Ein bisschen Erde drübergestreut und die Tarnung war perfekt.

Egon würde Augen machen. Und hoffentlich ein klein wenig stolz auf mich sein, wie schnell und vor allem wie günstig ich eine Lösung für dieses Problem gefunden hatte.

Kurz bevor es dunkel wurde, war ich wieder daheim. Und wartete auf meinen Mann. Es war schon fast neun Uhr, Nachbars Nachrichten waren längst vorüber, und ich fühlte mich zunehmend müder. Aber solange ich Egon in Begleitung seines Bruders wusste, machte ich mir zumindest keine großen Sorgen um ihn. Luis hatte ein Auto. Er würde ihn bestimmt nach Hause zurückfahren. Mit diesen einigermaßen beruhigenden Gedanken schlief ich ein.

Doch am nächsten Morgen war mein Mann immer noch nicht von seinem Bruder zurück. Dabei war es Montag, mein Lieblingstag, aber ohne Egon an meiner Seite fühlte sich alles etwas weniger schön an als üblich. Warum musste Luis ihn auch so oft und lang in Beschlag nehmen, dachte ich bekümmert, während ich am Herd stand und den Haferschleim fürs Mittagsmahl rührte. Draußen fegte ein heftiger Wind über die Landschaft, doch in meinen eigenen vier Wänden fühlte ich mich einigermaßen geborgen. Nur die Bedenken um Egons Wohlergehen wuchsen mit jeder Stunde. Ich mochte es gar nicht, wenn er bei diesem Unwetter unterwegs war. Die Gefahren auf der Straße waren nicht zu unterschätzen, und sollte der Wind sich zu einem richtigen Sturm auswachsen, musste man mit dem Schlimmsten rechnen. Schindeln konnten vom Dach fallen, Bäume umstürzen, Lenker die Kontrolle über ihr Fahrzeug verlieren; das Risiko lauerte schlichtweg überall. Aber mein Gatte war zum Glück ein umsichtiger Mensch. Bestimmt würde er vor dem Gröbsten wieder bei mir sein. Und einen ordentlichen Hunger haben.

Da Egon letztlich über eine gewisse Trägheit der Gedärme geklagt hatte, gab ich noch rasch vier Löffel Flohsamenpulver in den Brei. Irgendwie roch das Zeug heute anders als sonst, aber ich dachte mir nichts dabei. Wir waren beide ein wenig verschnupft, weil wir die Heizung niemals vor dem ersten Advent andrehten.

Da klingelte es auch schon an der Wohnungstür. Wahrscheinlich – was zwar nicht oft, aber immer wieder mal vorkam – hatte Egon auf seinem Heimweg den Einkauf erledigt, war dabei auf mehrere günstige Angebote gestoßen und jetzt so beladen mit Tüten, Dosen und Flaschen, dass er nicht an die Schlüssel in seiner Jackentasche kam. Rasch schloss ich auf, arglos und ohne zuvor durch den Spion geblickt zu haben.

Aber nicht Egon stand draußen vor der Tür, sondern zwei wildfremde Personen. Sprachlos starrte ich sie an, während sich die beiden rücksichtslos an mir vorbei in den Flur drängten. Zwar gelang es mir, ein »Nein, nein, so geht das nicht« zu stammeln, doch das beeindruckte sie wenig. Vielleicht hatten sie mich auch gar nicht verstanden.

Angst kroch in mir hoch. Nicht, dass ich sie für Mörder hielt oder für Terroristen – dagegen sprachen ihr eher hohes Alter und ihre dezente Kleidung –, aber es waren Fremde. Mein Herz hämmerte, mein Puls raste. Ich wusste nicht, was ich tun sollte.

Die beiden standen nun am Esstisch und zogen einen Stapel dicker Hefte aus einer Aktenmappe. Dann begannen sie zu sprechen. Vermutlich hatten sie sich sogar vorgestellt, aber panisch, wie ich war, bekam ich kaum etwas mit.

»Glauben Sie an das ewige Leben?«, wollten sie schließlich von mir wissen. Und: »Haben Sie schon einmal an Ihren eigenen Tod gedacht?«

Der Schweiß brach mir aus allen Poren. Vielleicht waren das ja die Grabräuber? Warum fragten sie mich das? Woher wussten sie von unserer letzten Ruhestätte? Ich hatte die beiden noch nie zuvor gesehen!

Auf einmal spürte ich einen furchtbaren Druck im Kopf, der sich über den Bauch bis zur Blase ausbreitete. Ich rannte auf die Toilette, verriegelte die Tür und ließ mich auf die Klobrille fallen. Dann bekam ich einen Nervenzusammenbruch.

Als ich wieder einigermaßen bei Sinnen war, lag ich im Bett, und die beiden Eindringlinge waren verschwunden. Vorsichtig erhob ich mich und ging ins Wohnzimmer. Auf den ersten Blick schienen sie zumindest nichts mitgenommen zu haben, auf den zweiten bemerkte ich, dass sie stattdessen etwas dagelassen hatten. Auf dem Tisch lagen diverse Broschüren mit einem komischen Turm auf dem Deckblatt. Und daneben ein Zettel mit Egons Handschrift. »Bin auf dem Friedhof, ruh dich aus. Haferschleim hat nach Pfeffer geschmeckt.«

Ach, wie ich meinen Mann liebte. Offenbar war er in der Zwischenzeit heimgekommen, hatte meinen Zusammenbruch bemerkt und mich zu Bett gebracht. Nach meinen Panikattacken konnte ich mich leider nie an etwas erinnern, doch Egons offensichtliche Sorge um mich rührte mich jedes Mal zu Tränen. Nur die Sache mit dem Pfeffer verstand ich nicht.

Ich ging in die Küche, brühte mir eine Tasse Johanniskrauttee auf und kostete den Haferschleim.

Oh Gott, Egon hatte recht. Der Brei schmeckte grauenvoll, allerdings nicht nach Pfeffer, sondern nach Muskatnuss. Offenbar hatte ich während der Zubereitung nach dem falschen Gewürzglas gegriffen. Wie dumm von mir. Und ich hatte ganze vier Esslöffel reingerührt. Dennoch hatte mein Mann den halben

Topf leer gegessen und sich dadurch möglicherweise in Lebensgefahr begeben. Angeblich galt bereits das Pulver einer halben Nuss als tödliche Dosis, das hatte ich erst in der Vorwoche in diesem Hochglanzmagazin aus dem Altpapier gelesen. Und Rauschzustände, Ohnmachts- und Schwindelanfälle riskierte man außerdem.

Auf einmal fielen mir auch die Messer wieder ein. Egon wusste doch noch gar nichts von meinem cleveren Schachzug zur Abschreckung von Grabräubern, weil er die ganze Zeit über bei seinem Bruder gewesen war. Ach, dieser Luis! Wegen seiner Scheidung und des damit verbundenen Umzugs hatte ich keine Gelegenheit gehabt, meinen Mann vor den Gefahren zu warnen, die in der Friedhofserde lauerten. Und wenn er nun ohnmächtig wurde? Und fiel?

Ich musste zu ihm.

Dem Himmel sei Dank lag der Friedhof gleich um die Ecke. In zehn Minuten war ich dort, meine absolute Bestzeit, seit ich einen Rollator verwenden musste. Auf dem Gottesacker herrschte wie stets Totenstille. Ohne nach links oder rechts zu blicken, schob ich mich durch die Gräberreihen. Nie zuvor war mir der Weg so endlos lang vorgekommen. Endlich erreichte ich unsere letzte Ruhestätte. Und meinen Mann. Er lag bäuchlings auf dem Boden, das Gesicht in meiner messerbewehrten Blumenerde. Der Aufprall musste sehr heftig gewesen sein, denn nun bemerkte ich auch seine rechte Hand. Sie war ganz rot, und aus dem Handrücken ragte eine spitze Klinge hervor.

Dann begann sich die geweihte Erde zu drehen, und der goldene Engel flog immer schneller auf mich zu. Aber heute ist doch Montag, war mein letzter Gedanke.

Muskatnuss, Myristica fragrans (giftig)

Halluzinogene Tigermilch, riskanter Nervenkeks

Klein, aber oho! Das gilt für die Muskatnuss mit ihren vielfältigen »inneren« Werten. Zwar kam diese aromatische Beere erst im Mittelalter nach Europa, ist seit damals aber nicht mehr aus der heimische Küche oder einer naturnahen Hausapotheke wegzudenken. Ohne sie wäre Kartoffelbrei eine betrüblich fade Angelegenheit. Und die meisten Suppen auch. Zudem hat Otto Normalverbraucher seitdem stets ein probates Mittel gegen Potenzprobleme, Durchfallerkrankungen und Bronchialkatarrh zur Hand, ohne, wie im Mittelalter, gleich eine halbe Kuh dafür berappen zu müssen.

Die würzige Samenkugel sorgt aber nicht nur für guten Geschmack, sondern auch für gute Laune – sofern man Vorsicht und Fingerspitzengefühl beweist. Nicht so wie Hildegard von Bingen mit ihren legendären Nervenkeksen, welche »die Bitterkeit des Herzens und des Geistes dämpfen und die stumpfen Sinne öffnen sollten«. Laut (möglicherweise falsch weitergegebenem) Rezept mit fünfundvierzig Gramm (!) geriebener Muskatnuss auf ein Kilo Dinkelmehl. Eine derartige Menge würde heute bereits unter die Suchtmittelverordnung fallen, denn bereits Mengen ab fünf Gramm gelten als toxische Dosis. Mit entsprechenden Folgen wie Schweißausbrüchen, Herzrasen, Todesangst, Halluzinationen, Delirium und – sollte die Naschkatze gerade schwanger sein – auch dem Verlust des Fötus. Immerhin galt die Muskatnuss jahrhundertelang als effizientes Abortivum und hat dabei zu zahlreichen Todesfällen von Mutter und Kind geführt. Über die gesunden Stränge hat man bis vor gar nicht langer Zeit aber auch in Österreich geschlagen, wo es als trendig galt, mit Rum und Muskat versetzte »Tigermilch« zu trinken. Zum Glück ist diese offenbar ländliche wie kostengünstige Variante von Ecstasy mittlerweile aus der Mode gekommen. Ein paar Gläser berauschender Muskatellerwein sind da eindeutig die bessere Alternative für einen gelungenen Abend.

Info: immergrüner, bis zu 20 m hoher Baum mit kegelförmiger Krone. Weibliche Bäume entwickeln fleischige, marillenartige Früchte, die platzen und den Samen (Muskatnuss) freigeben. | **Inhaltsstoff:** Myristicin | **Vergiftungserscheinungen:** Schwindel, Delirium, Angina pectoris, Verlust von Seh- und Sprechvermögen, geistige Verwirrtheit bis hin zur Psychose, Herzrasen, Abortus, Tod. Die Wirkung wird durch Alkohol verstärkt und tritt oft erst Stunden nach Einnahme auf.

In Gottes Namen

Trübes, von dicken Milchglasscheiben gedämpftes Morgenlicht fiel ins klösterliche Skriptorium, wo ein kleiner Junge saß, den schmächtigen Körper tief über die Heilige Schrift gebeugt. Mit zusammengekniffenen Augen, schweißnassen Händen und klopfendem Herzen kämpfte er sich Wort für Wort durch den lateinischen Text vor ihm. Nach dem nächtlichen Morgengebet, der Matutin, und den Laudes, an denen jeder Klosterzögling unaufgefordert teilzunehmen hatte, trennten sich üblicherweise die Wege der Kongregation. Einige zogen sich zur Meditation zurück, einige widmeten sich der Haus- und Gartenarbeit, einige flanierten mit gefalteten Händen durch den idyllischen Kreuzgang, und einige der sieben Waisenknaben, die sich in kirchlicher Obhut befanden, spielten Fußball auf der Wiese. Nur er durfte nicht raus. Wegen seiner Schwachbrüstigkeit, hatte der junge Pater gesagt und ihm dabei mit scheinheiliger Fürsorglichkeit über den Kopf gestrichen. Statt Frischluft und Freunden wurde der Junge zur Lectio divina, der göttlichen Schriftbetrachtung, gezwungen, eine äußerst schmerzhafte Sache, die über himmlische Prophezeiungen direkt in den ersten Kreis der Hölle führte.

Zuvor galt es allerdings, eine stets unterschiedlich lange Zeit im Fegefeuer zu verharren. Schleppend plagte er sich Wort für Wort durch das Johannes-Evangelium. Der lateinische Text verschwamm dem Buben vor Augen, während er mit jeder Minute, die ereignislos verstrich, ein wenig mehr Hoffnung schöpfte, dass der furchtbare Kelch an ihm vorübergehen würde. Was manchmal der Fall war und manchmal auch nicht. Es hing alles von der Tür ab. Blieb diese die ganze Lesestunde über geschlossen, war es ein guter Tag, ging die Tür aber auf, dann gnade ihm Gott, denn sein Abgesandter auf Erden tat es nicht.

Mit festen Schritten betrat der Pater dann den Raum, umflattert von seiner schwarzen Soutane, und betrachtete seine Beute wie die Schlange das Kaninchen.

Langsam kam er näher, jeder Schritt auf dem Marmorboden dröhnte dem Buben in den Ohren wie die Posaunen von Jericho.

»Es ist an der Zeit, wieder etwas gemeinsam zu lesen, *lectio certa prodest*«, – planmäßiges Lesen nützt –, wandte er sich mit psalmodischer Stimme an den Buben, der umgehend in eine Schockstarre fiel. Und mit einem diabolischen Lächeln fügte er hinzu: »Du weißt ja, *varia delectat.*« Variationen erfreuen.

Immer näher kam die schwarze Gestalt, umweht von einer olfaktorischen Mischung aus Weihrauch, Männerschweiß und Patschuli, die anderswo bestimmt unter das Betäubungsmittelgesetz gefallen wäre.

Der Bub verharrte reglos, die kleinen Finger zu Fäusten geballt, der Mann trat auf ihn zu, zog das heilige Werk zu sich und schlug es an einer neuen Stelle wieder auf.

»Das Johannes-Evangelium hast du ja bestimmt schon brav gelernt?«, fragte er mehr in den Raum hinein als den Buben, der eilig nickte. »Dann wenden wir uns nun Psalm 23,4 zu.«

Der eher an weltlichen als an geistigen Sphären interessierte Pater begann zu lesen, während seine Hand von den Zeilen des dicken Buches immer näher zum Körper des mageren Buben wanderte. *»›Nam et si ambulavero in valle umbrae mortis, non timebo mala, quoniam tu mecum es. Virga tua et baculus tuus, ipsa me consolata sunt.‹«* Erwartungsvoll sah er den Knaben an, leckte sich aufgeregt über die Lippen und genoss die Vorfreude auf eine private Auferstehung im Lendenwirbelbereich.

Der Junge hingegen schwieg und biss die Zähne zusammen. Sein Gehirn befand sich im Schleudergang, im Hals saß ihm ein Frosch, und vor lauter Angst hätte er sich beinahe in die Hosen gemacht. Rasch bohrte er eine Runde in der Nase. Das beruhigte ihn, nicht aber den Pater.

»In der Nase bohrt man nicht«, herrschte der ihn an. »Übersetz jetzt endlich.

»Und wenn ich …«, begann der Bub, dann folgte – wie meist – ein akuter Gehirnstillstand.

Der Geistliche lächelte. Ein siegesgewisses Lächeln, das den Jungen völlig lähmte.

»Na, dann werde ich es dir sagen«, meinte er, eine Hand auf dem gesenkten Kopf des Jungen, eine Hand an seinem glänzenden Hosenknopf. »›Muss ich auch wandern in finsterer Schlucht, ich fürchte kein Unheil; denn du bist bei mir, dein Stock und dein Stab geben mir Zuversicht.‹«

Und dann bekam der Junge Stock und Stab zu spüren, aber Zuversicht stellte sich keine ein. Nur Angst, Ekel und Hilflosigkeit.

Kasper saß am Küchentisch, wie stets mit dem Rücken zur Wand, und bohrte gedankenverloren in seiner Knollennase. Neben ihm stand eine Tasse Filterkaffee, ohne Milch und Zucker, vor ihm lag die Tageszeitung, zu deren Lektüre ihm noch ein paar Vorkehrungen fehlten. Aber der dürre Mittfünfziger hatte keine Eile, konnte sich noch stundenlang seiner anerzogenen Frühstücksstarre hingeben, da weder Arbeit noch Erledigungen oder gar Freunde auf ihn warteten. Kurz gesagt, er hatte alle Zeit der Welt, wusste aber nichts mit ihr anfangen, seit man ihn aufgrund psychischer Probleme in den Vorruhestand geschickt hatte – eine betriebswirtschaftliche Entscheidung, die seine Dienstgeber vermutlich mehr gefreut hatte als ihn selbst. Kaspers Glückshormone dümpelten bereits seit seiner Kindheit im Promillebereich herum, denn sein Emotionsminimalismus tolerierte nur ein Gefühl, und das war Angst. Eine Angst, die an milchig weiße, klebrige Substanzen gekoppelt schien. Selbst der Anblick von Kaffeesahne oder Käsesoße rief in ihm schwerste Panikattacken hervor, und weder er noch die Ärzte konnten sich diese ungewöhnliche Phobie erklären. War die trübe Substanz dann auch noch mit bestimmten Gerüchen behaftet, verfiel er in Schnappatmung, fuchtelte mit seinen langen Armen in der Luft herum, als wollte er Flugsaurier oder Hornissenschwärme vertreiben, und begann, am ganzen Körper zu zittern. Dazu stieß er unartikulierte Kampfschreie aus, während sein Gesicht röter wurde als das Kommunistische Manifest und der Blutdruck in schwindelerregende Höhen stieg. Dieser Zustand hielt meist ein paar Minuten lang an, danach flüchtete sich sein aufgewühlter

Geist samt erschöpftem Körper regelmäßig in eine Ohnmacht, aus der er – ebenso regelmäßig – mit Prellungen, Schürfwunden oder gar Knochenbrüchen erwachte. Ein arbeitszeitlicher Risikopatient und finanzieller Verlustposten für all seine bisherigen Dienstgeber, denn wenn Kasper gerade nicht unter panischen Zuständen litt, befand er sich wegen deren Kollateralschäden in Krankenstand.

Bedauerlicherweise überstieg die Zahl an milchig weißen Massen ja bei Weitem die Zahl an beruflichen Wahlmöglichkeiten. Als Hilfskraft in einem Mal- und Anstreichbetrieb hatte er schon nach wenigen Tagen den Pinsel abgeben müssen, da die Menschen eine für ihn sehr verhängnisvolle Vorliebe für eierschalen-, champagner- und cremeartige Wandfarben hatten. Seine Lehre als Bäcker und Konditor hingegen scheiterte an den weißmehlfundierten Ingredienzen, mit denen seine labile Psyche sich einfach nicht anfreunden konnte. Und für Schokoladenkuchen alleine konnte und wollte sein Konditormeister keine ganze Lehrstelle opfern. Also versuchte es Kasper stattdessen als angehende Fachkraft im Einzelhandel, wo er an der Fleischtheke nahezu drei Wochen lang vorschriftsmäßig und anfallfrei seiner Arbeit nachkam – bis der Ladeninhaber sein Angebot ausgerechnet um deftigen Schweizer Wurstsalat erweiterte. Beim Anblick der Mayonnaise stieg Kasper erst das Grauen auf, danach der brodelnde Magensaft. Von Ekel gebeutelt übergab er sich direkt auf eine mit Extrawurst und Gurkerln sorgfältig belegte untere Semmelhälfte, was ihm die sofortige Entlassung und seinen ersten Aufenthalt in der geschlossenen Psychiatrie einbrachte.

Aber auch die Seelenklempner dort wussten keinen Rat. Um Kaspers milchig trübe Traumatisierung zu verstehen, hätte es einen geistigen Allrad gebraucht, denn mit den üblichen therapeutischen Maßnahmen kamen sie keinen Schritt weiter. Statt irgendwelche Antworten oder Erklärungen zu geben oder zumindest ein paar Kindheitserinnerungen zu erzählen, bohrte der Patient einfach die ganze Zeit in seiner dicken Nase herum und schwieg. Wobei man keinesfalls von beredtem Schweigen reden konnte. Es schien eher, als wären Sprechwerkzeuge und Gehirnfunktionen gleichermaßen in eine Art wachkomatösen Zustand gefallen. Nach acht Sitzungen gaben die Ärzte auf, und Kasper musste sich nach einem neuen Job umschauen. Was sich schwieriger gestaltete als die legendäre Suche nach der Nadel im Heuhaufen.

Als Klempner hatte er keine Chance wegen des Silikons, das überall zum Einsatz kam, einer Ausbildung als Tischler stand der Knochenleim im Weg, Rauchfangkehrer hatten ständig mit Seifenspendern zu tun, und selbst Karosseriebauer mussten allzu oft zu schäumenden Produkten greifen. Blieb nur noch eine Beschäftigung im Innendienst, als Sachbearbeiter etwa oder in einer Telefonzentrale. Doch kaum fand Kaspar sich in einem Großraumbüro wieder, mit dem Rücken zur Tür oder gar einem Kollegen, verfiel er in breakdanceartige Zuckungen und warf mit Locher und Heftzangen um sich. Er hielt die Schatten hinter sich einfach nicht aus, und seine Arbeitgeber hielten ihn nicht aus.

Endlich, nach einer jahrzehntelangen Odyssee, bekam er einen Job als Hilfskraft in einem Gartencenter, wo er tagein, tagaus Blumentöpfe stapelte, emaillierte Rosenkugeln abstaubte, Pflanzen pikierte und wässerte und Gartenbänke zusammenschraubte. Sieben Jahre lang trug er auf diesem einsamen Posten fernab aller milchig trüben Substanzen zum Bruttoinlandsprodukt des Staates bei, dann wurde sein Arbeitsplatz aus Kosten- und Coronagründen eingespart.

Und weil Kasper zu jenem Zeitpunkt bereits die fünfzig überschritten und sein Ansprechpartner beim Arbeitsmarktservice keine Lust hatte, sich erneut mit Absagen, Rückschlägen, Unvermittelbarkeiten, Nervenkrisen, psychologischen Gutachten und Gegengutachten herumzuschlagen – freie Stellen als menschliches Versuchskaninchen in der Stressforschung gab es nirgendwo –, hatte man den Mann kommentarlos in den Vorruhestand geschickt.

Deshalb saß Kasper also hier an seinem Küchentisch und trank einen weiteren Schluck seiner schwarzen Brühe, bevor er sich langsam erhob, um alle Vorkehrungen für eine einigermaßen entspannte Zeitungslektüre zu treffen.

Erst kontrollierte er, ob die Wohnungstür auch fest verriegelt war, danach schloss er auch die Küchentür ab, schob den zweiten Stuhl vom Küchentisch unter die Türschnalle, füllte eine Salatschüssel mit Wasser, stellte diese auf den Tisch, legte ein frisches Handtuch daneben und entnahm der Besteckschublade das scharfe Filetiermesser. Zum Schluss griff er noch nach seinen selbst gemachten Beruhigungstropfen aus Melisse, Hopfen, Baldrian und einer winzigen Prise Lerchensporn – bei Erdrauchgewächsen musste man ja höllisch auf die Dosierung achten, da der Unterschied zwischen Tiefenentspannung und Leichenstarre nur ein paar Gramm betrug – und nahm einen großen Schluck direkt aus der Flasche.

Danach wagte er es endlich, die Tageszeitung aufzuschlagen. Zuerst überflog er die Schlagzeilen, die bereits wenig Gutes verhießen: »Flüchtlingslager bis auf die Zeltstangen abgebrannt«; »Hauskatze bei lebendigem Leib gehäutet«; »Sturmflut in Manila kostet Hunderte Menschen das Leben«; »Regierung streicht Förderungen für integrativen Unterricht«; »Maibaum im Zillingtal fällt Unwetter zum Opfer«; »Amoklauf vor Einkaufszentrum fordert drei Tote«; »Kanzler verklagt Sonntagspresse«; »Erhöhte Steuerbelastung ab November fix« ... Kasper bohrte erneut in der Nase, eine Entspannungstechnik, der er sich seit seiner Kindheit bediente und die ihn immer noch kurzfristig beruhigte, wenn er nicht wusste, was er denken oder tun sollte. Ausgewachsene Männer griffen sich in solchen Situationen zwar meist an die Eier und nicht ans Riechorgan, doch sein Genitalbereich war Sperrgebiet für ihn.

Nach der erfolgreichen Bohrung tauchte er beide Hände minutenlang in die zum Waschbecken umfunktionierte Salatschüssel, bevor er sie sorgfältig abtrocknete. Die tägliche Zeitungslektüre verlangte ihm herkulische Kräfte ab, seine Nerven waren stets bis aufs Äußerste gespannt und seine Hände spätestens bei Seite sechs oder sieben mit einer dicken Schicht Angstschweiß bedeckt. Was aber weniger an den stets schlechten Nachrichten lag – Kasper wusste von klein auf, dass die Welt ein übler Ort und das Leben ein Jammertal war –, sondern an den Gespenstern, die seiner Erfahrung nach hinter jeder Tür lauerten und über ihn herfallen konnten, sobald er zu lesen begann. So wie sie es jahrelang getan hatten. Daher saß er nur mit dem Rücken zur Wand und einem Messer zur Hand bei Tisch.

Er seufzte, leerte seinen mittlerweile kalten Kaffee und spürte einen ganz kurzen Moment lang den bitteren Nachgeschmack früherer Zeiten im Mund. Zwar behandelte er seine Erinnerungen generell so wie die Mafia ihre Mordopfer – erst bis zur Unkenntlichkeit verstümmeln und dann mit Zementblöcken an den Beinen zur Endlagerung in einem tiefen, dunklen Gewässer ablegen –, aber hin und wieder tauchte doch ein Bruchstück seiner schrecklichen Vergangenheit auf, das sich nicht rasch genug wieder runterschlucken ließ und ihm dann tagelang im Magen lag.

Doch an diesem Tag wähnte er sich auf der sicheren Seite und blätterte vorsichtig weiter.

In der Südsteiermark verursachte der Maiswurzelbohrer große Schäden auf den Feldern, in Bayern kämpften sie gegen den Borkenkäfer im Wald, und die Tiroler hatten es auf die Wölfe in den Bergen abgesehen. Er zuckte die Schultern. Das Schicksal von Maiskolben, Hochstammgewächsen oder wolligen Nutztieren schien ihm auch nicht schlimmer als sein eigenes.

Nun fehlten ihm nur noch die Kultur- und Sportnachrichten sowie das Fernsehprogramm, dann hatte er den schlimmsten Teil des Tages hinter sich. Die tägliche Leseeinheit kam für Kasper ja einem nahezu übermenschlichen Kraftakt gleich. Einerseits mochte er die kleinen und großen Meldungen aus einer Welt, an der er im Grunde nicht teilhaben konnte, andererseits überkam ihn, kaum wollte er sich in einen Text vertiefen, ein unerklärliches Gefühl von Bedrohung. Und die Gefahr lauerte draußen vor der Tür, das spürte er.

Dennoch quälte er sich mit klammen Fingern weiter durch den kleinformatigen Boulevard, die Augen aufs Papier fixiert, die Ohren auf die Tür gerichtet, und bei den Kritiken zur neuesten Staatsopernpremiere atmete er zum ersten Mal ein klein wenig auf. Nichts war geschehen, niemand hatte ihm ein Leid angetan.

Er holte tief Luft, überflog rasch die Ergebnisse der Bundesliga, verweilte kurz beim Wetterbericht und beschloss sein tägliches Survivaltraining mit der Lektüre des wenig anspruchsvollen Hauptabendprogramms. Und genau das hätte er nicht tun sollen, denn dort wartete eine ganz böse Überraschung auf ihn, ein Anblick, den er nie wieder vergessen würde und der sein Leben unwiederbringlich aus der trostlosen Bahn werfen sollte.

Kasper überlegte gerade, ob es sich beim »Bergdoktor« oder beim »Landlustleben« besser fernsehschlafen ließ, als er das Foto in der Anzeige bemerkte.

Oben stand in fetten Lettern: »Basenfasten – der Ausweg aus Ihrer Gesundheitskrise«, darunter prangte das Antlitz des Teufels. Er hätte es unter Tausenden wiedererkannt. Und mit dem furchtbaren Anblick kam die furchtbare Erinnerung in vollem Umfang zurück. Kasper riss die Augen auf, die Zeitung entfiel seinen Händen, sein Blutdruck schnellte in lebensbedrohliche Höhen, panisch schnappte er nach Luft, röchelte ein paarmal und fiel dann, von der Wucht der inneren Bilder überwältigt, in eine gnädige Ohnmacht, aus der er – dem Küchenteppich sei Dank – schweißgebadet, aber ohne weitere Verletzungen erst zweiundsiebzig Stunden später wiederauferstand.

Die Zeitung blieb liegen, drei Tage und drei Nächte lang, bis Kasper Nerven und Gliedmaßen wieder einigermaßen unter Kontrolle hatte. Erst dann nahm er seinen gesamten Jahresbestand an Mut zusammen und das Blatt beziehungsweise das Bild erneut in Augenschein. Aber es bestand kein Zweifel, auf dem Foto war Pater Coriolanus Helmprecht zu sehen, der Teufel im Priestergewand. Zwar hatte der Zahn der Zeit auch an ihm genagt – das einst üppige Haupthaar war einer Glatze gewichen, und anstelle der ehemals sportlich-schlanken Figur schob er ein Tonnengewölbe vor sich her –, doch davon abgesehen hatte dieser Unmensch sich ausnehmend gut gehalten. Eine himmelschreiende Ungerechtigkeit, fand Kasper, zumindest einen Rollstuhl samt Prostatakrebs hätte er sich redlich verdient gehabt. Aber Unkraut verging offenbar wirklich nicht, nur Rosen, Tulpen und Nelken schienen zu welken. Auf der viertelseitigen Anzeige stand der Pater stolz erhobenen Hauptes mitten in einem üppig blühenden Kräutergarten, ein Büschel aus Verbene, Kamille und Augentrost in der Hand, und lächelte milde in die Kamera.

»Mit Gottes Segen und himmlischen Kräutern ein gesundes Leben beginnen«, lautete die Bildunterschrift. »Pater Coriolanus Helmprecht, Klostergärtner und Kräuterpädagoge, führt Sie ein in das heilsame Reich der Pflanzen.«

Kasper erinnerte sich. Neben der Liebe zur Pädophilie hatte der Pater auch eine Leidenschaft für die Botanik gehegt. »Mein kleiner Knöterich«, hatte er Kasper gerne genannt. Oder auch: »Du mickrige Zaunrübe«, je nach Lust, Laune und Tagesverfassung. Immer größere Bruchstücke aus Kaspers Kindheit ploppten auf, ganze Schwärme an tot geglaubten Erinnerungen trieben gleich Zombies an die Oberfläche seines Bewusstseins und bohrten ihre spitzen Finger tief in seine alten Wunden. Kasper schauderte.

Ein klassisch gebildeter Mensch hätte nun völlig richtig bemerkt, dass der geplagte Mann gerade eine echte Katharsis durchmachte, also eine Art seelischer Reinigung durch die Schrecken der Tragödie – ein beliebtes psychohygienisches Allheilmittel der alten Griechen –, doch zu dieser Erkenntnis reichte Kaspers Bildung nicht. Er hatte nur Kirchenlatein und männliche Anatomie studiert, daher hielt er sich erst gar nicht damit auf, seine neue Klar- beziehungsweise Weitsicht zu hinterfragen, sondern schritt lieber gleich zur erlösenden Tat, nun, wo er endlich wusste, wie er seine Geister aus der Vergangenheit zum Schweigen bringen konnte.

Auch er musste basenfasten, sich einfach zehn Tage lang in dieses angepriesene Kloster begeben, um seiner Gesundheit endlich

Gutes zu tun – und einer anderen Schlechtes. Pater Coriolanus hatte ihm seine Kindheit zur Hölle gemacht, sodass sein ganzes späteres Leben nur noch einem Sterben auf Raten geglichen hatte – und dafür würde der perverse Gottesanbeter nun büßen.

Nie zuvor in seiner bedauernswerten Existenz hatte Kasper sich so gut, um nicht zu sagen glücklich, gefühlt wie im Moment jenes schwerwiegenden Entschlusses. Die Gespenster, die er all die Jahre nie richtig zu fassen bekommen hatte, sie standen nun vor ihm, allerdings nicht mehr schemenhaft und unsichtbar hinter der Tür, sondern greifbar, sichtbar und verdichtet zu einer einzigen Person in einem Kräutergarten. Doch nun, wo die Ursache des Schreckens in Reichweite lag, hatte sich seltsamerweise seine lähmende Angst verflüchtigt. An ihre Stelle war Hass getreten, ein prickelnder, energiegeladener und tiefgründiger Hass. Und dagegen war bestimmt ein heilsames Kraut gewachsen.

Kasper, der vorsichtshalber unter seinem Zweitnamen Friedrich angereist war, saß mit dem Rücken zur Wand im Refektorium und betrachtete sein Morgenmenü. Eine Banane, zwei Äpfel, eine Tasse Kräutertee und anstelle des üblichen Brotkorbs ein Schälchen unbekannten Inhalts, in dessen unterer Hälfte sich bereits vorverdaute Haferflocken zu befinden schienen, während obenrum eine suppenartige Substanz schwamm, die zu seinem Glück nicht milchig trüb, sondern glänzend braun mit kleinen grünen Einsprengseln war. Von dem Schälchen ging ein leicht erdiger Geruch aus. Kasper Friedrich fand, dass die Brühe aussah wie pürierter Kompost. Und so schmeckte sie auch, dennoch zwang er sich zu einer angemessenen Nahrungsaufnahme. Die hierzu nötige gute Miene zum bösen Spiel lag ihm zwar überhaupt nicht im Blut, aber er durfte keinesfalls auffällig werden oder gar Verdacht erregen. Tarnen, täuschen, runterwürgen, lautete die Devise. Mit einem etwas angestrengten Lächeln tunkte er den Löffel in die Flockenbrühe, die ein offensichtlicher Kenner der Materie am Tisch nebenan als Chia-Pudding identifizierte.

Da Kaspers Kalorienzufuhr sich gewohnheitsmäßig im mikroskopischen Bereich bewegte, hatte er mit den reduktionistischen Vorgaben des Basenfastens weitaus weniger Probleme als mit dessen dubiosen Zutaten. Die mittägliche Gemüsesuppe mit Chlorella und Gerstengras aß er dennoch ebenso unkommentiert auf wie die abendliche Rohkostplatte mit Algen und Pilzen. Wirklich schwer verdaulich kamen ihm nur die ständigen Gespräche vor, in die ihn der Mann vom Tisch gegenüber zu involvieren versuchte.

»Zum ersten Mal hier?«

»Ja.«

»Aber bei Ihrer Figur haben Sie das doch gar nicht nötig.«

»Mir stößt schon lange alles sauer auf. Ich bin schwer übersäuert.«

»Ach so. Na, dann haben Sie eine goldrichtige Entscheidung getroffen. Sie werden sehen, nach Ihrem Aufenthalt fühlen Sie sich wie ein neuer Mensch.«

Kasper nickte.

»Der Organismus wird sanft entschlackt, das Immunsystem gestärkt und die Leber entgiftet. Ganz auf natürliche Art. Ich bin schon zum fünften Mal hier und habe es nie bereut.«

Kasper gab ein anerkennendes Murmeln von sich und nahm sich einen Nachschlag von der Algenkaltschale, um Zeit zu gewinnen und Wörter zu sparen. Wenn das so weiterging, würde er seine kargen Kommunikationsreserven bald aufgebraucht haben. Aber da er keinesfalls auffallen durfte, musste er über seinen eigenbrötlerischen Schatten springen und dem aufdringlichen Menschen nebenan zumindest sporadisch Rede und Antwort stehen. Dabei konnte er Small Talk ebenso wenig leiden wie Teerosen eine Blattlausinvasion.

Beruhigenderweise hatte der Mann mit dem Sprechdurchfall noch einen anstehenden Termin für die meditative Klangschalenmassage, bei der er sein innerliches Harmoniedefizit aufzufüllen gedachte. »Das müssen Sie auch mal probieren«, meinte er enthusiastisch, »das ist entspannender als eine Woche Urlaub auf Tuvalu.«

Kasper nuschelte erneut etwas, das man mit viel gutem Willen als Zustimmung deuten konnte. Weder kannte er Klangschalen noch Inselstaaten, noch wollte er sie kennen. Er wünschte dem Mann mit einem aufgesetzten Lächeln viel Spaß, nahm einen weiteren Löffel Rohkost zu sich und erhob sich gleichfalls, kaum war sein Gegenüber aus seinem Sichtfeld verschwunden.

Mit raschen Schritten querte er das als Speisesaal adaptierte Refektorium, die Hände in den Taschen zu Fäusten geballt, und blieb erst an der Abzweigung zu den Zimmerfluchten stehen. Nie hätte er gedacht, sich freiwillig und im Vollbesitz seiner geistigen Kräfte noch einmal in klösterliche Obsorge zu begeben. Wobei Obsorge in seinem Fall damals nur ein Synonym für körperliche und seelische Gewalt gewesen war. Dennoch stand er nun wieder hier, zwar in einem gänzlich anderen Kloster, aber inmitten ähnlich mächtiger Mauern, dieses Mal allerdings nicht mehr als armer Tor, sondern weitaus klüger als zuvor. Nun würde er der Täter sein und der Pater das Opfer.

Das Zimmer, in dem man Kasper Friedrich untergebracht hatte, glich einer ehemaligen Zelle. Mit Bett, Stuhl, Schrank, Tisch und zwei vertrockneten Zimmerpflanzen. Die skelettierten Stauden, bei denen es sich vermutlich um verdorrte Fensterblätter handelte, vegetierten in einer dunklen Ecke vor sich hin, ein eindringliches Symbol für die Endlichkeit allen Lebens. Auf dem Nachttisch lag die obligatorische Heilige Schrift, die Kasper umgehend unters Bett schob, an der Wand gegenüber seiner Liegestatt hing ein riesiges Kruzifix, mittlerweile verdeckt von einem rostbraunen Duschtuch. Und obwohl die Wände der Klause von cremeartiger Farbe waren, hatte Kasper bislang nicht einmal den Anflug einer Panikattacke verspürt. Er war definitiv aus seiner emotionalen Leichenstarre erwacht.

Mit fiebrigem Blick und geübten Händen sortierte er seine sorgfältig vorbereitete Kollektion an giftigen Tropfen und Essenzen – die Wahl war natürlich, den Umständen entsprechend, auf Gratiola officinalis gefallen, das giftige Gottesgnadenkraut. Ein neben der legendären Alraune jahrhundertelang beliebtes Heilmittel, dessen Nebenwirkungen freilich oft seine Wirkungen überstiegen. Man solle das Wegerichgewächs unter Gebeten sammeln, so hieß es, und genau am Tag von Mariä Himmelfahrt unter das Altartuch legen, danach würde es jegliches Teufelszeug in die Flucht schlagen. So der Volksmund mit seiner Theorie. In der Praxis hatte Kasper sein Gnadenkraut allerdings ganz profan im Botanischen Garten ausgegraben, die Löcher mit Rosmarinheide gestopft – waren doch beide eher unauffällige Sumpfbewohner – und Blattwerk wie Wurzeln ohne kirchlichen Beistand im dunklen Keller aufbewahrt. Währenddessen hatte er sich zehn Tage lang in die Kunst der Kaltdestillation eingearbeitet, bis er die perfekte Rezeptur für das tödliche Destillat gefunden hatte. Unauffällig in der Farbe, würzig im Geruch und gegen den bitteren Geschmack des Krautes hatte er eine winzige Prise Wacholderöl beigemengt. Drei Esslöffel davon genügten als Schlummertrunk, aus dem man nie mehr erwachen würde.

Vorsichtig wiegte Kasper die Fläschchen in der Hand. Mit der Menge an Gift, die er letztlich abgefüllt hatte, könnte man bestimmt das ganze Kloster ausrotten, aber das Schicksal der hauseigenen Kuttenträger war ihm egal, nur dem von Pater Coriolanus musste er nachhelfen. Und das schon sehr bald.

Bereits am nächsten Vormittag um zehn stand die erste Kräuterführung mit dem Teufelspriester auf dem Programm, da musste er alles dransetzen, um sich eine private Verabredung – ein Vier-Augen-Gespräch sozusagen – zu erheucheln. Er brauchte ja keine Zeugen, nur das Opfer. Und da ihn der Pater als kleinen Jungen gekannt hatte, nicht als älteren Mann, würde er ihn bestimmt nicht wiedererkennen. Zudem hatte der Unmensch ihm auch damals so gut wie nie in die Augen, sondern fast immer auf den Hintern geblickt.

Auch die Gefahr eines Fehlschlags schätzte er als äußerst gering ein. Seine toxischen Ablebenstropfen waren derart hoch dosiert, dass der Pater bestimmt keine Wiedergeburt erleben und bis in alle Ewigkeit in der Hölle schmoren würde. Mit diesem erfreulichen Gedanken schlief Kasper früh ein und die ganze Nacht durch.

Am nächsten Tag fand er sich um kurz vor zehn im Klostergarten ein. Am frühen Morgen hatte den Giftmischer zwar kurzfristig ein wenig das schlechte Gewissen geplagt, aber nach einer gedanklichen Auflistung des priesterlich-pädophilen Sündenregisters war dieser Anfall vorauseilender Reue rasch wieder verschwunden. Das Einzige, was Kasper letztlich bereute, war, nicht schon viel früher zur Tat geschritten zu sein, immerhin hatte er beinahe ein halbes Jahrhundert verstreichen lassen. Und weil sich damals wie heute niemand genauer für Dinge interessierte, die unter dem Deckmantel der Kirche geschahen, blieb ihm letztlich ja gar keine andere Wahl, als den verschlungenen Wegen des Herrn selbst die gerechte Richtung zu weisen. Besser spät als nie. Und da besagter Herr den Seinen ja angeblich im Schlaf half, allen anderen aber nicht mal bei Tag, war nun eben Selbstjustiz angesagt.

Kasper atmete tief durch, roch zur Beruhigung am Lavendel, zupfte etwas am Rosmarin herum und bestaunte aus nächster Nähe die kuriosen Blüten des Orangensalbeis, um seinem einstigen Peiniger nicht allzu auffällig entgegenzustarren. Schließlich stand man seinem Vergewaltiger nicht jeden Tag gegenüber.

Doch als der kirchliche Kinderschänder endlich zwischen Weinrauten, Kerbel und hochgewachsenen Baldrianstauden auftauchte und auf die wartende Gruppe zuging, blieb Kaspar völlig gelassen. Er verspürte weder Angst noch Unsicherheit oder gar Nervosität, sondern nur ein Gefühl tiefster Zufriedenheit, wie er es seit Jahrzehnten nicht mehr erlebt hatte. Er atmete tief ein und befreit auf.

Der Pater hatte seine Körpermassen derweil ins Zentrum der Aufmerksamkeit gerückt und eine Ansprache begonnen. Von der botanischen Weisheit des Schöpfers war da die Rede, von gottgegebenen Heilkräutern wie Mariendisteln, Johanniskraut, Frauenmantel, Ysop oder Beifuß, und natürlich von der biblischen Tradition des himmlischen Grünzeugs. »›Und Gott sprach: Seht da, ich habe euch gegeben allerlei Kraut, das sich besamt, auf der ganzen Erde und allerlei fruchtbare Bäume, die sich besamen, zu eurer Speise‹«, zitierte er Moses und beglückte die Zuhörerschaft mit seinem scheinheiligen Lächeln. Dann pflückte er etwas Weinraute, rupfte ein wenig am Wermut herum, griff sich noch ein paar Stängel vom blühenden Dost und reichte alles in der andächtig lauschenden Runde herum. »Gott hat für jeden Geschmack das richtige Kraut«, meinte er dazu. »Weinraute ist ideal für Naschkatzen, weil sie ganz leicht nach Schokolade schmeckt, Wermut energetisiert durch seine Bitterkeit, und der wilde Oregano bringt uns die Würze des Südens.«

Der Mann hätte selbst viel mehr Wermut und Weinraute essen sollen, dachte Kasper, immerhin sagte man diesen Pflanzen eine hemmende Wirkung auf fleischliche Gelüste nach. Aber schon bald würde dem Diener Gottes ohnedies der Appetit auf alles vergangen sein. Ein Gedanke, der auch ihn lächeln ließ.

Der Pater zitierte derweil eifrig weiter. Nun waren offenbar die Korinther dran. »›Oder wisset ihr nicht, dass euer Leib ein Tempel des Heiligen Geistes ist, welchen ihr habt von Gott …‹« Die Conclusio lag auf der Hand. Der Mensch müsse mehr auf seinen Leib achten, denn er sei ein Geschenk Gottes.

Aber kein Selbstbedienungsladen, dachte Kasper, bemüht, dem Pater keinen verräterisch bösen Blick zuzuwerfen. Er musste die Fassung bewahren und einen Vorwand für eine private Unterredung finden, das war der Plan, und den durfte er keinesfalls durch öffentlich zur Schau gestellte Feindseligkeit gefährden.

Beruhigenderweise drehte ihm der botanisch versierte Vortragende häufig den Rücken zu, um sich über die gesunden und kulinarischen Vorzüge ausgesuchter Küchenkräuter zu ergehen.

Die Zeit kroch dahin. Kasper interessierte sich nicht die Bohne für die kulinarischen Reize von Dill, Fenchel oder essbaren Blüten, aber die sieben Jahre im Gartencenter hatten ihn viel gelehrt, und vor seiner Abreise hatte er zur Sicherheit auch noch ein paar antiquarische Fachbücher studiert.

Als der Pater nach unendlichen enzyklopädischen Ausführungen über die Pyrrolizidinalkaloide des Borretschs zum Schlusswort ansetzte, verspürte Kasper bereits ein leichtes Rauschen in den Ohren. Bei aller Liebe zum Grünzeug, der mit Fachvokabeln und lateinischen Termini gespickte Vortrag hatte sich derart in die Länge gezogen, dass seine Gehirnzellen bereits nach künstlicher Beatmung lechzten. Dennoch applaudierte er gleich allen anderen.

Seine Geduld wurde allerdings auf eine weitere Probe gestellt, denn es dauerte noch eine gefühlte Ewigkeit, bis die Zuschauer sich endlich zerstreuten und Pater Coriolanus allein zurückblieb.

Umgehend nutzte Kasper die Gelegenheit. Er näherte sich – zum ersten Mal in seinem Leben ohne Berührungsängste – dem Mann, der sein Leben ruiniert hatte.

»Schöner Vortrag«, meinte er, »sehr interessant.«

Der Pater bedankte sich.

Und da Kasper zwar die hohe Kunst der Giftmischerei erlernt hatte, nicht aber die der zwischenmenschlichen Dialogführung, hatte er sich seine Worte bereits Tage zuvor zurechtgelegt und auswendig gelernt.

»Ich habe kürzlich erst Walahfrid Strabo gelesen, wunderbar, was er über den Salbei sagt. ›*Lalifagus prima praefulget fronte locorum, dulcis odore, gravis virtute atque utilis haustu.*‹« (Vorn an der Stirn des Gartens blüht leuchtend der Salbei, der süß duftet, bedeutende Kraft besitzt und heilsamen Trank gewährt.)

Gelehrte Worte, die den Kräuterpfarrer wie erwartet tief beeindruckten. Jemand, der die botanischen Schriften eines mittelalterlichen Abtes im Original zitieren konnte, war Coriolanus in seiner gesamten Vortragstätigkeit noch nie begegnet, sah man von botanisch interessierten Ordensbrüdern einmal ab.

Schon bald waren die beiden in eine Art Gespräch vertieft. Kasper warf immer wieder ein paar lateinische Brocken hin, und der Pater, der seinerzeit schon recht redselig gewesen war, schluckte bereitwillig jeden Köder. Nach einer knappen halben Stunde bat er Kasper, der sich natürlich als Friedrich vorgestellt hatte, zum Nachmittagstee, um ihm Einblick in ein paar äußerst seltene Werke der Orto-Kultur aus dem Spätmittelalter zu gewähren.

Kasper jubilierte innerlich. Er hatte sein Ziel schneller als erwartet erreicht, der Rest war nur noch eine Frage der richtigen Dosierung.

Nach dem Mittagessen zog er sich umgehend in sein Zimmer zurück, schob sich den altersschwachen Stuhl zurecht, Rücken zur Wand, und dachte nach. Mehr gab es nicht zu tun. Die Tropfen befanden sich bereits in seiner Jackentasche, seinen Nerven ging es immer noch erstaunlich gut – vielleicht, weil er seinem Dasein endlich Sinn verliehen hatte –, und über die Konsequenzen seiner Tat zerbrach er sich auch nicht den Kopf. Hatte er seine Lebensaufgabe erst einmal erfüllt, war ihm der Rest egal. Und bislang war auch alles so glattgelaufen, dass er im Grunde mit keinen Stolpersteinen mehr rechnete.

Dass der Schweinepriester nicht wusste, mit wem er es zu tun hatte, schien offensichtlich. Aber ein schmächtiger, unauffälliger Mittfünfziger, der einst ein schmächtiger Knabe gewesen war, besaß wohl nirgendwo einen großen Wiedererkennungswert. Was im Grunde traurig, in diesem Fall aber von großem Nutzen war.

Leider trennten ihn noch beinahe drei Stunden von der schicksalsträchtigen Teestunde, daher bohrte er zur Entspannung ein wenig in der Nase. Er brauchte keine kostspielige Klangschalenmassage, um seinen inneren Frieden zu finden, ihm genügte ein einfacher Mord.

Ungefähr zur selben Zeit saß auch Pater Coriolanus in seinem Zimmer, wenngleich nicht mit dem Rücken zur Wand, und dachte ebenfalls nach. Der Moment war gekommen, um zu gehen. Er hatte seinen Abschied von dieser Welt ja schon seit Jahren geplant, genau genommen seit dem Tag, an dem er erfahren hatte, dass sich ein ehemaliger Schüler von ihm das Leben genommen hatte. Damals hatte er sich zum ersten Mal wirklich schlecht gefühlt. In seiner Jugend als Novize hatte er zu große Schuld auf sich geladen und niemals mehr abgetragen. Nun war er alt und konnte die Dinge nicht mehr ungeschehen machen, aber er konnte seinem Leben ein Ende setzen und durch seinen Tod ein wenig Buße tun. Für einen Platz im Himmel würden seine Taten ohnedies nicht reichen.

Versonnen studierte er das Fläschchen in seiner Hand. Monatelang hatte er an der richtigen Rezeptur gefeilt, denn auch wenn er selbst Hand an sich legen würde, sollte es wenigstens nicht wehtun. Dann hatte er endlich die passende Mischung gefunden. Opium, extrahiert aus dem Milchsaft des hauseigenen Schlafmohns, dazu pulverisierte Eibennadeln und ein Vermögen an Safran. Die Samen des Safrankrokusses sorgten ja nicht nur für guten Geschmack, sondern – im Übermaß genossen – auch für Lachanfälle, Delirien und erotische Wahnvorstellungen. Dadurch würde er kurz vor seinem Ende vielleicht noch ein wenig die Freuden der Jugend genießen, zumindest in Gedanken.

Und heute würde er es tun, denn vorhin hatte er Kasper getroffen, eine Begegnung, die er als Fingerzeig Gottes deutete. Auch Kasper war seinerzeit so ein kleiner, unschuldiger Bub gewesen, bevor er sich an ihm vergangen hatte. Erstaunlich, dass er, der sich jetzt Friedrich nannte, ihn nicht wiedererkannt hatte, aber nicht nur die Wege des Herrn, auch die Wege des Gehirns waren oftmals sehr verschlungen.

Nachdenklich blickte Pater Coriolanus auf die beiden Tassen, die er bereits auf den Tisch gestellt hatte. Um den möglicherweise recht intensiven Geschmack der Todestropfen zu überdecken, die sich bereits in seiner Tasse befanden, hatte er eine Mischung aus getrocknetem Ingwer, Melisse und Minze vorbereitet. Gute drei Stunden blieben ihm noch, dann würde sein erstes Opfer an die Tür klopfen. Er hatte Kasper zum Tee geladen, um dort aufzuhören, wo er einst angefangen hatte, hatte aus Reue, vielleicht auch wegen romantischer Reminiszenzen, ein letztes Treffen inszeniert. Der Junge hatte sich ja nicht einmal stark verändert, war immer noch schmächtig, immer noch wortkarg, und mit dem Nasenbohren hatte er auch nicht aufgehört. Ein lieber Bub war er gewesen, sanftmütig und intelligent, das wusste der Priester, denn er hatte ihn ja in- und auswendig gekannt.

Und weil Coriolanus Helmprecht nichts mehr zu tun hatte,

außer zu warten, gab er sich noch ein wenig seinen Erinnerungen hin.

Um Punkt siebzehn Uhr betrat der ehemalige Klosterzögling den Raum. Mit vorfreudiger Erregung eilte der Pater ihm entgegen, geleitete ihn zu einem bequemen Lehnstuhl und drückte ihm einige ausgesuchte botanische Wälzer in die Hand. Mit zittrigen Händen, den Blick mehr auf seinen Gast als auf die Kanne gerichtet, schenkte er ein.

Kasper blätterte derweil mit geheucheltem Interesse durch die Bücher. »Wunderbar«, murmelte er von Zeit zu Zeit.

»Ja, wirklich wunderbar«, pflichtete ihm der Geistliche bei, wobei keiner der beiden mit den Gedanken bei der botanischen Sache war.

Dessen ungeachtet unterhielten sie sich eine Zeit lang über Gott, die Welt und deren Blumen, bevor Kasper schüchtern um etwas Zucker bat. Einen Kräutertee zu zuckern kam zwar einem Sakrileg gleich, zudem mochte er gar nichts Süßes, doch irgendwie musste er den Pater dazu bringen, den Raum zu verlassen, bevor der Tee Trinktemperatur erreicht hatte. Und wieder war das Glück ihm wohlgesinnt, denn der Priester stand ohne zu zögern auf und ging in die Küche. Rasch zog Kasper seine Tropfen aus der Tasche, schraubte das Fläschchen auf, beugte sich über Coriolanus' Tasse und sah, dass dieser sie unabsichtlich bis zum äußersten Rand gefüllt hatte. Da war kein Platz mehr für drei Esslöffel Gift, ohne den Tisch zu fluten.

Panisch, um nur nicht in flagranti ertappt zu werden, leerte Kasper das Gift in seine eigene Tasse und tauschte danach die Gefäße aus. Wobei das Glück ein drittes Mal auf seiner Seite war, denn die beiden Becher aus dunkelblauem Ton sahen nahezu identisch aus. Und als der Pater mit der Zuckerdose erschien, blätterte Kasper schon wieder entspannt durch ein Buch.

Um weiterhin keinen Verdacht zu erregen, musste er den Süßstoff nun aber auch verwenden, was gar nicht so einfach war, denn vor ihm stand ja die bis zum Rand gefüllte Tasse des Paters.

Vorsichtig nahm er einen großen Schluck, wobei er sich ordentlich die Zunge verbrannte. Und obwohl er innerlich kochte, blieb er ganz cool und brachte sogar ein dankbares Lächeln zustande, als er nach der Zuckerdose griff.

Das Reden mit verbrannter Zunge fiel ihm nun allerdings noch schwerer, daher studierte er weiterhin recht schweigend die antiquarischen Wälzer. Er musste zumindest so lange ausharren, bis der Pater seinen Tee ausgetrunken hatte.

Eine Zeit lang war nur das Rascheln des vergilbten Papiers zu hören.

»Als Gott die Blumen schuf, hat er bestimmt an uns Menschen gedacht«, unterbrach Coriolanus auf einmal die Stille, »denn sie sind wie wir, sie keimen, sie wachsen, sie blühen, haben gute und schlechte Seiten, können sich als giftig oder auch wohltätig erweisen.«

Bei diesen Worten zuckte Kasper zusammen.

»Und irgendwann beginnen sie zu welken und sterben. Erde zu Erde, Kompost zu Kompost.« Dann griff der Geistliche nach seiner Tasse und nahm endlich einen großen Schluck.

Sein Gast tat es ihm gleich. Zwar fand Kasper, dass das kräuterlastige Heißgetränk irgendwie komisch schmeckte, hatte aber den Zucker im Verdacht.

Der Pater hingegen verzog keine Miene und nahm einen weiteren großen Schluck.

Beruhigt schlug Kasper eine neue Seite des historischen Buchs auf. Sambucus nigra, Schwarzer Holunder, der Strauch, der das Tor zum Jenseits markierte. Das Holz dieses Schutz- und Totenbaumes hatte bei Bestattungen einst eine wichtige Rolle gespielt. Der Tischler hatte damit den Sarg vermessen, das Grabkreuz bestand gleichfalls aus Holunderholz, der Tote wurde mit Reisig bedeckt, und selbst der Leichenkutscher trieb seine Pferde mit einem Hollerzweig an. Kurz gesagt, dieser der Legende nach von Hexen oder Hausgöttinnen bewohnte Strauch galt seit Jahrhunderten als Sinnbild für Werden und Vergehen. Und Pater Helmprecht würde bald vergangen sein.

Wie treffend, dachte Kasper und blickte grübelnd auf die

Abbildung des Schwarzen Holunders. Das Schicksal, das sich als Zufall tarnte. Auf der Seite hätte ja auch ein Apfelbaum sein können oder ein Haselnussbusch. Laut aber sagte er: »Blumen sind das Lächeln der Erde, hat irgendwer mal gesagt.« Wieder ein Schluck Tee. »Ich frage mich, ob die Erde im Winter weint, wenn alles verblüht ist.«

Der Pater betrachtete nachdenklich seine Tasse. »Ein interessanter Gedanke«, meinte er dann, »zwar ein wenig gotteslästerlich, aber durchaus eine Überlegung wert.«

Danach verging fast eine halbe Stunde, in der niemand mehr das Wort ergriff, Ungesagtes nicht mehr gesagt wurde, aber ihren Tee tranken beide bis zum letzten Tropfen aus.

Als Schwester Notburga am nächsten Tag das Zimmer betrat, zweifelte sie erst an ihrem Sehvermögen, danach an ihrem Verstand. Der Pater lag reglos auf der fleckigen Chaiselongue, Hemd und Hose so weit geöffnet, dass sein nackter Bauch wie eine Weltkugel mit flächendeckendem Waldbewuchs emporragte, und zu seinen Füßen lag ein zweiter Mann, im Unterschied zum Priester zwar vollständig bekleidet und mit einem breiten Grinsen auf den Lippen, aber ebenso reglos. »Um Gottes willen«, stöhnte sie, wandte entsetzt den Blick ab, schlug zweimal das Kreuzzeichen und rannte mit wehender Schwesterntracht davon.

Als Oberinspektor Schramm und seine Kollegen am Ort des Geschehens eintrafen, hatten sich die Ordensschwestern der Kongregation zur heiligen Mariendistel bereits vollzählig im Kreuzgang versammelt, wo es ungeachtet der frühherbstlichen Temperaturen richtiggehend brodelte. Vom Antichrist war da die Rede, von teuflischen Verführungen, aber auch von Gottes unendlicher Gnade und verhängnisvoller Alterskurzsichtigkeit. Von allen Seiten erhoben sich inbrünstige Gebete und feierliche Wehklagen in den Himmel, nur den acht Basenfastern kamen leise Flüche über die Lippen. Immerhin blieb nach diesem tragischen Ereignis die Klosterküche kalt, denn selbst die gehorsamsten Gottesdienerinnen rührten nun mal lieber in der Gerüchteküche herum als am klösterlichen Herd.

Die Ermittler vom Dienst taten ihr Bestes, um die Gemüter zu beruhigen und der Sache auf den Grund zu gehen, doch vorerst ohne Erfolg. Keine Spuren von Kampf, Raub oder Mord, und an einen synchronen Herzinfarkt im Zuge erotischer Anbahnungsversuche glaubten sie dann doch nicht. Nur eine Autopsie würde Klarheit bringen, und die dauerte ein wenig.

Vier Tage später, die entsäuerungswilligen Klosterkostgänger waren mittlerweile abgereist, betrat Oberinspektor Schramm erneut das Gebäude.

Notburga, die gerade die Scharniere des Hauptportals ölte, eilte dem Polizisten pinguingleich entgegen. »Herr Inspektor, wissen Sie endlich, woran unser armer Pater gestorben ist?«, fragte sie aufgeregt.

»An Gottesgnadenkraut«, erwiderte der Ermittler, wobei er jede einzelne Silbe betonte. Er konnte es selbst nicht glauben. Ein Geistlicher, der durch ein Grünzeug mit diesem Namen ins Gras gebissen hatte, daran könnte sich die Skandalpresse wieder einmal ordentlich satt fressen. Umso mehr, als dem tödlichen Kraut eine aphrodisische Wirkung nachgesagt wurde, nahezu nymphomanische Zustände sollte die Pflanze angeblich hervorrufen. Und das in einem Nonnenkloster. Nun ja, wer den Schaden hatte, brauchte sich um die üble Nachrede nicht zu sorgen. Die Ordensschwestern taten ihm beinahe leid.

Notburga stand derweil da und traktierte ihren Rosenkranz. Auch ihr fiel es schwer, die Tragweite dieser Hiobsbotschaft zu verarbeiten. So viele Fürbitten würde sie niemals sprechen können, um etwas gegen die anzüglichen Lästermäuler auszurichten, die sich bestimmt auf so eine Nachricht stürzen würden wie die Hyänen auf einen fetten Fleischknochen. Die Ordensfrau seufzte.

»Und der andere?«, wagte sie endlich zu fragen. Notburga war schon vor so langer Zeit dem Schwesternorden beigetreten, dass sie das Wort »Mann« nicht einmal mehr in den Mund nehmen wollte.

»Den hat eine Mischung aus Eibe, Safran und Opium umgebracht.«

Fassungslos schüttelte sie den Kopf.

»Aber wir haben doch gar kein Gottesgnadenkraut im Garten«, sagte sie schließlich. »Auch keinen Safran. Und der Mohn ist längst verblüht.«

»Das Gift kam nicht von hier«, klärte Schramm sie auf. »Alle beide hatten kleine Fläschchen in ihren Taschen, in denen sich die tödlichen Tinkturen befanden. Demnach dürfte es sich um einen vorsätzlichen und von langer Hand geplanten Doppelselbstmord handeln. Wir haben weder Anzeichen von Gewalt noch Fremdeinwirkung gefunden, bislang aber auch keine Erklärung dafür, warum derart unterschiedliche Substanzen verwendet wurden.«

»Aber wieso nur?«, stammelte Notburga ein ums andere Mal.

Der Polizist zuckte die Schultern. »Das werden wir wohl so rasch nicht erfahren«, gestand er ein. »Aber wie heißt es so schön? Der Mensch denkt, und Gott lenkt.«

»Mors certa, causa incerta«, stammelte sie. Der Tod ist gewiss, nur die Ursache nicht.

Mehr wussten auch sie nicht zu sagen.

Gottesgnadenkraut, Gratiola officinalis (giftig)
Letales Abortivum, Aphrodisiakum und All(un)heilmittel

»Demnach der wild Aurin den Magen und die Leber heftig schwächet, als soll er nicht leichtlich in den Leib gebraucht werden ...«, warnte bereits 1696 das vollkommene Kräuterbuch »Theatrum botanicum« von Theodor Zwinger vor dem leichtfertigen Umgang mit diesem farblosen Blümlein. Der Anreiz, sich aus diesem bitteren und brennend schmeckenden Kraut einen Frühlingssalat zu bereiten, ist allerdings gering, zudem kommt die Pflanze hierzulande nur selten vor. Ein versehentlicher Verzehr stellt insofern eher die Ausnahme dar. Weitaus öfter griff man bis vor gar nicht langer Zeit mit voller Absicht nach dem Gnadenkraut. Etwa, um Wunden zu heilen, Würmer zu vertreiben oder um Linderung bei Gicht und Leberleiden zu erlangen. Vor allem aber, um ungewollte Leibesfrüchte abzutreiben, was mit trauriger Regelmäßigkeit zum Tod von Mutter und Kind führte. Der Einsatz der Pflanze als Abortivum mutet umso seltsamer an, wenn man bedenkt, dass Gratiola officinalis noch 1995 dafür bekannt war, »nymphomanische Zustände« (Julius Mezger, »Gesichtete homöopathische Arzneimittellehre«) hervorzurufen. Ein unglückseliger Reigen von Lust und Leid sozusagen.

Dennoch scheint das Kraut einst gegen nahezu alle Übel gewachsen zu sein, denn in der Heilkunde beziehungsweise der frühen Medizin wurde es zudem bei Hautkrankheiten, Hämorrhoiden, Hüftschmerzen, Malaria, Melancholie, Syphilis, Epilepsie und rabiater Gesinnung empfohlen. Nach heutigem Erkenntnisstand liest sich das zwar, als hätte man damals den Teufel mit dem Beelzebub austreiben wollen, doch manchmal stößt man auch auf nahezu visionäre Überlegungen. »Die Gratiola soll sich heilsam gegen Geisteszerrüttungen, die aus erloschener Nervenempfindlichkeit im Unterleibe (...) entsprungen waren, bewährt haben«, wird in Hufelands »Journal der practischen Heilkunde« vermerkt. Das hätte Sigmund Freud nicht schöner formulieren können.

Info: auch Erdgalle, Gichtkraut, Allerheiligenkraut, Wildaurin, Echtes Purgierkraut oder Magenkraut genannt. Ca. 30 cm hohes Wegerichgewächs mit lanzettförmigen, gezahnten, kleinen Blättern, Stacheln am Blattrand und kleinen, trichterförmigen, weißen oder blassrosa Blüten. Geruchlos. Blüte: Juni–August | **Inhaltsstoffe:** Cucurbitacine | **Vergiftungserscheinungen:** blutiger Durchfall, Nierenbeschwerden, Koliken, beeinträchtigtes Farbsehen, erst erregend, danach lähmend, verminderte Herz- und Atemtätigkeit, Abort, Tod

Das letzte Abendmahl

Till trat in mein Leben wie ein Fettfleck. Ungewollt, ungesehen und mit unnachahmlicher Geschwindigkeit. Auf einmal war er da. Als mir seine krankhafte Anhänglichkeit bewusst wurde, klebte er – symbolisch gesprochen – bereits unablösbar an meiner Brust und ließ sich weder durch böse Worte noch durch gutes Zureden entfernen. Kaum verließ ich meine eigenen vier Wände, betrat Stiegenhaus, Garten, Keller oder Müllsammelraum, wollte die Wäsche aufhängen oder zum Fahrrad gehen, trat er in Erscheinung und schlich wie ein Schatten um mich herum, den starren Blick fest auf meinen Busen gerichtet.

Und ich konnte nichts gegen ihn unternehmen. Stellte ich ihn zur Rede, schwieg er mich an, drohte ich mit der Polizei, zuckte er die Schultern, bat ich freundlich um mehr Abstand, machte er zögernd einen halben Schritt zurück, während sein feister Hals in Schildkrötenmanier lang und länger wurde, um meine Brüste dennoch nicht aus den Augen zu verlieren.

Jedem Fettfleck konnte man mit der geballten Kraft der Chemie und einem ordentlichen Schleuderwaschgang zu Leibe rücken, nur Till haftete wie ein hartnäckiger Makel an mir. Nicht einmal meine Anzeige wegen Stalkings bescherte mir den erhofften Erfolg, denn als Hausmeister zählte es zu seinen Pflichten, regelmäßig nach dem Rechten zu sehen. Und dabei leider auch nach mir.

Es war an einem frostigen Tag im Februar gewesen, als Till begann, sich an mich zu heften. Er zupfte im Garten am Buchsbaum herum, als könnte er ihm allein kraft seiner Wurstfinger einen Formschnitt verleihen, während ich in meiner Küche stand und Kohlsprossen kochte. Also, genau genommen kochten natürlich die Sprossen, ich lehnte derweil an der Anrichte und sah gedankenverloren in den Vorgarten. Aber weil Kohlgemüse bekanntlich gut für den Gaumen, aber schlecht für die Nase ist, öffnete ich das Fenster und lehnte mich hinaus. Und da erblickte er mich zum ersten Mal. Mit Augen, rund wie Suppenschüsseln, starrte er nach oben und stieß zwischen seinen wulstigen Lippen ein paar abgehackte Silben hervor, die man mit viel Phantasie und gutem Willen als Gruß interpretieren konnte.

Mehr sagte er nicht, weder an jenem Tag noch in den folgenden Wochen. Irgendwann erfuhr ich von einer Nachbarin, dass der Fettfleck Attila Schrattl hieß. Wie ein Hunnenkönig sah der tranige Typ allerdings nicht aus, seine unproportionierten Formen mitsamt den vorstehenden Augen und dem Stiernacken hätten höchstens für einen Froschkönig gereicht. So einen, den man liebend gern an die Wand warf.

Und weil er selbst in völlig nüchternem Zustand einen sehr schweren Zungenschlag hatte – vielleicht waren seine Sprechwerkzeuge nur rudimentär ausgebildet oder aber sein Gehirn –, endete jeder Kommunikationsversuch meinerseits auf verbalem Brachland. Außer »Sagen Sie doch Till zu mir« war nichts aus ihm herauszubekommen. Kurz gesagt, seine Ausdrucksfähigkeit ähnelte meinem Wasserkocher. Beide blubberten unverständlich vor sich hin und produzierten dabei nur heiße Luft. Allerdings fixierte der Wasserkocher mein Dekolleté nicht.

Nie werde ich etwa den Tag vergessen, als die Lampe der Fassadenbeleuchtung kaputtging. Es war ein Samstag, und ich hatte es mir gerade mit Morgenkaffee und Zeitung auf meinem Balkon gemütlich gemacht, als der Hausbesorger mit einer Leiter erschien und sich an der Lampe zu schaffen machte. Stundenlang. Den Kopf nahezu unablässig in meine Richtung gedreht, begann er irgendwann sogar, den Leuchtkörper zu polieren. Mit einem Lappen, den er, ein anzügliches Grinsen auf den Lippen, erst langsam, dann zunehmend schneller auf und ab rieb. Dabei sollte dieser Mensch nur eine Glühbirne wechseln, nicht mich aus der Fassung bringen.

Zwei Tage nach der neuen Birne erhielt ich einen ersten Brief von ihm. Die Reinheit meiner Haut, das Blau meiner Augen, der goldene Glanz meines Haars … Sätze, verwoben zu einer haarsträubenden Mischung aus Anbetung und Aufdringlichkeit. Verworren wie die Anleitung zur Selbstmontage eines solarzellenbetriebenen Vertikutiergeräts. Was wollte dieser Trottel von mir? Und warum ausgerechnet ich? Auf dem Papier erschlug er mich fast mit Worten, zu deren Artikulation selbst eine Wiedergeburt als Gebetsmühle nicht gereicht hätte. Romantisch-pathetische Phrasen wechselten sich ab mit purer Pornografie und elendslangen Exkursen über die Poesie von Kahnorchideen und Herzblattblumen.

Ganz offenbar handelte es sich bei diesem Attila um ein seltenes Exemplar des Schweig-Schreibers, jener Sorte Mensch, die zwar den Mund nie aufbekam, aber Tagebuch über die Befindlichkeit ihrer Topfpflanzen führte.

Das hatte mir gerade noch gefehlt, ein schreibwütiger Vertreter der Oben-ohne-Lyrik, sprich ohne Hirn und Verstand, dafür aber mit unzähligen erotischen Untertönen.

Natürlich war Tills Brief bereits Stunden später Gesprächsthema Nummer eins im trauten Freundeskreis. Die Lästerzungen liefen zu Höchstform auf, während dem langatmigen Schreiben etwa so viel Tiefgang zugestanden wurde wie der Misosuppe, in der wir – allesamt Liebhaber veganer Kost – gerade rührten.

Fast tat er mir leid, dieser wortkarge Mensch. Sigmund Freud hätte seine Freude an ihm gehabt, ich nicht.

Till war – sehr zu meinem Bedauern – der Nachfolger unserer langjährigen Hausmeisterin nach deren Pensionierung. Nun zählte er ebenso zum Inventar wie die vertrockneten Blumenkübel im Entree oder der blutrote Treppenläufer, der gleich viele Falten warf wie Tills speckiger Nacken. Rund um die Uhr stand dieser Mensch nun unübersehbar in meinem Weg herum und brachte mit Eimer, Besen, Bohnerwachs und Wischmopp meine besten Vorsätze zu Fall. Etwa den, in Zukunft ein wenig netter zu ihm zu sein. Doch es war wie gesagt nahezu unmöglich, mit Till zu reden, denn außer Brabbeln, Sabbern und dem geräuschvollen Einsaugen von der Luft, die man gerade zum Atmen brauchte, trug er nichts zum Gespräch bei. Zudem fiel mir jede

Freundlichkeit schwer, wenn diese entwicklungsgeschichtliche Regression ausgerechnet dann wie besessen die Türklinke polierte, stand ich gerade davor. Umso mehr, als dieses Ekel bevorzugt mit dem Putzlappen auf und ab wienerte, während es sich genusslich die Lippen leckte. Hatte ich meinen Schlüssel endlich zur Hand, musste ich mich auch noch an dieser Ansammlung an unzureichend bekleidetem Schweinefett vorbeidrücken, denn wie gesagt: Till stand mir immer im Weg.

Besonders schlimm wurde der Sommer. Mit den Temperaturen schien auch seine innere Hitze zu steigen, denn oft hatte ich das Gefühl, als würden seine lüsternen Blicke schmerzhafte Blasen auf meinen Busen brennen, während er mich dabei beobachtete, wie ich seine feurigen Briefe von der Fußmatte oder aus dem Fahrradkorb klaubte.

Sein Herz stehe in Flammen, sobald er meiner ansichtig werde, las ich dann und dergleichen schwulstigen Schwachsinn mehr. Diese Diskrepanz zwischen redunseliger Verschwiegenheit und schriftlicher Eloquenz war mir ein Rätsel. Sprach ich ihn darauf an, lief ihm der Schweiß aus allen Poren, aber Worte fielen nie. Vielleicht litt der Kerl ja an Hirnrindenschwund, oder seine offensichtlich durch Messer und Gabel nicht zu befriedigende Fleischeslust hatte ihn seine Zunge verspeisen lassen. Egal, es war ja keinesfalls so, als würde ich dieses Wesen, das sich statt in verständliche Umgangsformen alleine in langes Schweigen und kurze Hosen hüllte, in irgendeiner Weise ansprechend finden. Ich wollte nur meinen Unmut über sein impertinentes Verhalten in Worte fassen, ihm klar und deutlich zu verstehen geben, dass mir seine Annäherungen ähnlich willkommen waren wie der Sonnenblume ein Grönlandtief. Und wir aus diesem Grund ebenso wenig zum Paar werden würden wie Schneewittchen und der Räuber Hotzenplotz.

Leider stieß meine lautstarke Empörung auf taube Ohren. Till schien mich weder gehört noch verstanden zu haben, denn er bohnerte mit ungebremster Intensität weiter vor sich oder besser gesagt mich hin.

Erst Tage später, offenbar hatte ich es mit einem langsamen

Brüter zu tun, kam eine Reaktion von ihm. Er kenne keinen Hotzenplotz, ließ er mein Halstuch wissen, das ich mittlerweile sommers wie winters aus Sichtschutzgründen trug. Dann griff er entschlossen zum Wischmopp und widmete sich der Bodenpediküre zehn Zentimeter neben meiner Eingangstür.

Frustriert brachte ich meinen Einkauf nach drinnen. Die Lust auf Gemüselasagne war mir beinahe vergangen, aber den Appetit wollte ich mir von diesem wandelnden Wasserspeier einfach nicht verderben lassen. Grimmig griff ich nach dem größten Messer und gab mich einer veganen Schlachtorgie hin. Bei den Fleischtomaten geriet ich in einen derartigen Blutrausch, dass ich mir tief in den Finger schnitt. Das auch noch.

Es war doch wirklich eine Sauerei, dass ausgerechnet ich als überzeugte Anhängerin der fleischlosen Kost von diesem Schweinskopf belagert wurde. Wenn ich in der Sonne briet, warf er seinen borstigen Schatten auf mich, hatte ich im Flur zu tun, grunzte er durch den Hinterhof. Und kam gar mein Freund Christoph zu Besuch, überwand Till nicht nur die Grenzen des Anstands, sondern auch die Gesetze der Schwerkraft. Dann hievte er seine Massen eilig auf die alte Leiter, schrubbte hingebungsvoll die Dachrinne und kartografierte derweil mein Liebesleben, weshalb wir uns stets in die Dunkelheit zurückziehen mussten. Doch selbst unter Ausschluss von Öffentlichkeit und Tageslicht kamen wir nie so richtig in Fahrt, denn Till profilierte sich selbst in akustischer Hinsicht als veritabler Bremsklotz. Wie sollte man seinen Trieben auch freien Lauf lassen, wenn dieser Unmensch, nur eine Leintuchlänge von unserem Matratzenlager entfernt, mit Inbrunst und Motorsense die Gänseblümchen beschnitt? Oder lautstark obszöne Liedchen pfiff?

Einmal entdeckte ich am Morgen »danach« sogar eine brustartige Skulptur aus modrigem Laub unter meinem Schlafzimmerfenster, der besseren Anschaulichkeit halber mit zwei anatomisch korrekt platzierten roten Äpfeln verziert. Wutentbrannt schmiss ich dem stalkenden Hausmeister das Fallobst gemeinsam mit einem bösen Brief vor den Putzeimer, doch auch das half nichts. Till kehrte beziehungsweise querte weiterhin meinen Weg, wie es ihm beliebte, und ich kehrte ihm weiterhin den Rücken zu. Seine Korrespondenz las ich schon lange nicht mehr.

So vergingen die Monate in eisigem Schweigen – meinerseits – und glühender Sprachlosigkeit – seinerseits. Doch dann passierte die Sache im Keller.

Ich wollte zu meiner Gemüsekiste, um Nachschub zu holen, dabei aber keinesfalls auf Till stoßen. Also schlich ich barfuß die Treppe hinab, tappte im Dunkeln zu meinem Abteil und zog die Tür geräuschlos hinter mir zu. Dann erst drehte ich das Licht an und erstarrte. Auf der Kiste saßen zwei fette Ratten und sahen mich an.

Brüllend rannte ich die Stiege hoch und fiel ungebremst über den Besen, den mein Feindbild am Treppenabsatz bereits in Anschlag gebracht hatte. Till schien äußerst verwirrt von meinem Geschrei, denn erstmals starrte er mir nicht auf den Busen, sondern beinahe ins Gesicht. Weiterhin kreischend und tobend entriss ich ihm den Besen und trieb den zusehends um Fassung ringenden Fettberg vor mir in den Keller. Dass es hier um kein romantisches Stelldichein ging, war selbst ihm klar geworden.

»Ratten, hier wimmelt es von Ratten! Ratten, Ratten …« Wie einen nassen Putzlappen warf ich dem Hausmeister ständig die gleichen Worte an den Kopf. Irgendwann hatte sogar er sie kapiert, denn er begann, langsam zu nicken, und berührte mich beruhigend am Arm. Weshalb ich erneut zu schreien begann.

Erst am Tag darauf kehrte Ruhe ein. Die Sonne schien, das Wochenende nahte, und Christoph würde kommen. Bei diesen Aussichten ließ mich selbst der große Umschlag mit dem Vermerk »wichtig« kalt, der eindeutig Tills Handschrift trug und weithin sichtbar auf meiner Fußmatte lag. Mitsamt der aktuellen Tageszeitung flog er ungelesen zum Altpapier. Die Zeit war zu kostbar für fade Lektüre.

Leider verlief dann doch nicht alles nach Plan, denn meine Tante Ilse brach sich die Hüfte, und ich musste die ganze Nacht bei ihr im Spital verbringen. Erst am frühen Samstagnachmittag kam ich müde nach Hause zurück, wo Christoph bereits auf mich wartete. Der Arme sah beinahe noch kränker als Tante Ilse aus. Blassgrau und mit tiefen Ringen unter den Augen lag er apathisch auf dem Sofa herum.

»Alles in Ordnung mit dir?«, fragte ich besorgt.

»Hab schlecht geschlafen«, antwortete er. »Vielleicht hätte ich weniger vom Eintopf essen sollen. Gestern Abend hab ich noch Pastinakeneintopf gekocht, aber weil du dann eh im Krankenhaus geblieben bist, hab ich ihn während der Spätnachrichten alleine aufgegessen.« Er lächelte schwach. »Und jetzt fühl ich mich ziemlich schlecht. Alles um mich herum dreht sich, und mein Bauch dreht auch durch. Nun ja, selber schuld, selber leiden. Ich fahr dann mal lieber und ruh mich zu Hause noch ein wenig aus. Morgen ist Arbeitstag.«

Mit diesen Worten zog er sich kraftlos in die Senkrechte, fiel mir um den Hals und ging. Ich habe ihn nie wiedergesehen. Als ich Stunden später doch nach der Zeitung vom Vortag griff, dabei auf Tills Umschlag stieß und dessen Nachricht las, war Christoph bereits auf dem Weg ins Jenseits.

»Mein hochverehrtes Fräulein Schober«, hatte dieses Scheusal geschrieben, »ich habe mir erlaubt, ein Dutzend Zaunrüben als Rattenköder auf der Gemüsekiste in Ihrem Keller zu deponieren. Auf dass derart widerliches Ungeziefer Sie niemals mehr belästige. Ihr ergebenster Till. PS: Bitte passen Sie auf. Zaunrüben sind sehr giftig.«

Und plötzlich fiel mir auch ein, dass ich gar keine Pastinaken im Keller gelagert hatte.

Zaunrübe, Bryonia dioica (cretica, alba) (giftig)

Falsche Alraune, Abortivum und Keuschheitswurzel

Die rankende Zaunrübe ist ein wirklich gemeines Gewächs. Kaum vorstellbar, dass diese Pflanze einst als lebensbedrohliches Abführmittel vorsätzlich kultiviert wurde. Immerhin vermerkte bereits Hildegard von Bingen, dass selbst der Geruch der Wurzel tötet. Und der Berliner Friedrich Wunschmann schrieb 1833 über die Wurzel mit ihrem scharfen Milchsaft, dem widrigen Geruch und einem ekligen Geschmack, dass sie »äußerlich heftige Reizungen und Entzündungen bewirkt, innerlich heftiges Purgiren, Leibschmerzen, gewaltsames Erbrechen, tödtliche Magen- und Darmentzündungen, große Angst, Schwindel und Wahnsinn«. Durchaus wahre Worte, die der gefährlichen Beliebtheit von Bryonia als Arznei gegen Rheuma, Gicht und die blauen Flecken von verprügelten Ehegattinnen allerdings keinen Abbruch taten.

Mancherorts wurde sogar Brot aus dem Mehl der Rübe gebacken oder die Wurzel, kunstvoll zurechtgeschnitzt, zu horrenden Preisen als »echte« Alraune verkauft. Über Jahrhunderte stand die Pflanze zudem im Ruf, den Sexualtrieb zu dämpfen, Schwangerschaften zu verhüten und die Leibesfrucht abzutreiben – mit entsprechend letalen Folgen. Oft endete schon der Versuch, seinen Darminhalt »abzutreiben«, auf dem Friedhof. So liest man im »Handbuch des Straf-Verfahrens in den Königl. Preußischen Staaten« (1830) von einer tödlichen Vergiftung durch eine in Bier gekochte Gichtrübe: »Todesursache: Entzündung und Nierenmitleiden«.

Aber auch die kleinen Beeren erzeugen durchaus große Wirkungen. Ab circa sechs Beeren muss man mit einem Krankenhausaufenthalt rechnen, fünfzehn Beeren gelten bereits als Todesurteil für Kinder. Da die roten Früchte aber sehr bitter schmecken, schlagen Menschen sich kaum den Bauch damit voll. Und in homöopathischen Mengen genossen, zeigt sich selbst die Bryonia im Kampf gegen Gallenbeschwerden, Grippe, Kopfweh, Husten und rheumatische Leiden von einer guten Seite.

Info: auch als Totenwurzel, Tollrübe, Gichtrübe, Faslwurz, Teufelskirsche, Gänseverrecker oder Heckenranke bekannt. Kletterpflanze aus der Familie der Kürbisgewächse mit großer, rübenartiger Wurzel, gelappten Blättern und kleinen weißlich gelben Blüten, aus denen sich später rote Beeren entwickeln. Die Pflanze sondert einen scharfen Milchsaft ab. Blüte: Juni–September, Früchte: August–Oktober | **Inhaltsstoffe:** Bryonicin, Bryonol, Cucurbitacine, Saponin, Terpene, Kaffeesäure | **Vergiftungserscheinungen:** äußerlich: Blasenbildung, Entzündungen; innerlich: blutiger Durchfall, Abort, Nierenschäden, Schwindel, Koliken, Erregungszustände, Krämpfe, Atemstillstand

Gift für den Gatten im Homeoffice

Versonnen blickte Marianne in den Garten, wo die Leiche ihres Mannes lag. Neben seinem Bauch ragten ein paar geknickte Salatsetzlinge hervor, die Finger schienen tief ins Erdreich verkrallt, und sein linkes Bein hatte den herrlichen Diptam geplättet. Um ihn tat es ihr schrecklich leid. Gerade in diesem Jahr hatte das sensible Rautengewächs zum ersten Mal richtig geblüht und seinen wunderbar intensiven zitronigen Duft bis auf die Terrasse verströmt. Aber dieses Opfer hatte sie im Dienst der guten Sache bringen müssen. Letztlich, so hoffte sie, würde die Pflanze im nächsten Jahr wiederauferstehen, ihr Gatte allerdings nicht. Und das war gut so, sehr gut sogar. Zufrieden mit sich und dem ersten Mord ihres Lebens griff Marianne nach dem Glas Wein, das sie sich zur Feier des Tages eingeschenkt hatte, und prostete dem Toten zu. »Auf Nimmerwiedersehen, du Scheusal. Viel Spaß in der Hölle.« Genüsslich nippte sie am kühlen Chardonnay. »Und damit du dich nicht zu einsam fühlst, schick ich dir bald deine Mutter hinterher.«

Dann trank die erfolgreiche Giftmischerin in aller Seelenruhe ihr Glas aus, bevor sie zum Telefon griff, um den Arzt über das tragische Ableben Lothars zu informieren.

Dabei hatte sie diesen Mann einst wirklich geliebt. Und er sie ebenso. Damals, vor mehr als zehn Jahren, als sie noch jung und im Nachhinein betrachtet auch dumm gewesen war. Sie studierte Betriebswirtschaft, er studierte Betriebswirtschaft, und bei einem unsagbar faden Seminar zum Thema Kostenrechnung hatten sie sich auch kennengelernt, ein typischer Fall von studentischer Liebe auf den ersten Blick. Hätte sie damals nur besser hingesehen, statt sich ein romantisches Luftschloss auf rosaroten Wolken zu bauen, hätte sie durchaus schon ein paar Risse in der testosterongetünchten Fassade feststellen können, aber die Hormonschwaden hatten sich über ihren Hausverstand gelegt und jeglichen Weitblick getrübt. Und so hatten sie sich erst angezogen, später ausgezogen und waren bald darauf zusammengezogen. Konto und Kühlschrank waren zwar nahezu leer gewesen, dafür hatten sie den Bauch voller Schmetterlinge und den Kopf voller Zukunftsvisionen gehabt. Ein ganzes Jahr lang hatten sie derart verliebt im siebten Himmel geschwebt, dann waren ihre Träume gemeinsam mit einem Kondom geplatzt.

Und es kam, wie es meistens kam: Marianne brach ihr Studium ab und bekam ihr erstes Kind, der Mann machte Karriere. Jung gefreit hat eben doch recht oft gereut. Der beidseitige Balzgesang verstummte, stattdessen ertönte Babygeschrei. Und so zogen die Jahre ins Land, während ihre Beziehung zunehmend einer haushälterischen Planwirtschaft glich. Sie wusch Windeln, kochte Essen, putzte das Haus, massierte seinen bürogeplagten Rücken, bügelte Hemden und setzte drei weitere Kinder in die Welt.

Er bezahlte Wirtschaftsgeld, finanzierte ihnen ein Eigenheim auf dem Land und sich selbst eine Geliebte. Weil Mann sich ja sonst nichts gönnte, wie Lothar befand. Und obwohl seine Frau durchaus von seiner als Überstunden deklarierten sprunghaften Bürogymnastik wusste, hatte sie ihm deshalb nie eine Szene gemacht. Solange er mit der spindeldürren Kollegin aus der Marketingabteilung auf dem Kaffeeküchensofa lag, stand er ihr daheim wenigstens nicht im Weg herum. Da sie für Kinder, Küche und seine Belange ohnedies den ganzen Tag lang den Rücken krumm machte, verspürte sie nicht das geringste Verlangen, in der Nacht auch noch die Beine breit zu machen.

Doch kaum war auch der jüngste Sprössling den Windeln entwachsen, passierte der Tragödie zweiter Teil. Nach einer schweren Hüftoperation zog Lothars nun bettlägerige Mutter bei ihnen ein. Das zänkische alte Weib konnte zwar nicht mehr gehen und kaum mehr stehen, aber ihr böses Mundwerk funktionierte nach wie vor einwandfrei. Nun hatte Marianne neben den Kindern, dem Garten und dem Haushalt auch noch die pflegebedürftige Schwiegermutter am Hals. Und die hielt sie rund um die Uhr auf Trab. Mal war ihr das Essen zu heiß, mal zu kalt, mal gehörten die Vorhänge gewaschen, mal die Sofakissen gebügelt, mal ein Einlauf gelegt oder der Hintern abgewischt – wobei das Klopapier stets zu hart, das Handtuch zu rau und die Schwiegertochter unweigerlich zu langsam war. Und während Marianne Kindermädchen, Köchin, Krankenschwester und Klofrau in Personalunion war, thronte die Schwiegermutter auf dem bequemen Lehnstuhl und machte sich die Hosen voll.

Aber weil schlimmer halt immer ging, kam auch noch Corona, der Tragödie letzter Teil. Im Handumdrehen machte sich das kleine Virus mit den großen Folgen im ganzen Lande breit. Es verursachte Panikanfälle und Lungenversagen, schwächte den Organismus und die Wirtschaft und zwang Zehntausende ins Homeoffice. Darunter auch Lothar.

»Mari«, sagte er, obwohl sie es hasste, so genannt zu werden, doch eine dritte oder gar vierte Silbe war sie ihm längst nicht mehr wert, »ich werde ab heute von daheim aus arbeiten. Dazu brauch ich absolute Ruhe, Mittagessen pünktlich um halb eins und jemanden, der mir mit der Buchhaltung hilft«, erklärte er seiner erschöpften Frau eines gar nicht schönen Montags.

Marianne nickte. Zwar kannte sie sich weder mit Exceltabellen noch Postenstellen gut aus, aber sie kannte ihren Mann. Jede Diskussion mit ihm war so sinnlos wie drei Runden im selben Kreisverkehr. Er fuhr jedes Mal über sie drüber, schalt sie eine »dumme Gans« und kürzte das Wirtschaftsgeld.

»So hilf meinem Buben halt«, forderte auch die Schwiegermutter ein, »als Hausfrau hast du doch eh nichts zu tun.«

Und Marianne sandte ein Stoßgebet zur Hölle und stürzte sich noch mehr in die Arbeit.

Täglich kochte sie mittags drei verschiedene Gerichte, da die Alte nur pürierte Kost aß, die Kinder am liebsten Wurstnudeln hatten und der Mann nach fettarmem Fleisch von glücklichen Tieren mit dreierlei Gemüsebeilage verlangte. Nur ihr selbst war schon lange der Appetit vergangen, sie ernährte sich hauptsächlich von süßen Rachegedanken – aber das fiel niemandem auf.

So verlor sie zwar an Gewicht, nahm an Verbitterung jedoch zu.

Nach dem Essen erledigte sie noch rasch den Abwasch und die Buchhaltung, schickte die Kinder zum Spielen nach draußen und wandte sich selbst der Gartenarbeit zu, während Schwiegermutter und Sohn Siesta hielten.

Mit vollem Magen sollte man ja bekanntlich ruhen oder tausend Schritte tun, doch Zweiteres galt nur für Marianne. Sie durfte sich ruhig die Hacken ablaufen, Hauptsache, der »Bub« konnte seine Kräfte schonen. Immerhin musste er als Mann im Haus genügend Geld verdienen, um sieben Mäuler zu stopfen und todesmutig pandemischen Vireninvasionen zu trotzen. Damit nicht genug, verlangte ihm sein Job als Controller eines mittelständischen Sägeblattproduzenten – zumindest in den Augen seiner Mutter – auch noch nahezu übermenschliche Leistungen ab, weshalb sein Wohlergehen rund um die Uhr im Zentrum aller Aufmerksamkeit zu stehen hatte.

Drei warme Mahlzeiten pro Tag, ausreichend Schlaf, Bewegung an der frischen Luft – die meist aus zehn Runden im eigenen Swimmingpool bestand – und keinerlei Nötigungen durch hausfrauliche Nörgeleien standen auf dem schwiegermütterlich verordneten Söhneschutzprogramm, über dessen Einhaltung der alte Drachen höchstpersönlich wachte. Kein Wort zu viel, keine Kalorie zu wenig wurde toleriert, alles musste ihren strengen Vorgaben entsprechen.

Als der arme gestresste Bub eines Tages ein kleines Unwohlsein bemängelte, wurde – nach privatärztlicher Konsultation – natürlich umgehend ein noch aufwendigeres Maßnahmenpaket zulasten Mariannes geschnürt.

Es war zwar nicht das pandemische Virus, das Lothars Blut in Wallungen versetzte, sondern eine banale Nierenbeckenentzündung, dennoch erhob sich ein Jammern und Klagen, als hätten Syphilis, Beulenpest, Cholera und Corona gemeinsam zugeschlagen.

Die Schwiegermutter seufzte und schniefte sich in Endlosschleife durch den Tag, der Ehemann hörte sich an, als würde sein Hundertzehn-Kilo-Leben nur noch am seidenen Faden hängen.

»Und wenn ich sterben muss?«, fragte er ein ums andere Mal, die linke Hand theatralisch an seine fiebrig feuchte Stirn gepresst.

»Das wirst du nicht«, beruhigte ihn die Mutter und verdonnerte ihren Sohn zu einem Schonprogramm, das sich gewaschen hatte. Er dürfe sich keinesfalls anstrengen, weder geistig noch körperlich, müsse brav seine Tabletten nehmen, sich noch gesünder ernähren, viel ruhen und noch viel mehr trinken.

Lothar nickte nachdenklich und verfiel auf mütterlichen Befehl hin in eine Art Energiesparmodus, wobei er – im klein karierten Pyjama und laut stöhnend hingestreckt auf dem Wohnzimmersofa – aussah wie ein laienhafter Performanceakt zum Thema »sterbender Schwan«.

Auch Marianne seufzte, allerdings nur in Gedanken. Statt einer Nierenbeckenentzündung hätte sie lieber eine Gehirnhautentzündung gesehen, an der konnte man wenigstens wirklich sterben. Aber auch darüber verlor sie kein Wort.

Es hätte ihr ohnedies niemand zugehört. Ihr Mann war stöhnend zwischen Bergen an Kissen und einer Tonne Selbstmitleid versunken, und ihre Schwiegermutter kannte nur kommunikative Einbahnstraßen: Sie befehligte, und die Schwiegertochter hatte widerspruchslos zu gehorchen. So wie jetzt.

»Der Bub muss unbedingt sein Immunsystem stärken«, blaffte sie Marianne im bedrohlichen Dezibelbereich an. »Er hat ja einen so anstrengenden Job, er ist Alleinverdiener, er kann nicht lang im Krankenstand bleiben, und mit den Nieren ist sowieso nicht zu spaßen. Schon gar nicht in seinem Alter.«

In seinem Alter sollte man vor allem keine Mutter mehr haben, die einen als »Bub« bezeichnete, fand Marianne und biss sich auf die rauen Lippen, während sie konzentriert die herrlich bunten Blätter des Crotonstrauchs zählte. Achtundfünfzig. In der Vorwoche hatte das farbenfröhliche Wolfsmilchgewächs erst dreiundfünfzig gehabt. Im Unterschied zu ihr fühlte es sich offensichtlich wohl in diesem Haus. Die Pflanze genoss aber auch einen Platz an der Sonne, wurde gehegt und gepflegt und von niemandem herumkommandiert.

»Meine Mutter hat recht«, fuhr nun auch Lothar sie an, der sich kurzzeitig aus seinem Jammertal erhoben hatte. »Ich brauch viel mehr Vitamine, und zwar frisches Zeug, nicht immer nur gekochte Erbsen oder Erdäpfelpüree. Außerdem muss ich meine Nieren spülen, hat der Arzt gesagt, also schau, dass ich was G'scheits zu trinken krieg.«

Marianne nickte gewohnheitsmäßig, während die Schwiegermutter ebenso gewohnheitsmäßig ihren Senf dazugab. »Geh halt Kräuter sammeln und mix ihm ein paar dieser neumodischen grünen Vitamindrinks. Vier oder fünf pro Tag sollten eh reichen, aber ganz frisch müssen sie sein, so helfen sie am meisten. Der Bub braucht jetzt alles, damit er wieder zu Kräften kommt. Oder willst du das Leben deines Ernährers riskieren?«

Und Marianne ging, um im Garten kiloweise Blutampfer, Sauerklee und Rhabarber zu sammeln, denn kein Grünzeug enthielt mehr Oxalsäure als diese aromatischen drei – und nichts war schädlicher für Nierenleidende als Oxalsäure. Manch einer hatte bereits nach fünfhundert Gramm vom krausen Ampfer den Löffel abgegeben. Übelkeit, Dünnschiss, Kreislaufkollaps, Nierenversagen, gefolgt von einem raschen und vor allem unauffälligen Tod, zeichneten diese Gewächse aus. Genau das, was sie brauchte.

Mit mörderischer Begeisterung shakte sie los. Nach zehn schwiegermütterlich verordneten Gesundheitsdrinks zeigte ihr Mann die ersten Verfallserscheinungen, weitere zehn der hoch dosierten giftgrünen Smoothies erledigten den Rest. Auf dem Weg zum Swimmingpool griff Lothar sich ans Herz, sank neben dem Salat darnieder und biss beinahe lautlos ins Gras.

Sauerampfer, Krauser Ampfer, Rumex acetosa, Rumex crispus (giftig)
Tödliche Frühlingssuppe

Dieses unauffällige Wildkraut erfreute sich bereits in der Antike allgemeiner Beliebtheit. Römer und Griechen verspeisten es als Ausgleich zu ihren fettreichen kulinarischen Orgien, im Mittelalter wurde es als frei verfügbarer Vitaminspender gegen Skorbut verwendet, die Germanen stopften den Ampfer einfach in ihre Pfeife, und als Bestandteil der Frankfurter Soße ist er heute noch unverzichtbar. Damit nicht genug, galt und gilt das Knöterichgewächs als blutbildend, fiebersenkend, entschlackend, appetitfördernd, leberstärkend und gut gegen Ohren-, Zahn- und Unterleibsschmerzen. Sebastian Kneipp bemerkte einst, dass der Ampfer generell eine »vorzügliche Kost für Kranke sei, da er das Blut reinigt und verbessert«.

Die Äbtissin Hildegard von Bingen war da allerdings anderer Ansicht, denn sie stellte rigoros fest, dass der saure Geselle nur Ochsen nützen würde, den Menschen aber traurig mache und seinen Eingeweiden schade. Womit sie nicht ganz unrecht hat, denn diese Heilpflanze enthält große Mengen an Oxalsäure, weshalb Leber- und Nierenkranke sowie Schwangere am besten die Finger davon lassen. In größeren Mengen kann dieses Grünzeug tödlich sein. Ein dreiundfünfzigjähriger Diabetiker bereitete sich ganz gegen seinen gesunden Willen ein letztes Mittagsmahl, als er fünfhundert Gramm Krausen Ampfer in seine Suppe schnitt. Und danach für immer den Löffel abgeben musste. Den solcherart todgeweihten Naturkostfreunden bleibt allein die Wahl zwischen einem Ableben durch Nierenversagen oder Exitus durch zentrale Lähmung in komatösem Zustand.

Aber auch Kinder und Weidevieh erliegen regelmäßig dem kulinarischen Reiz dieser Pflanze, schlagen sich die Bäuche voll und landen letztlich im Kranken- beziehungsweise Schlachthaus. Dennoch sollte man sich dadurch nicht den Appetit verderben lassen, eine Handvoll kleiner, frühlingsfrischer grüner Blätter hat noch niemandem geschadet.

Info: Erster auch Scheißblättchen, Salatampfer, Feldampfer, Kuckuckskraut, Sättling, Mengelwurz oder Sauerknöterich genannt, Zweiter Grindwurz, wilder Tabak oder Krötenblatt. Krautige Pflanze aus der Familie der Knöterichgewächse, mit pfeilförmigen Blättern und rötlichen (Sauerampfer) oder grünen (Krauser Ampfer) Blüten. Der Krause Ampfer blüht später als der Sauerampfer. | **Inhaltsstoffe:** Oxalsäure, Gerbstoffe | **Vergiftungserscheinungen:** schwere Herzschäden, blutiger Durchfall, Krämpfe, Bildung von Harn- und Nierensteinen, zentrale Lähmung, Leberschäden, Niereninsuffizienz, Tod im Koma

Paradiesische Zustände

Lilith war ein zutiefst religiöser Mensch. Sie betete ihre Pflanzen an, fiel zehnmal täglich vor den Mariendisteln auf die Knie und geriet beim Anblick blühender Passionsblumen regelmäßig in Ekstase. Kurz gesagt, ihr Garten war ihr Himmelreich auf Erden. Und sie hatte es mit ihren eigenen Händen geschaffen, in jahrzehntelanger mühevoller Arbeit, allein getrieben vom Glauben an die Kraft des Keimblatts und die Wundertätigkeit ihres grünen Daumens.

Und die Mühe hatte sich mehr als gelohnt. Kaum setzte Lilith frühmorgens das erste Mal ihren Fuß nach draußen, schwebte sie bereits auf Wolke sieben. Das leise Rauschen der Blätter kam ihr schöner vor als die süßesten Sphärenklänge, während der zarte Duft taunasser Blüten ihr olfaktorische Orgasmen bescherte. Von der berauschenden Farbenpracht, an der sie sich niemals würde sattsehen können, ganz zu schweigen.

Beglückt glitt ihr Blick über Prachtspieren und Mittagsblumen, Kaiserkronen und Lilientrauben hinweg bis hin zum baumbestandenen Horizont, der nur durch einen Streifen Brachland von ihrem Grundstück getrennt war. Ein Garten Eden biblischen Ausmaßes ganz für sie allein, fernab aller architektonischen Sündenfälle. Nicht einmal eine Zufahrtsstraße führte zu ihrer blühenden Einsiedelei. Stattdessen trieben sich Rehe, Hasen und Fasanen vor dem Haus herum und verliehen der umliegenden Landschaft einen nahezu bukolischen Reiz.

Doch eines weniger schönen Morgens erblickte Lilith Holzpflöcke an der Grundstücksgrenze, zwischen denen rote Flatterbänder gespannt waren. Ein böses Omen. Flatterbänder besagten selten Gutes. Entweder markierten sie die Stelle, an denen ein Mordopfer zur letzten Ruhe gebettet worden war, oder sie legten den Ort fest, an dem ein bauliches Verbrechen geplant wurde. Zweiteres erschien Lilith um einiges schlimmer.

Ein getöteter Mensch war einfach tot, doch für Boden und Erde kam jedes Bauvorhaben einem Sterben auf Raten gleich. Erst riss man mit tonnenschweren Baggern die fruchtbare Scholle auf, dann wurde wochen-, wenn nicht gar monatelang planiert, zementiert, versiegelt und schlussendlich der im Eilverfahren hochgezogene Fertigteilwohnbunker mit einer Wagenladung Schotter und Kies umgeben, weil Steingärten so furchtbar pflegeleicht waren. Dort fristeten dann bestenfalls drei kümmerliche Buchsbäumchen ihr trauriges Dasein.

Allein bei der Vorstellung schauderte sie. Nun war definitiv erhöhte Wachsamkeit angesagt, denn wie bereits Ovid erkannt hatte, am wirkungsvollsten wehrte man stets den Anfängen.

Eine ganze unerträglich lange Woche begab Lilith sich nur noch zum Schlafen ins Haus, die restliche Zeit patrouillierte sie auf der Südseite ihres alten Anwesens herum, stutzte ihre wildwüchsige Hecke aus Blutberberitzen und Feuerdorn zurecht und harrte der Menschen, die da irgendwann kommen mussten.

Und sie kamen. Eines trüben Tages, Lilith hatte gerade die Päonien von einer Blattschneidebiene befreit, erblickte sie zwei Männer, die mit gesenktem Blick und einem riesigen Bogen Papier in den Händen bedächtig über das freie Feld vor ihrem Anwesen schritten.

Lilith kniff die Augen zusammen, um besser sehen zu können. Sie mochte keine Männer, ihre Zuneigung zum anderen Geschlecht wuchs mit dem Quadrat der Entfernung, idealerweise hielten sie sich überhaupt Lichtjahre von ihr entfernt auf. Aber seitdem die geldgierige Gemeinde den nachbarschaftlichen Besitz zum Baugrund umgewidmet hatte, musste sie sich leider immer wieder mit ihnen befassen, um ihre idyllische Alleinlage am Waldesrand zu verteidigen.

Das hätte ihr gerade noch gefehlt, ein architektonisch aufpoliertes Schuhschachtelhaus mit Swimmingpool, Gabionenmauern und Satellitenschüssel vor die Nase gesetzt zu bekommen. Oder gar ein Ökogebäude mit Sonnenreflektoren auf dem Dach und drei Windrädern zur Eigenstromerzeugung, bewohnt von wohlstandslinken Stadtflüchtigen mit antiautoritär erzogenen brüllenden Kindern und einem kläffenden Hund. Ihr graute allein beim Gedanken daran.

Aber noch war über allen Gipfeln Ruh – und sie würde schon dafür sorgen, dass das auch weiterhin so blieb.

Böse blickte sie den Männern hinterher, bis sie unter dem dichten Geäst der Trauerweide verschwanden. Dann wandte sie sich abrupt um, streichelte gedankenverloren über eine monumentale Stockrose und multiplizierte die Anzahl ihrer Nachtviolen mit der aktuellen Uhrzeit abzüglich der Keimblattzahl des Storchenschnabels. Kopfrechnen übte seit ihrer Kindheit eine beruhigende Wirkung auf sie aus. Und auch diesmal brachte es Lilith auf andere, weniger mörderische Gedanken. Schon bald hatte sie sich so weit abgelenkt, dass sie ihren morgendlichen Gartenrundgang einigermaßen konzentriert fortsetzen konnte.

Es gab ja ständig so viel zu tun. Die Trichtermalven hatten sich als echte Säufer entpuppt und verlangten immerfort nach Wasser, der wollige Fingerhut brauchte eine dickere Mulchdecke, am Gewürzstrauch nagte eine Blattwanze herum, und eine dieser ekligen Nacktschnecken hatte es sich auf der blühenden Bitterwurz bequem gemacht. Lilith seufzte, schleppte Kannen voller Wasser heran, massakrierte Massen an Ungeziefer, rodete, jätete, zupfte und rupfte, bis selbst die Gänseblümchen aussahen, als kämen sie frisch vom Friseur.

Anschließend betrachtete die begnadete Gärtnerin eine Zeit lang zufrieden ihr botanisches Meisterwerk, bevor sie ihr Handwerkszeug sorgfältig säuberte und in den Geräteschuppen trug. Die kleine gemauerte Hütte wurde fast zur Gänze von einem betörend duftenden Blauregen überwuchert, weshalb der Innenraum Tag und Nacht im Dunkeln lag. Im Schein einer Taschenlampe legte Lilith Rosenschere, Pflanzkelle und Unkrautstecher ab. Dann griff sie nach der Flasche mit dem Maschinenöl, schob Schubkarren und Sonnenschirme zur Seite und öffnete eine kaum sichtbare Tür, die in den Erdkeller führte. Nur das völlige Fehlen von Spinnweben verriet, dass dieser

Abstieg durchaus regelmäßig benutzt wurde. Beinahe wöchentlich betrat Lilith den unterirdischen Raum, denn dort lagerte ihr größter Schatz, ein leistungsstarker, benzinbetriebener und geräuscharmer Hochleistungs-Hartholzhäcksler, dessen sachgemäße Wartung ihr seit einigen Jahren besonders am Herzen lag. Schließlich musste das gute Teil jederzeit einsatzbereit sein, komme, was beziehungsweise wer wolle.

In der Gemischtwarenhandlung des Gustav Biedermann herrschte wie stets eine äußerst meditative Atmosphäre. Der Ladeninhaber schien an der Wursttheke in eine Art Energiesparmodus gefallen zu sein, während er nach der Jägersalami Ausschau hielt, die direkt vor ihm lag, seine einzige Angestellte schlichtete in Zeitlupentempo Salatköpfe in eine Schütte, und an der Kassa stand der Dorfpolizist und blätterte die Tageszeitungen durch.

»Grüß Gott, alle miteinander«, flötete Lilith, kaum hatte sie das Geschäft betreten. Der grindige Warenbestand des Ladens ging ihr zwar gänzlich am dicken Hintern vorbei, aber frischeren Klatsch und Tratsch als hier bekam man nirgendwo.

»Da schau her, die Frau Schönberg beehrt uns auch mal wieder«, frotzelte Biedermann und platzierte die Salamistange mit enervierender Langsamkeit neben der Wurstschneidemaschine. »Ich hoffe, Sie haben's nicht allzu eilig, weil ich noch vier Wurstsemmeln machen und kassieren muss. Aber dann bin ich ganz für Sie da.«

Lilith Schönberg lächelte. »Lassen Sie sich nicht stressen, ich hab Zeit.«

»Ich nicht«, murmelte der Polizist, aber ohne mittägliche Wurstsemmeln im Bauch fiel ihm das Amtshandeln unerträglich schwer. Und der Krämer fabrizierte die mit Abstand am dicksten belegten Semmeln im ganzen Dorf. Er sparte halt weder an Zeit noch an Wurst.

»Was gibt's denn Neues?«, wandte Lilith sich an den hungernden Inspektor, während sie gleichfalls nach einer Tageszeitung griff.

Der Polizist zuckte die Schultern. »Eigentlich nichts. Heut früh ist dem Huber Sepp die beste Milchkuh in die Klärgrube gestürzt. Das war vielleicht ein Trara.«

»Dem seine Rindviecher interessieren doch keinen«, mischte sich umgehend der Wurstschneidefachmann ein, »aber dass die Bogensberger Mitzi schwanger ist, obwohl ihr Mann seit fünf Monaten mit einer Herzklappengeschichte im Krankenhaus liegt, das ist ein starkes Stück.«

»Was Sie nicht sagen«, säuselte Lilith und riss die Augen auf.

»Ja, das hab ich auch gehört«, meinte die Angestellte und rückte resolut den obersten Salatkopf zurecht. »Angeblich ist der Vater sogar ein Ausländer, einer von den Erntehelfern, also so ein Spargelstecher.«

Lilith riss die Augen noch etwas weiter auf. »Ich bin ja so froh, dass der Grund vor mir jetzt Bauland ist«, log sie ungeniert, »womöglich hätte ich sonst auch schon so ein Spargelfeld vor der Haustür. Aber das kann man jetzt nicht mehr machen, oder? Also, auf einem Hausplatz Gemüse anbauen?« Fragend blickte sie den Polizisten an.

Der schüttelte aber nur den Kopf, während er mit Blicken bereits die halb fertigen Wurstsemmeln verschlang.

»Ich hab was läuten hören, dass sich ein Arzt für den Grund interessieren soll«, meinte Biedermann, der seltsamerweise nie was sah, nicht einmal die Wurst vor seinen Augen, aber das Gras sogar noch auf kilometerweit entfernten Wiesen wachsen hörte.

»Na, wenn dort ein Arzt baut, dann ist mir wohl ein langes Leben beschieden«, scherzte Lilith, auch wenn ihr zum Heulen zumute war. Vor ihrem inneren Auge tauchte umgehend eine pompöse Prunkvilla auf, mit einer geschotterten, von meterhohen Zypressen flankierten Zufahrt und täglichem Dauerverkehr, falls der Typ daheim ordinieren wollte.

Mit aufgesetzter Heiterkeit erwarb sie ein paar Bananen, Eier von garantiert unglücklichen Hühnern, zwei Kilo Maisgrieß, Schnittkäse und Schokolade, bedankte sich überschwänglich und trat den Heimweg an.

Am nächsten Morgen war sie bereits vor dem ersten Amselgezwitscher aus den Federn. Vor lauter Sorge um ihr Paradies hatte sie ohnedies kaum schlafen können, sich stundenlang unruhig von einer Seite auf die andere gewälzt und dabei versehentlich die Nachttischlampe zu Boden gefegt. Der hübsche Schirm aus Milchglas war in tausend Teile zersprungen, aber Lilith nahm es als gutes Omen: Scherben brachten ja bekanntlich Glück.

Rasch brühte sie einen Kräutertee aus Apfelminze, Zitronenmelisse und Verbene auf, fügte noch ein paar Tropfen Baldrian dazu und ging in den Garten, um sich mit ihren Pflanzen zu bereden. »Wir lassen uns unseren freien Blick auf den Waldrand nicht nehmen, das versprech ich dir«, sagte sie zum erhabenen Rittersporn.

»Ich werde nicht zulassen, dass euch stinkende Autoabgase den Duft versauen«, bekamen die schmucken Elfenspiegel zu hören.

»Niemand wird dir ein Leid antun«, versicherte sie dem Holunderbusch, dessen Zweige bereits meterweit über die Grundstücksgrenze ragten.

»Gemeinsam schaffen wir das schon«, flüsterte sie schließlich dem Giftlattich zu und betrachtete nachdenklich dessen unscheinbare blaugrüne Blätter, die der Pflanze tatsächlich den Anschein eines harmlosen hochgeschossenen Kopfsalats verliehen. Wie der Schein doch trügen konnte. Und weil ein ganz leichtes Lüfterl wehte, schien der Lattich sogar zustimmend mit seinen Köpfchen zu nicken.

Es gibt halt doch kein Problem, gegen das nicht das passende Kraut gewachsen ist, dachte Lilith und beendete frohen Mutes ihre Gartenrunde. Alles nur eine Frage von Zeit, Geduld, einem grünen Daumen und den richtigen Waffen. Immerhin war es ihr gelungen, das gesamte kriechende Fingerkraut zum Abzug zu bewegen, dagegen war die Elimination von Männern ein Kinderspiel.

Hätte Liliths Kellertür gekrächzt, geknarrt oder gequietscht – also eins dieser in Gruselfilmen sehr beliebten Geräusche von sich gegeben –, würde man gehört haben, dass die Medea der Neuzeit an jenem regnerischen Freitag viermal den Weg nach unten in den Erdkeller angetreten hatte, um den leistungsstarken, benzinbetriebenen und geräuscharmen Hartholzhäcksler mitsamt seinen Ventilen, Schwungscheiben und Messern zu überprüfen. Und hätten die drei Jurymitglieder vom Bundeskomitee zur Prämierung des schönsten Naturgartens – zwei Männer, eine Frau – nicht nur Augen für die wilden Orchideen und gigantischen Tulpenbäume gehabt, sondern auch einen Blick auf den unprätentiösen Giftlattich geworfen, dann wäre ihnen aufgefallen, dass der Lattich fast all seiner Blätter beraubt worden war. Aber wer sah sich schon Unkraut an, wenn gerade sechzehn unterschiedliche Arten von Akeleien in voller Blüte standen.

»Ein Wahnsinn, Ihre Aquilegia coerulea Colorado blue«, meinte der älteste der drei Juroren stattdessen und erging sich in euphorischen Lobhudeleien über Liliths gärtnerisches Talent.

»Verraten Sie mir nur: Wie in aller Welt haben Sie das Graben-Veilchen zu einem derartigen Riesenwuchs anregen können?«, bat der jüngste der Juroren und bestaunte fassungslos den weißen Teppich aus kniehohen Violen.

»Nie zuvor hab ich derart blutrote Erdbeeren gesehen«, schloss sich die Dritte im Bunde der allgemeinen Beweihräucherung an, während sie verstohlen nach einer der fleischigen Früchte griff. »Himmlisch, eine Explosion an Aromen – und dieser intensive Geschmack erst!«, meinte sie gleich darauf und gönnte sich ein zweites Exemplar. »Ich nehme an, Sie haben da ein paar gärtnerische Geheimnisse, von denen wir nichts wissen.« Verschwörerisch lächelte sie Lilith zu.

Die lächelte zurück und meinte: »Seien Sie unbesorgt, ins Grab werde ich meine kleinen Kniffe bestimmt nicht mitnehmen. Zuvor verrate ich sie Ihnen.«

»Oh, vielen Dank.« Die Frau Jurorin strahlte über ihr ganzes vollmondiges Gesicht, Lilith strahlte eher innerlich.

Der Preis für den schönsten Naturgarten im Lande war ihr auch in diesem Jahr sicher, davon war sie überzeugt.

Und weil auf Regen meistens Sonne folgte, präsentierte sich der folgende Tag in makellosem Blau. Kein Wölkchen stand am Himmel, keine Nebelschwaden trübten den Horizont, nicht einmal ein morgenfrischer Wind wehte. Auch Lilith hatte den frühsommerlichen Wetterumschwung bemerkt und war nahezu leichtfüßig aus ihrem Bett gesprungen, eine in Anbetracht ihrer Körpermasse beachtliche Leistung.

Nun stand sie vor ihrem reich bestückten Teeregal, dem zufolge sie eine ausgeglichene, geerdete und ausnehmend sanftmütige Frau mit Menstruationsproblemen hätte sein müssen, was mit einundsiebzig Jahren schlichtweg unmöglich wäre, und brühte sich eine energetisierende Spezialkräutermischung auf. Schafgarbe, Frauenmantel, Artemisia, etwas Teufelskralle und eine Prise Wermut, um für diesen Samstag gerüstet zu sein. Wenn das Wetter so blieb und ihr Instinkt sie nicht trog, könnte heute ein guter Tag für böse Absichten sein.

Nach der dritten Tasse Tee fühlte sie sich stark genug, um dem Schicksal – sofern es sich ihr zeigen würde – ausreichend gelassen entgegenzutreten. Immerhin war Samstag – und wenn dieser Arzt ihr bautechnisch tatsächlich nahe kommen wollte, dann wäre heute der perfekte Zeitpunkt für einen näheren Lokalaugenschein. Unter der Woche ging der potenzielle Unruhestifter ja bestimmt seiner Arbeit nach. Zudem verfügte Lilith mittlerweile über ausreichend Erfahrung, was Grundstücksbegehungen betraf. Das allererste Mal kam man alleine und besah sich bestenfalls die allgemeine Beschaffenheit aus einer gewissen Entfernung. Danach verhandelte man den Preis. Kam man finanziell einigermaßen überein, zog der zukünftige Häuslbauer erneut los, zumeist mit einem übereifrigen Architekten im Schlepptau, der bereits davon träumte, den makellosen Busen der Natur mit einem fetten Fertigteilfurunkel zu verschandeln.

War auch diese Hürde in beiderseitigem Einverständnis genommen, kehrte man ein drittes Mal zurück, um sich mal unter den Nachbarn umzusehen. Damit sozusagen die Chemie stimmte, doch das war bei Lilith ohnedies der Fall. Sie hatte stets ein feines Händchen für die richtige Dosierung von Sesquiterpenlactonen bewiesen.

Zuvor aber musste sie noch den frisch gebackenen Kuchen aus dem Rohr nehmen und die handgeschriebene Holztafel weithin sichtbar vor der Feuerdornhecke aufstellen, um den Doktor anzulocken. »Heute Tag der offenen Naturgarten-Tür. Eintritt frei«, stand in dicken, verschnörkelten Buchstaben darauf, umrahmt von vielen bunten Blumen und mit einem fetten roten Pfeil versehen, der direkt auf den Hintereingang ihres Grundstücks wies.

Mehr blieb ihr nicht zu tun, außer zu warten und zu hoffen, dass der Arzt sich nicht in Begleitung einer Großfamilie oder gar des Bürgermeisters befinden würde. Aber das war bislang noch nie passiert. Offenbar neigten Männer dazu, ihre Beute erst zu präsentieren, wenn sie bereits sicher im Netz gelandet war. Und auch die Jagd nach Grundstücken fiel ihrer Ansicht nach in diese archaische Hab-ich-dich-endlich-Kategorie.

Zwei Stunden und drei Tassen Tee später ertönte endlich der metallische Gong, den Lilith neben der Holztafel aufgehängt hatte. Schnell zog sie sich die Lippen nach und legte die Küchenschürze ab. Ihrer Ansicht nach kam es immer noch auf den ersten Eindruck an, allem Gerede von inneren Werten zum Trotz. Innere Werte besaß bestenfalls ein Kühlschrank. Männer hingegen sahen einer Frau ins Gesicht, starrten ihr auf den Busen, sondierten ihre Beine … Sie konnten halt besser schauen als denken.

Der Mann, der nun ihren Garten betreten hatte, schaute sich tatsächlich schon neugierig um.

»Hier entlang, bitte treten Sie doch näher«, flötete Lilith und winkte ihn zu sich. »Wie schön, dass Sie den Weg in meinen Paradiesgarten gefunden haben.«

Der Besucher kam auf sie zu. »Mayerling, Benno Mayerling«, stellte er sich formvollendet vor. »Ich wollte ohnedies bei Ihnen hereinschneien.«

Lilith, die sich nur mit ihrem Vornamen vorstellte, lächelte. »Bis zum ersten Schnee wird es aber noch ein wenig dauern«, erwiderte sie schlagfertig.

Nun musste auch der Mann lachen, der Bann war gebrochen.

»Was also führt Sie zu mir? Persönliches Interesse an meinen wunderbaren chinesischen Päonien? Oder wollen Sie mir eine Lebensversicherung verkaufen? Dafür bin ich leider schon etwas zu alt.«

Wieder mussten sie lachen.

»Keins von beiden«, stellte Benno Mayerling klar, »aber ich gedenke Ihr neuer Nachbar zu werden.« Er wies Richtung Waldrand. »Die Lage ist einfach herrlich. So ruhig und so naturnah. Der ideale Ort, um eine Kleintierpraxis zu eröffnen. Da können sich meine Patienten mal so richtig austoben.«

Der Mann war also Tierarzt und träumte von einer Wiese voll kläffender Köter. Aber dieser Traum würde bald ausgeträumt sein.

»Eine wundervolle Vorstellung«, log sie. »Ich liebe Tiere. Lassen Sie uns doch etwas trinken, statt hier nur herumzustehen.«

Mayerling nickte.

Schweigend begaben sie sich zum Rosenpavillon, wo die routinierte Gastgeberin bereits alles für ihren speziellen Gast vorbereitet hatte.

»Bitte, ein paar Kekse, etwas Mohnkuchen, selbst gemachter Lavendelsirup. Oder hätten Sie lieber etwas magenschonenden Kräutertee oder starken Kaffee?« Die Kannen standen auf kleinen Stövchen und verströmten einen einladenden Duft.

»Kaffee, bitte.«

»Milch? Zucker?«

»Nein. Schwarz wie die Nacht. Und ohne Zucker.«

Lilith frohlockte. Alles verlief genau nach Drehbuch. Männer, sofern sie weder schwul noch vegan waren, verlangten niemals nach magenschonendem Kräutertee, weil sie das ja umgehend ins Eck der alten Knacker stellen würde. Und Lavendelsirup war ein Getränk für Großmütter, das man nicht einmal unter Todesandrohung zu sich nahm. Echte Männer standen auf dunkles, konzentriertes Koffein.

Gekonnt goss sie den Kaffee in die Porzellantasse mit dem

lieblichen Blumenmuster. Sie wusste, dass man den pulverisierten Milchsaft des Giftlattichs in der extrem starken Brühe nicht bemerken konnte. Und vor allem wusste sie um die narkotisierende Wirkung, die diese Pflanze entfalten konnte.

»Köstlich.« Der Tierarzt griff sich ein Stück vom Mohngebäck, in dem sich gleichfalls pulverisierte Lattichmilch befand.

Lilith nippte an ihrem Tee und hielt die Unterhaltung am Laufen. Sie erzählte von ihren Erfolgen mit Nematoden beim Befall der Weißen Fliege, plauderte über das dörfliche Geschehen und fragte Mayerling nebenbei über seinen Familienstand und die Anreise aus. So erfuhr sie, dass der Mann mit seiner Sprechstundenhilfe liiert war – wie banal – und den Wagen unten im Dorf hinter der Kirche abgestellt hatte. Eine gute Wahl, fand Lilith.

Nach der zweiten Tasse begann Mayerling zu gähnen. Nun musste sie zur Tat schreiten, bevor der Mann ihr womöglich vom Sessel kippte.

Geschickt lenkte sie das Gespräch auf Heilpflanzen im veterinärmedizinischen Bereich, woraufhin der Arzt noch einmal etwas munterer wurde. Sein Interesse war geweckt, und Lilith manövrierte ihn den schmalen Weg entlang, zwischen den Duftrosenbeeten und der mit Steinbrech und Küchenschellen bepflanzten Trockensteinmauer hindurch, in den hinteren Teil des Gartens, in der sich ihre Kräuterecke befand.

»Ich hab sogar Einbeeren. Die werden an Zuchtkaninchen verfüttert, wenn diese von chronischer Deckunlust befallen sind, aber das wissen Sie bestimmt selbst?«, fragte sie scheinheilig.

Er wusste es zwar nicht, aber ein derartiges Thema machte jedem Mann Beine, auch wenn Benno Mayerling nur noch schleppend vorankam. Dass die unscheinbaren Einbeeren in unmittelbarer Nähe der Gartenhütte wuchsen, betrachtete Lilith als glückliche Fügung des Schicksals. Der Häcksler war bestimmt schon hungrig. Und der Arzt gähnte zunehmend öfter.

Um ihm seine verbleibende Zeit auf Erden so angenehm wie

möglich zu gestalten, zeigte sie ihm allerdings noch ein paar Highlights ihrer Orchideenzucht, den romantischen Teich mit den Koi-Karpfen und natürlich die betörend duftenden Wisterien.

»Ein wunderbarer Garten, einfach paradiesisch«, bemerkte der Tierarzt anerkennend. »Womit düngen Sie denn?«

»Mit Blut- und Knochenmehl«, erwiderte Lilith und betrachtete nachdenklich die panaschierten Floribundarosen. Es war eindeutig Zeit für die Zufuhr neuer Nährstoffe.

Und dieser Mann sah in der Tat sehr vitaminreich und mineralstoffhaltig aus.

Giftlattich, Lactuca virosa (giftig)

Deutsches Opium für das Volk

Immer der Nase nach, so kommt man diesem giftigen Gewächs am besten auf die Spur, denn »sämmtliche Theile des Giftlattichs haben im frischen Zustande im hohen Grade einen eigenthümlichen, widerlich betäubenden Geruch«, schreibt Anton Woditschka 1871 in »Die Giftgewächse der österreichischen Alpenländer«. Allein der abstoßende Geruch rufe bereits Schwindel hervor, bei Verzehr des klebrigen Milchsaftes hingegen stellen sich rasch tiefenentspannte Zustände und eine »heitere Gemüthsstimmung« ein. Weshalb die Staude, die aussieht wie eine Kreuzung aus Löwenzahn und Kopfsalat, einst gemeinsam mit Bilsenkraut und Schierling als Narkotikum bei Operationen verwendet wurde. Angeblich hätten bereits null Komma drei Gramm für einen schmerzfreien Tiefschlaf ausgereicht, aus dem allerdings nicht mehr alle erwachten.

Doch nicht nur Mediziner, auch Drogen-Aficionados aus aller Welt lieben dieses Kraut, das in der Heilkunde auch als potentes Mittel gegen Keuchhusten, Asthma, krankhaft gesteigerte Libido – daher auch Pflanze der Eunuchen genannt – und Schlafstörungen galt. Das »Lactuarium« (der eingetrocknete Milchsaft) ähnelt in seiner Wirkung angeblich dem Opium, soll aber keinerlei Abhängigkeit erzeugen. Daher begeben sich auch heute noch zahlreiche Menschen auf die Suche nach euphorischen Glücksgefühlen, zu ihrem Pech ist die Pflanze mittlerweile aber recht selten zu finden. Im alten Rom hingegen gab es offenbar noch recht üppige Bestände, denn Giftlattich erfreute sich als Beruhigungs- und Diätmittel großer Beliebtheit, und die Genesung von Kaiser Augustus soll gleichfalls einer Kaltwasserkur mit Lactuca zu verdanken sein. Sogar bei allzu heftig aufwallenden fleischlichen Gelüsten griff man auf das nicht umsonst auch als »Opium frigidum« bezeichnete Kraut zurück, da es Nymphomanie heilen sollte. Was durchaus vorstellbar ist, denn schlafende Menschen treiben keine Unzucht.

Info: auch Stinklattich, Stinksalat, Totenkraut, Opiumsalat oder Leberdistel genannt. Krautige, salatähnliche Staude mit gefiederten, am Rand leicht stacheligen Blättern, kahlem Stängel und zahlreichen kleinen, fedrigen gelben Blüten. Korbblütler, der viel Milchsaft enthält. Blüte: Juni–September | **Inhaltsstoffe:** Lactucin, Lactucopicrin | **Vergiftungserscheinungen:** Schweißausbrüche, Schwindel, Herzklopfen, Sehstörungen, Pupillenerweiterung, Schläfrigkeit, schlimmstenfalls Tod

Wer anderen eine Grube gräbt

Es war exakt drei Uhr siebenundzwanzig in der Früh, als Karl Krause den Wecker rücklings gegen die Schlafzimmerwand schleuderte. Leider hatte er aufgrund der völligen Finsternis im Raum schlecht gezielt und nicht nur die Wand, sondern auch das Schutzengelbild getroffen, das seit Jahrzehnten über dem Doppelbett hing. Der goldgerahmte Engel flog im wahrsten Sinne des Wortes davon und Karls Gattin aufs schlafende Haupt.

Grete schreckte aus dem Tiefschlaf hoch. »Sag, du hast sie wohl nicht mehr alle! Als wär dein Geschnarche nicht schon schlimm genug«, natterte und viperte sie los, während sie die Nachttischlampe andrehte. »Jetzt musst auch noch mit Gegenständen nach mir werfen, im Bett, mitten in der Nacht. Beweg dich gefälligst unter Tag und gib in der Nacht eine Ruh.«

Der Gatte bedauerte zutiefst, das Bild seinerzeit aus Kostengründen nur in einen Plastikrahmen gesteckt zu haben. Er hätte besser in Massivholz oder eine Metallkupferlegierung investieren sollen.

»Ich habe –«, setzte er an, kam aber nicht weiter mit seinen Erklärungsversuchen, denn Gretes Schimpftiraden bliesen ihm die Wörter förmlich in den Mund zurück. Mit ihren knapp hundert Kilo verfügte sie zu seinem Pech über fast doppelt so viel Resonanzraum wie er.

Erst als sie ihr Füllhorn an Beschimpfungen zur Gänze über ihm ausgeleert hatte und erschöpft nach Luft schnappte, gelang ihm ein kurzer Einwurf.

»Ich habe doch nur den Wecker gegen die Wand –«

»Du hast NUR den Wecker gegen die Wand geworfen!«, keifte sie bereits weiter. »Welcher normale Mensch wirft mitten in der Nacht NUR einen Wecker gegen die Wand? Warum sollte man überhaupt einen Wecker gegen die Wand werfen? Noch dazu als Pensionist. Oder wolltest du damit vielleicht eine Gelse erschlagen?«

Karl schwieg und biss die Zähne zusammen. Oder besser gesagt, er presste die Kieferknochen aufeinander, denn er und sein Gebiss schliefen schon seit Jahren getrennt.

»Jetzt sag schon!« Grete gelang es immer wieder, selbst Satzzeichen auf akustischem Weg zu vermitteln. Das Ausrufzeichen stand deutlich hörbar in der dicken Luft.

»Es war wegen der Pumpe, diese verdammte Pumpe hat mich aufgeweckt. Und da hab ich nach der Uhrzeit gesehen, weil –«

»Weil?« Sie schnaubte wie ein verschnupfter Grizzly und beantwortete die Frage gleich selbst. »Weil ich glaube, dass du kein Problem mit der Pumpe hast, sondern mit deinem Gehirn. Wenn einem die Stunde schlägt, bedeutet das nicht, dass man die Uhr deshalb an die Wand wirft. Und, weil man nicht mal richtig trifft, gleich noch seine Frau mit erschlägt. Ausgerechnet mit einem Schutzengelbild!!!«

Diesmal waren drei Ausrufzeichen zu hören.

»Aber die verfluchte Pumpe hat sich mitten in der Nacht eingeschaltet«, versuchte Karl es erneut mit verbaler Selbstverteidigung. »Dieses Ding macht mich noch wahnsinnig.«

Grete blickte ihn an wie eine Schlange das Kaninchen. »Den Eindruck hab ich auch«, fauchte sie und drehte das Licht wieder ab.

Karl wagte keine Widerworte. Leise, ganz leise und langsam, um sein Weib nicht erneut in seinem Schlaf zu stören, robbte er vorsichtig aus dem Bett und schlich sich barfuß und ohne Morgenmantel aus dem Zimmer.

Erst in der Küche wagte er es, normal aufzutreten. Seine Gattin war ihm ein Rätsel. Das Geräusch einer sich öffnenden Kühlschranktür konnte sie durch dicke Mauern hindurch hören, aber für die infernalischen Ruhestörungen des Nachbarn hatte sie kein Ohr. Dabei schien dieser Trottel zum Quadrat seine Lebensaufgabe in der Vernichtung stiller Momente zu sehen. Karl, selbst pensionierter Biologe, dachte sich regelrecht in Rage, wenn ihm sein verhasstes Gegenüber in den Sinn kam. Wie sehr hatte er sein Haus und den Garten geliebt, jede freie Minute daheim genossen, im Sommer bei lauen Nächten sogar in der Hängematte geschlafen, doch ein Jahr nach seinem Pensionsantritt hatte auch Heinrich Nattermann seinem Arbeitsplatz den Rücken gekehrt. Seitdem war es vorbei mit Ruhe und Frieden. Nahezu rund um die Uhr ratterte und knatterte, hämmerte, schweißte, sägte, bohrte oder betonierte der Krawallheini irgendwo irgendwas. Bei der Intelligenzverteilung hingegen hatte er offenbar in hinterster Reihe gestanden, denn Karl sah ihn nie die Zeitung oder gar ein Buch lesen, hörte ihn nie ein Gespräch führen, das thematisch über Rasenschnitttechniken oder Schneckenvernichtungsmethoden hinausging. Doch sollte es jemals um die Erfindung dezibellastiger Aktivitäten gehen, wäre Heinrich garantiert die perfekte Ansprechperson.

Zweimal wöchentlich warf er erst den Rasenmäher und danach die Motorsense an, flämmte das Unkraut zwischen den Beetabgrenzungen ab, werkelte selbst im Hochsommer mit dem Laubbläser herum und richtete schlussendlich mit einem Winkelmesser die Kanten aus.

War der Rasenkastration definitiv Genüge getan und der letzte Käfer seiner Heimat beraubt, widmete Heinrich sich umgehend einem neuen, ebenso lautstarken Projekt. Er hatte bereits Feuerschalen geschmiedet, Kieswege angelegt, die Garageneinfahrt betoniert, einen Brotbackofen gebaut, die Apfelbäume gefällt und durch Birnbäume ersetzt, doch so richtig schlimm wurde es erst, als der Meister akustischer Kriegsführung beschloss, einen Swimmingpool anzulegen. Allein die Bauarbeiten dröhnten das gesamte Frühjahr hindurch. Vom ersten Hahnenschrei bis zum letzten Krähengekrächze wurde gebaggert und planiert, dass Karl den ganzen Tag kein Auge zubekam. Und offen halten wollte er die Augen auch nicht, denn der riesige Berg an Aushubmaterial schraubte sich direkt vor seiner Terrasse in die Höhe.

Danach kam die Zementier- und Isolierphase, die sich wiederum über Wochen hinzog, und zu Lichtmess hieß es: »Wasser marsch!«

Als Heinrich zum ersten Mal unter lautem Gejauchze in sein Schwimmbecken sprang, sandte Karl ein Dankesgebet zum

Himmel in der irrigen Annahme, nun würde endlich etwas Ruhe einkehren. Möglicherweise fühlte sein Feindbild Nummer eins sich ja so stark von den chlorverseuchten Fluten angezogen, dass es die Rasenmähorgien ein wenig vernachlässigte.

Doch leider hatte der ruheliebende Biologe die Rechnung ohne Umwälzpumpe gemacht, denn was ein echter Pool sein wollte, der brauchte so ein Höllengerät. Sechs Stunden pro Tag brummte Modell Waterwax Turbo X320 vor sich hin, exakt dreizehn Meter Luftlinie von den zwei Kastanien entfernt, zwischen denen Karls Hängematte baumelte. Der andauernde Technobeat dieser Wassermusik übertönte das Tschilpen der Amseln, das Summen der Bienen, ja sogar das Blöken der Schafe, die auf der Wiese hinter Krauses schmuckem Einfamilienhaus standen. Dabei beherrschte Karl als lang gedienter Ehemann die Kunst des Weghörens durchaus gut, aber dieses monotone Geräusch sägte stärker an seinem ohnehin bereits fragilen Nervenkostüm als der tägliche Tadel Gretes. Wer je das Geräusch eines in Endlosschleife tröpfelnden Wasserhahns ertragen musste, wird verstehen, was der Mann durchlitt.

Doch niemand verstand seinen Groll.

»Sag, hörst du es nicht?«, suchte er Beistand bei seinem Weib, wenn die Pumpe ihn wieder aus seinen Aufzeichnungen über das Brutverhalten des Hausrotschwanzes riss, doch Grete hörte weder ihn noch das Gerät.

»Sieben links, zwei rechts«, murmelte sie und blickte hoch konzentriert ihre Strickarbeit an. Erst einen halben Ärmel später fragte sie uninteressiert nach, was er denn gesagt habe. Aber selbst nach einer ausführlichen, beinahe tiefenpsychologischen Darlegung seiner zutiefst gestörten Befindlichkeit zeigte sie keinerlei Verständnis für sein Problem.

»Versuch's doch mit Ohropax. Ich nehm die auch immer, wenn ich schlafen geh«, war alles, was ihr dazu einfiel. Dann wandte sie sich erneut ihrem Strickmuster zu.

Ohne moralische Unterstützung durch seine Gattin, der womöglich ein paar wirklich schlagkräftige Argumente eingefallen wären, musste Karl sich wohl oder übel alleine auf

Konfrontationskurs mit beziehungsweise zu dem Verursacher der Lärmquelle begeben. Diesem Menschen gehörte einfach mal ordentlich ins Gewissen geredet. Und außer ihm hatte das offenbar niemand vor.

Mit einer Mischung aus Wut und Angst im Bauch machte er sich auf den Weg zum missliebigen Nachbarn, um den Stier bei den Hörnern zu packen, wie es so schön hieß. Und der Krawallheini war durchaus eine recht bullige Erscheinung, im Unterschied zu Karl, der eher einem ausgemergelten Kampfhahn glich.

Mit zitternden Knien betrat er nach stundenlangem Zögern endlich Feindesland und forderte Heinrich zum Dialog. Der erwies sich allerdings als verlorene Liebesmüh.

»Ich möchte Sie nur ganz kurz stören«, murmelte Karl am Gartentor, während er am liebsten gleich wieder kehrtgemacht hätte.

»Immer nur herein«, antwortete der Poolbesitzer und schwang einladend eine Astschere über seinem Kopf.

Karl machte zögernd ein paar Schritte über den millimeterkurz geschorenen Rasen.

»Auch ein Bier?« Heinrich deutete auf eine Kiste, die am vorderen Rand des Pools im Schatten einer Plastikpalme stand.

»Danke, sehr nett, aber ich trinke nicht.«

»Echt jetzt?« Ein Leben ohne Hopfen und Malz überstieg sichtlich Heinrichs Vorstellungsvermögen. Ratlos zuckte er mit den Schultern, nahm selbst einen großen Schluck direkt aus der Flasche und wandte sich danach erneut dem Radikalschnitt einer bonsaiartigen Magnolie zu.

Karl schluckte, ein Frosch saß ihm spürbar im Hals. Gern hätte er ein Glas Wasser gehabt, um ihn runterzuspülen, wollte aber keinesfalls danach fragen. Und zu Alkohol griff er seit Ewigkeiten nicht mehr. Der löste nur die Zunge und ließ einen Dinge sagen, die man später schwer bereute. Im betrunkenen Zustand hatte er vor exakt siebenunddreißig Jahren um die Hand seiner Grete angehalten, und an den Folgen laborierte er heute noch. Seitdem trank er nur noch Milch, Wasser und Kräutertee.

»Was magst denn dann?«, erkundigte sich Heinrich, während er Zweig um Zweig zurechtstutzte.

»Ich wollte eigentlich nur wegen dieser Pumpe mit Ihnen reden.« Diese dörflich joviale Duzerei stieß ihm ebenso sauer auf wie die malträtierte Grasnarbe.

»Welche Pumpe?«

»Die Poolpumpe.«

»Ah.«

»Tja.«

»Also?«

»Nun, sie macht Lärm. Also, sie brummt.«

»Würd sie net brummen, wär sie kaputt.«

Karl begann zu verstehen, warum Heinrichs Frau vor Jahren das Weite gesucht hatte. Die Ehe mit diesem geistigen Notstandsgebiet musste gefühlsmäßig einer täglichen Himalayabesteigung gleichgekommen sein.

»Schon klar, aber das Gebrumme hört man auch bei uns. Es stört mich. Vielleicht könnte man das Ding ja irgendwie dämmen.«

»Kann man vermutlich.« Heinrich Nattermann liebäugelte erneut mit seinem Bier.

»Wäre das machbar? Ich hätte wirklich gern wieder meine Ruhe.«

Heinrich kratzte sich nachdenklich an den Eiern. »Mal schauen.«

»Es wäre mir ein echtes Anliegen.«

»Ein was?«

»Also es wäre toll, wenn ich die Pumpe nicht mehr hören würde.«

»Das ist eine Waterwax Turbo X320 mit automatischer Ansaugung, zwei Vorfiltern und sechs Klebemuffen. Vierhundertsiebzig Euro im Lagerhaus. Aber nur, weil der Cousin von meinem Ex-Schwager dort arbeitet. Sonst fünfhundertfünfzehn.« Er langte nach einer neuen Flasche Bier, leerte sie in drei Zügen und sah Karl fragend an. »Wennst auch eine brauchst, ich kann mich schon erkundigen.«

Karl schwieg. Für derart verschwurbelte Gedankengänge fehlte ihm jegliches Verständnis. Er wollte doch gar keine verdammte Pumpe, er wollte nur seine Ruh. »Aber ich hab ja keinen Pool«, stammelte er.

Ein mitleidiger Blick traf ihn.

»Und ich will auch keinen, ich will nur, dass Sie Ihre Pumpe dämmen. Weil mich das Geräusch Ihrer Pumpe stört.« Das hatte er ganz langsam und deutlich gesagt, sozusagen zum Mitschreiben, und die Pronomen hatte er dabei besonders betont.

»Die ist aber eh schon geräuscharm«, entgegnete der Nachbar nach einer längeren Reflexionspause. »Steht auf der Verpackung.« Abrupt drehte er sich um, eilte ins Haus, und während Karl noch über diesen unerwarteten Abgang nachdachte, war er schon wieder zurück. »Da, schau!« Stolz hielt er ihm eine riesige Schachtel unter die Nase. »Da steht ›geräuscharm‹.«

»Geräuscharm bedeutet aber nicht geräuschlos«, wandte er erschöpft ein. Der Erfolg seiner Mission schien sich nicht einmal im Promillebereich abzuzeichnen. Dieser Mensch hatte seinen Verstand ganz eindeutig tiefergelegt, so tief nämlich, dass man mit Worten nicht mehr hingelangte.

»Eine geräuschlose Pumpe ist kaputt«, begann Heinrich seine Ausführungen von vorne. »Und was sollte ich mit einer kaputten Pumpe?«

»Schon klar.« Karl gab nach, wenngleich nicht auf. Er hatte zwar die Schlacht verloren, doch der Krieg fing erst an. Er bedankte sich für das Gespräch, lehnte das zweite ihm angebotene Bier ab und verließ den Garten. Die Pumpe brummte fröhlich hinter ihm her.

Und weil schlimmer immer ging, gesellte sich zwei Wochen später zur Umwälzpumpe noch eine Heizpumpe dazu. Auf die weltweite Klimaerwärmung war auch kein Verlass mehr, dachte Karl und kochte vor Wut. Wegen irgendwelcher technischen Komplikationen, von denen er keine Ahnung hatte, lief die eine Pumpe nun nachts und die andere tagsüber. Empört hatte er sich erneut zu Heinrich begeben, um ihn ob der neuen Dauergeräuschkulisse zur Rede zu stellen, doch der hatte nur was von Überhitzungs- und Überlastungsproblemen gefaselt und dem aufgebrachten Mann ein weiteres Bier angeboten. Stromkreisläufe lagen Karl Krause allerdings ähnlich fern wie die Andromedagalaxie.

Er wollte kein Kurzstudium in Elektrotechnik machen, er wollte endlich – und angesichts der nahezu nahtlosen Vierundzwanzig-Stunden-Beschallung nahezu doppelt dringend – seine Ruhe.

»Wenigstens beim Schlafen und beim Essen möchte ich dieses Gebrumme nicht hören«, insistierte er. »Das muss doch irgendwie möglich sein. Ich werde täglich um drei Uhr siebenundzwanzig wach, weil dieses Teufelsding anspringt. Das ist unzumutbar, also eigentlich schon Psychoterror.« Von den ehelichen Kollateralschäden ganz zu schweigen, doch die ließ er unerwähnt.

»Verstehe«, meinte Heinrich, obwohl es ihm nach wie vor an echtem Problembewusstsein zu mangeln schien. »Vielleicht Holzwolle. Oder?«

Dem Pumpenfeind war es völlig egal, was Nachbar Nattermann zur Dämmung heranzog, Hauptsache, der Lärmpegel sank. Wenn es half, konnte der Depp es auch mit Stroh versuchen, davon hatte er eh genug im Kopf. Daher nickte er nur zustimmend und zwang sich sogar zu einem Lächeln, um so etwas wie vorauseilende Dankbarkeit auszudrücken.

Doch die Holzwolle bewirkte ebenso wenig wie die Wutanfälle, denen Karl immer öfter erlag. In der Nacht schlief er zunehmend kürzer und schlechter, weil er mittlerweile bereits um zwei Uhr siebenundzwanzig munter wurde und eine volle Stunde lang auf das Anspringen des Motors wartete. Wecker oder Schutzengelbilder flogen dabei allerdings keine mehr durch die Luft. Sein Nervenkostüm war ohnedies schon arg lädiert, als weckerwerfender Wiederholungstäter hätte ihm sein Weib garantiert auch noch ein paar körperliche Schrammen zugefügt. Eine Rippe war schließlich schnell geprellt oder das Nasenbein gebrochen.

Im Interesse seiner physischen Unversehrtheit räumte er

also umgehend seinen angestammten Schlafplatz und schlich auf Zehenspitzen aus dem Zimmer, sobald er das zweite Auge offen hatte. Er durfte seine Energien keinesfalls mit Ehezwistigkeiten vergeuden, er brauchte all seine Kraft im Kampf gegen die Pumpen.

Und dafür waren dem Don Quijote der Swimmingpool-Ära alle Mittel recht. Er hatte sogar begonnen, seinen Feind pünktlich um drei Uhr siebenundzwanzig anzurufen, ganz nach dem biblischen Motto: »Auge um Auge, Zahn um Zahn«. Wenn dieser Unmensch mit seiner unnötigen Wassertechnologie ihm den Schlaf raubte, war die umgekehrte Ruhestörung nur rechtens. Nattermann ging allerdings nie ran, obwohl Krause dessen Festnetzanschluss läuten hörte.

»Verdammt«, fluchte er dann ein ums andere Mal, während er an seiner lauwarmen Milch nippte und verdrossen aus dem Fenster starrte. Nacht für Nacht.

Von wegen Schlaf der Gerechten, gerade die Ungerechten schienen sich schönster Träume zu erfreuen. Seine Grete war ja – zumindest in horizontaler Hinsicht – gleichfalls durch kein Geräusch aus der Nachtruhe zu bringen, selbst wenn sie von sich das Gegenteil behauptete.

Vier kräftige, laut pfeifende Einbrecher würden sie mitsamt dem Ehebett bestimmt davontragen können, vorausgesetzt, sie warfen ihr dabei nicht versehentlich ein Bild an den Kopf.

Aber er schweifte ab. Derartige Überlegungen brachten ihn nicht weiter und die Stille nicht zurück. Missmutig griff er nach seiner Abhandlung über das Brutverhalten des Hausrotschwanzes. Keine zwanzig Seiten hatte er geschrieben, seit die erste Pumpe vor fünf Wochen ihren nervtötenden Dienst angetreten hatte. Wie sollte man sich auch konzentrieren können, wenn die grauen Zellen stundenlang von diesem bassartigen Gebrumme zugedröhnt wurden! Dabei war er damals zumindest noch relativ ausgeschlafen gewesen.

Und weil auch aller schlechten Dinge drei waren, kamen mit Ferienbeginn zur Umwälzpumpe und zur Wärmepumpe auch noch Poolpartys dazu. Mit Musik, Bier, rosaroten Schwimmtieren und einer ohrenbetäubend kreischenden Kinderschar. Nichten, Neffen, Klassenkameraden von Nichten und Neffen, ein halber Autobus voll. Und während die Sonne hoch am Himmel stand, legte sich ein atmosphärisches Tief über Krauses Garten.

Dass seine Grete das infernalische Treiben auch noch »lustig« fand, verschaffte dem lärmgeplagten Gatten zwei richtungsweisende Einsichten über das Leben und die Liebe. Erstens: Nur ein toter Nachbar ist ein guter Nachbar. Zweitens: Früh gefreit hat viel gereut. Gegen die späte Reue konnte er auf die Schnelle wenig tun, doch gegen weitere »lustige« Wasserspiele musste er auf der Stelle etwas unternehmen. Grölende Erwachsene, brüllende Kinder und grässliche Schlagermusik – das alles in einem Dezibelbereich, der die Hausrotschwänze in die Flucht schlug und sogar das Pumpengebrumm übertönte – würden ihn sonst noch selbst ins Grab bringen.

Mit fiebrig glänzenden Augen begab Karl sich auf die Suche nach einer Idee. Er stöberte im Keller und auf dem Dachboden, im Garten und im Küchenschrank danach, Stunde um Stunde. Dass er nicht wusste, wie die Idee, die dem Krawall ein Ende setzen würde, beschaffen war, erschwerte die Sache allerdings sehr. Vor lauter Überlegungen rauchte ihm bald der Kopf. Damit sein Denkapparat nicht wegen Überhitzung der kleinen grauen Zellen zusammenbrach, begab er sich erneut in den Garten.

Er mochte sein wildwüchsiges Areal hinter dem Haus, wo auch Unkräuter ihre Daseinsberechtigung hatten. Hier durften sich Giersch und Knoblauchrauke, Gundermann und Brennnessel uneingeschränkt entfalten, was die Insekten freute, auf die sich wiederum die Vögel stürzten. Doch an jenem Nachmittag hatte Karl kein Auge für das Summen und Zwitschern, das ihn umgab. Mit finsterem Blick schritt er übellaunig auf und ab, während sein Kopf sich anfühlte, als hätte man sein Gehirn durch den Fleischwolf gedreht. Ihm musste etwas einfallen, sonst würde er den Verstand verlieren. Und auf einmal fiel ihm tatsächlich etwas ein, nämlich Marie, sein jüngstes Enkelkind.

Er erinnerte sich, wie die Kleine im Vorjahr gestolpert und in die Brennnesseln gefallen war. Das Gift der Nesseln drang ja bekanntlich durch die Haut, und wenn er sich nicht täuschte, galt das für weitaus gefährlichere Pflanzen auch. Genau so ein Kraut musste er finden. Karl Krause war zwar studierter Biologe mit Schwerpunkt Ornithologie, aber vor ewigen Zeiten hatte er im Rahmen der universitären Basisausbildung auch ein paar Seminare in Botanik besucht.

Rasch begab er sich zurück ins Haus und rannte förmlich zum Bücherschrank. Irgendwo hinter der ledergebundenen Ausgabe von »Brehms Tierleben«, drei Dutzend Vogelführern und seiner im Verlag der Wissenschaft erschienenen Dissertation »Über die Lautstruktur des Zilpzalps« mussten sich noch die gesammelten Studienunterlagen befinden. Er warf ja niemals etwas weg, das für die Nachwelt oder zumindest den Holzwurm von Bedeutung sein könnte. Und richtig, in einem verstaubten finsteren Eck lagen die abgegriffenen dicken Ordner.

Fünf Stunden später, Grete hatte sich längst ins eheliche Schlafzimmer zurückgezogen und las sich durch Klatsch und Tratsch der High Society, fand Karl endlich das gemeine Gewächs, wonach ihm sein rachsüchtiger Sinn stand. Conium maculatum, der gefleckte Schierling, ein zuverlässiger Serienkiller unter den Giftpflanzen. Sein mörderisches Sündenregister war länger als jedes Leichentuch. Bereits wenige Gramm galten als letale Dosis, wobei ausgerechnet dieses schnell wirksame Gift auch über Schleimhäute und die intakte Haut ausreichend Schaden anrichtete. Genau das, was er brauchte. Coniin verursachte ein schlimmes Brennen im Mund und wirkte primär auf die Motorik und das Nervensystem. Eine aufsteigende Lähmung und Gefühllosigkeit galten als typische Symptome einer Schierlingsvergiftung, wie sie auch Sokrates hatte durchleiden müssen.

Aber so weit wollte Krause in Wahrheit natürlich nicht gehen, selbst wenn er seinem Nachbarn in Gedanken täglich einmal den Hals umdrehte. Er wollte ihm und seiner ganzen leidigen Sippe an Poolbesuchern lediglich den Spaß am erfrischenden Nass verderben. Dass die Pflanze zudem im Ruf stand, den Zungenschlag zu hemmen und die Impotenz zu fördern, schien ihm eine besonders prickelnde Nebenwirkung zu sein. Sollten doch gefälligst mal alle Glieder eine Zeit lang zur Ruhe kommen.

Euphorisch, die alten Studientexte unter den Arm geklemmt, begab er sich zu seinem Computer. Immerhin war er Wissenschaftler, für ihn zählten nur Fakten, keine Mutmaßungen oder gar Ammenmärchen. Mit der Optik des Doldengewächses kannte er sich ja ausreichend aus, aber wie es mit der Wasserlöslichkeit der Giftstoffe beschaffen war, musste er unbedingt noch in Erfahrung bringen.

Und schon bald wusste er es. Im 5. und 4. Jahrhundert vor Christus seien im antiken Athen die Hinrichtungen durch Schierlingsfruchtpulver auf einem Glas Wasser vollzogen worden, las er. Daraus schloss er, dass die toxischen Inhaltsstoffe bei seinem bösen Plan nicht untergehen würden und die Fruchtkapseln den höchsten Anteil an gesundheitlichen Schadstoffen enthielten.

Beschwingt wie schon lange nicht mehr begab er sich erst weit nach Mitternacht zu Bett und schlief sogar bis Viertel nach drei traumlos durch. Als die verhasste Pumpe kurz darauf ihren Dienst antrat, tappte er leise in die Küche und wärmte sich etwas Milch auf. Genau zweiundzwanzig Grad musste sie haben, dann schmeckte sie Karls Ansicht nach am besten. Als die weiße Flüssigkeit ihre Idealtemperatur erreicht hatte, goss er sie mit ungewohnt ruhiger Hand in eine Tasse und trat ans Fenster. In rachsüchtiger Vorfreude starrte er aufs Nachbargrundstück, wo bis auf den lärmenden Motor noch alles schlief.

»Na, warte nur, du wirst noch dein nasses Wunder erleben«, flüsterte er in die Finsternis und genoss das wohltuende Gefühl von Macht. Schon bald würde er diesem spatzenhirnigen Muskelpaket und seiner Krawalltruppe die Wasserspiele nachhaltig vergällen. Sein Plan war so genial wie unfehlbar.

Am nächsten Morgen verließ der ruheliebende Vogelkundler bereits beim ersten Amselgezwitscher das Haus und begab sich zum alten Bahndamm, auf dessen aufgelassener Trasse zur Freude der Sandbienen und Streifenwanzen riesige Schierlingsbestände wuchsen. Die Insekten musste er nun leider ein wenig auf Diät setzen, aber auf deren Ernährungsplan konnte er keine Rücksicht nehmen. Seine Befindlichkeit hatte oberste Priorität.

Vorsichtig streifte er zwei Paar Plastikhandschuhe über und machte sich an die Ernte. Fruchtkapsel um Fruchtkapsel landete in seinem Korb, in den er schlussendlich noch einen großen Strauch Johanniskraut obendrauf packte. Eine reine Vorsichtsmaßnahme, die es vermutlich gar nicht gebraucht hätte, da den Menschen die Unterschiede der Doldenblütler ähnlich fremd waren wie die Zwölftonmusik oder das Planetensystem. Aber er wollte nicht das geringste Risiko eingehen.

Wieder daheim trug er seine gefährliche Beute auf Zehenspitzen in den Keller, um die Auszüge aus den unreifen Früchten vorzubereiten. Nun durfte ihm nichts mehr dazwischenkommen, vor allem nicht sein Weib, das die Nase nur allzu gerne in fremde Angelegenheiten steckte – was in diesem Fall nicht nur ein stundenlanges Verhör, sondern auch gesundheitliche Kollateralschäden mit sich gebracht hätte.

Doch zu seiner großen Verwunderung hörte er Grete zwar ständig zwischen Küche und Wohnzimmer poltern – es klang, als würde sie Möbel verrücken –, aber kein Ruf, ihr umgehend zu Diensten zu sein, ereilte ihn. Wo sie ihn sonst doch immer zu allen nur denkbaren Hilfsdiensten heranzog. Doch diesmal kam sie offenbar ohne geschälte Kartoffeln oder gewürfelte Schalotten aus.

Bis zum Mittagsläuten der Glocken konnte er sich in aller Seelenruhe einer fachkundigen Wirbelextraktion der frischen Pflanzenteile widmen. Danach brauchte er die giftigen Substanzen nur noch in ausreichend Ethanol anzusetzen, warm zu lagern, sich zwei Tage lang in Geduld zu üben, und schon bald wäre nichts mehr wie zuvor.

Als Karl erschöpft, aber zufrieden an die Oberwelt zurückkehrte, kam ihm sogar diese irgendwie verändert vor. Das Wohnzimmer sah anders aus, an die riesigen Blumengebinde konnte er sich gleichfalls nicht erinnern, und seine Gattin, die eine Topflappenlänge vom Herd entfernt in großen, dampfenden Bottichen rührte, schien auch nicht mehr dieselbe zu sein. Nachdenklich zog Karl die Stirn in Falten.

Er fragte sich gerade, ob ihm die Dämpfe des Schierlingsgifts womöglich das Gehirn vernebelt hatten, als Grete mit erhobenem Kochlöffel zu ihm trat. »Vergiss nicht: Vor dem Haus gehört noch der Rasen gemäht und die Hecke gestutzt.« Sie machte einen Schwenk und fuchtelte mit ihrem Küchenzepter bedrohlich in der Luft herum. »Und dass du mir ja die Spinnweben vom Plafond entfernst. Man muss sich ja genieren, wie das ausschaut.«

Der Gatte nickte gewohnheitsmäßig, murmelte ein konziliantes »Mach ich schon« und warf einen raschen Blick an die Decke, wo sein hausfraulich ungeübtes Auge allerdings nichts Beschämendes erblickte, sah man vom hässlichen Luster aus Bleikristall – ein Hochzeitsgeschenk der Schwiegereltern – einmal ab.

»Und wennst damit fertig bist, musst noch die Teppiche ausklopfen, die Vorhänge abnehmen und das Trampolin aus dem Keller holen«, ging es im Befehlston weiter. »Und deine dreckigen Schuhe will ich übermorgen auch nicht mehr sehen. Ist das klar?«

Der Kochlöffel zischte beängstigend nahe an seinem rechten Ohr vorbei. Instinktiv zog er den Kopf ein wenig weiter ein. Doch da seine Gattin das Trampolin erwähnt hatte, glaubte er zumindest, verstanden zu haben, weshalb sie über Nacht zum Putzwebel mutiert war. Ihre Tochter musste mitsamt den drei Enkelkindern im Anmarsch sein. Das kam zwar selten genug vor, aber wenn, dann verrückte Grete aus Sicherheitsgründen stets die Möbel. Und hätte sie gekonnt, hätte sie Kinder, Tische, Stühle und Kommoden zusätzlich noch in Watte gepackt. Damit nichts und niemand auch nur die geringste Schramme abbekam.

»Kommt uns Dorli besuchen?«, erkundigte er sich.

Grete nickte begeistert, wodurch ihre storchennestartige Hochsteckfrisur in eine gefährliche Schieflage geriet. Offenbar war sie beim Friseur gewesen, was auch ihr verändertes Aussehen erklärte.

»Samstag früh kommen sie, Montag früh fahren sie. Ich freu mich schon so.«

Karl freute sich auch, allerdings nur auf seine Tochter, deren drei Sprösslinge überstiegen bei Weitem sein akustisches Duldungsvermögen. Aber da das ungetrübte Adriahoch sie laut Wetterbericht auch am Wochenende nicht im Stich lassen würde, könnten die kleinen Rabauken sich zumindest im Gras verlaufen. Oder auf dem Trampolin einem Sturz in die Brennnesseln entgegenhüpfen, so wie damals die kleine Marie. Ihr Gebrüll hatte ihm fast einen Hörsturz eingebracht. Er musste unbedingt einen neuen Platz für das Sprunggerät suchen.

»Ich geh gleich in den Keller und schau nach dem Trampolin«, sagte er zu seiner Frau und schlich von dannen. Der Keller war derzeit allein sein Revier, und das musste die nächsten zwei Tage lang auch unbedingt noch so bleiben.

Freitag am späten Nachmittag war es dann so weit. Das ganze Haus erstrahlte im neuen Glanz, Grete trug ihr strahlendstes Lächeln zur Schau, und Karl strahlte mit seinen hochprozentigen Schierlingsessenzen um die Wette. Nun brauchte er nur noch einen glaubwürdigen Vorwand, um den Nachbarn erneut heimzusuchen. Und wie auf Bestellung lieferte ihm das freundliche Schicksal kurz darauf einen sehr plausiblen Grund.

»Scheiße, Scheiße, Scheiße!«, fluchte es von nachbarschaftlicher Seite zu ihm herüber.

Der Giftmischer riss die Ohren auf und trat ans Fenster. Dort riss er auch die Augen auf, denn Heinrich Nattermann saß in Badehosen auf dem Dach und gebärdete sich, als hätte er in eine Stromleitung gegriffen.

Rasch steckte Karl drei Flaschen seiner Mixtur ein und eilte nach drüben.

»Alles in Ordnung? Brauchen Sie Hilfe?«, rief er, kaum hatte er das feindliche Terrain betreten.

»Ja«, tönte es von oben. »Mir ist die Leiter umgefallen.«

Karl kam näher, erblickte die metallische Aufstiegshilfe, richtete sie mühsam wieder auf und lehnte sich mit seinen achtundfünfzig Kilo sogar dagegen, um Heinrichs Abstieg so sicher wie möglich zu gestalten.

»Krass, dank dir«, meinte der. »Magst heute ein Bier?«

Karl verneinte, fügte jedoch hinzu: »Aber vielleicht ein Wasser. Oder ein Glas Milch.« Er musste den Mann zumindest kurzfristig dazu bringen, seinem Pool den Rücken zuzukehren. Und das gelang auch.

Heinrich murmelte ein zögerliches »Klar«, zog aber brav Richtung Küche ab.

Kaum war er weg, griff Karl in die tiefen Taschen seines Trenchcoats, zog die Flaschen hervor, schraubte sie nahezu in Zeitraffergeschwindigkeit auf und kippte den Inhalt ins Wasser des Pools. Ein paar Tauchgänge in den künstlichen Fluten und das Gift würde tief unter die Haut gehen und seine schmerzhaft lähmende Wirkung tun. Und weil man beim wilden Planschen ja meist auch Wasser in Mund und Nase bekam, würde es mit ein bisschen Glück auch die Zunge lahmlegen. Eine mehr als erfreuliche Aussicht.

Als der Nachbar mit einem Krug voll Milch und einem Glas wieder nach draußen trat, lehnte Karl bereits entspannt am Stamm einer monumentalen Plastikpalme.

»Ist ein Wespennest dort oben«, erklärte Heinrich in seiner minimalistischen Ausdrucksweise, bei der er die Grammatik ebenso verstümmelte wie sonst Rasen und Baumbestand. »Wollt ich wegmachen.«

»Und dabei ist die Leiter umgefallen?«

Heinrich nickte und nahm einen großen Schluck Bier. »Heiß heute, was?«

Nun nickte Karl, dem der Schweiß bereits in die Unterhose rann, aber er hatte den Mantel als Versteck für die Flaschen gebraucht. »Richtiges Badewetter«, warf er ein. »Und es soll das ganze Wochenende so bleiben.«

»Was?«

»Das Wetter.« Karl seufzte innerlich. Dieser Mensch dachte echt nur in Schrittgeschwindigkeit. Und sein Gedächtnis schien im Unterschied zu seinem Körper auch schon in die Jahre gekommen zu sein.

Er trank die Milch aus, bedankte sich überschwänglich für die Erfrischung, wünschte ein erholsames Wochenende und trat federnden Schrittes den kurzen Heimweg an.

Es ist vollbracht, jubelte er in Gedanken und verspürte dabei ein stolzes Schwellen in der Brust, als hätte er einen Grizzly erlegt. Und weil er seine Freude mit niemandem teilen konnte, bestieg er klammheimlich selbst das Trampolin und hüpfte ein paar Runden darauf herum. Das war wirklich ein Kinderspiel gewesen.

In der darauffolgenden Nacht bekam er vor lauter Aufregung ob seiner ausgeklügelten Problemlösungsstrategie kein Auge zu, und als pünktlich um acht Dorlis Auto um die Kurve bog, konnte er nur mühsam ein Gähnen unterdrücken. In der allgemeinen Aufregung fiel seine mentale Abwesenheit zum Glück nicht weiter auf.

Grete herzte und knutschte abwechselnd Tochter und Enkelkinder, schickte ihn, um Getränke, Gläser, Kuchenteller und Spielzeug zu holen, und wiederholte in Endlosschleife: »Wie groß sie geworden sind.«

Karl erfüllte brav seine Pflichten und schwieg, während die beiden Buben mit einer Wasserpistole wild um sich schossen und die gar nicht mehr so kleine Marie wie stets die Rosinen aus dem Apfelstrudel pulte.

Als pflichtbewusster Großvater stand er den Trubel dennoch tapfer durch. Erst nach dem Mittagessen, es hatte trotz der infernalischen Hitze Schweinsbraten mit Knödel gegeben, eine unabänderliche Familientradition, die den Jahrzehnten ebenso trotzte wie den Temperaturen, zog er sich unter dem Vorwand eines akuten Verdauungskomas ins Schlafzimmer zurück, verfolgt von lautstarkem Kindergeschrei.

Es war exakt sechzehn Uhr einundfünfzig, als er aus dem Tiefschlaf erwachte. Mit verquollenen Augen blickte Karl auf den Wecker. Er hatte beinahe vier Stunden geschlafen, und das, obwohl draußen das Leben tobte.

Leicht benommen von dieser neuen Erfahrung zog er seine Kleidung über und machte sich auf den Weg zu den anderen.

»Also ich finde ja, Blau steht dir besser«, hörte er Grete sagen, während er die Terrasse betrat, wo Mutter und Tochter im Schatten des neuen Sonnensegels einen Kaffeeplausch hielten. Auf dem Tisch türmte sich ein beachtlicher Stapel an Kleidungsstücken.

»Was macht ihr denn da?«, fragte er.

»Ich bin zu einem Sommerfest eingeladen«, antwortete Dorli, »und ich kann mich nicht entscheiden, was ich anziehen soll. Frauenprobleme halt.«

Sie lachten. Karl lachte auch. Die Stimmung war entspannt, er war ausgeschlafen, das Leben kam ihm schon bedeutend angenehmer vor.

»Wo sind eigentlich die Kinder?«, erkundigte er sich nahezu bester Laune, während er einen Stuhl heranzog.

»Ach, die haben wir nach dem Essen zum Nachbarn geschickt, dort können sie im Pool herumplanschen«, meinte seine Frau. »Du weißt ja, lauter kleine Wasserratten, die Abkühlung tut ihnen bestimmt so richtig gut.«

Schierling, Gefleckter, Conium maculatum (sehr giftig)

Der Klassiker für Giftmörder

Diese unscheinbare Pflanze kam bereits 399 vor Christus zu mörderischen Ehren, als man Sokrates den tödlichen Schierlingsbecher reichte. Platon beschreibt das rasche Ableben des Philosophen in seinem »Phaidon« symptomatisch auch recht korrekt. »Sokrates aber ging umher, und als er merkte, dass ihm die Schenkel schwer wurden, legte er sich gerade hin auf den Rücken, denn so hatte es ihm der Mensch geheißen ...« Gerade die von den Füßen aufsteigende Lähmung, begleitet von zunehmender Gefühllosigkeit, ist typisch für eine Vergiftung durch Conium maculatum. Eine Todesart, die in der griechischen Literatur auch als »kalter Weg zum Hades« bezeichnet wird.

Seit damals sind mit diesem Gewächs mehr Morde, Selbstmorde und tödliche Unfälle passiert, als auf ein normales Leichentuch gehen würden. In Marseille wurde mit Opium vermischter Schierlingswein zu suizidalen Zwecken ausgeschenkt, auf der Kykladeninsel Kea wurden die arbeitsunfähigen Alten damit ins Jenseits befördert, und in den Vereinigten Staaten haben sich im 20. Jahrhundert mehr als hundert Menschen mit dem ebenso toxischen, bei uns eher seltenen Wasserschierling umgebracht. Durch botanische Fehlgriffe, also Verwechslungen mit Wilder Möhre, Wiesenkerbel, Sellerie, Giersch, Pastinake, Petersilie oder Tausendgüldenkraut, passieren ja nach wie vor unzählige Unglücksfälle. Leider genügen ein halbes bis ein Gramm Coniin (das Schierlingsgift), und das Essen wird rasch zum letzten Abendmahl. Eine einmalige Erfahrung, die auch der Schotte Duncan Gow machen musste, dem seine Kinder unabsichtlich ein Sandwich mit giftigem Grünzeug serviert hatten. Doch der Schierling hat nicht nur ganze Menschen lahmgelegt, er erzielte auch »Teilerfolge«, etwa als Anaphrodisiakum, welches – wie Dioskorides vor ewigen Zeiten vermerkte – das männliche Gemächt unkräftig und schwach macht, unkeusche Träume vertreibt und sogar das Busenwachstum hemmen soll.

Info: auch als Giftwüterich, Vogeltod, Mäuseschierling, Würgling oder Tollrübe bekannt. Bis zu 2 m hohe Pflanze aus der Familie der Doldenblütler mit rötlich gefleckten Stängeln, gefiederten Blättern, widerlichem Geruch nach Mäuseurin und kleinen, doldenartig angeordneten, schmutzig weißen Blüten. Blüte: Juni–September | **Inhaltsstoffe:** Coniin, Conhydrin, Conicein und Methylconiin | **Vergiftungserscheinungen:** Benommenheit, Übelkeit, Pupillenerweiterung, geistige Verwirrung, aufsteigende Lähmung, Gefühllosigkeit, Tod durch Atemlähmung. Gift wird auch über unverletzte Haut aufgenommen.

Glückspilz

Die Mykologische Gesellschaft Mörseburg stand vor einem Rätsel. Zwei lebensbedrohliche Pilzvergiftungen in nicht einmal einer Woche, das hatte es im gesamten Bestehen der Gesellschaft noch nie gegeben. Erst war der alte Fritz nach einer pilzreichen Mahlzeit verstorben, und nun lag auch noch Hubert Lachmann, ihr langjähriger Vorstand, auf der Intensivstation und schwebte in Lebensgefahr.

»Ich versteh das einfach nicht«, erklärte Martha Lachmann Inspektor Krausgruber, der sie im Wartebereich vor der Intensivstation aufgesucht hatte, »mein Mann kennt sich mit Pilzen wirklich aus. So ein Fehlgriff wäre ihm niemals passiert. Niemals.«

Was durchaus richtig war, denn Hubert hatte nur Steinpilze, Ziegenlippen und zwei gigantische Krause Glucken in seinen Korb gelegt. Das Gift, gegen das er gerade kämpfte, stammte von ihr, seiner Frau. Sie hatte es ihm unauffällig verabreicht. Still, heimlich, leise und mörderisch effizient.

Der Uniformträger nickte wissend. Er kannte ihren Mann.

Seit Jahrzehnten galt Hubert Lachmann im ganzen Ort als absolut sachkundige und zuverlässige Anlaufstelle, wenn es Fragen zu den bekömmlichen und weniger bekömmlichen Seiten von Pilzen gab. Und niemals hatte diese unangefochtene Koryphäe der Mykologie mit ihrem schwammigen Urteil falschgelegen. Jedes noch so seltene mikroskopisch kleine Waldbodengewächs hatte der langjährige Vorstand binnen Sekunden erkannt, korrekt klassifiziert und mit einer unfehlbaren Expertise versehen. Dass ausgerechnet der kundigste aller Pilzexperten nach einem banalen Schwammerlgulasch nun auf der Intensivstation mit dem eigenen Tod rang, schien schlichtweg unerklärlich.

Und doch lag Lachmann dort drin, umgeben von ratlosen Ärzten, blinkenden Monitoren und einem laut schnaufenden Beatmungsgerät, während seine Frau draußen vor der Tür zunehmend selbst an einen Pilz erinnerte. Fand zumindest der Inspektor, der gleichfalls der Schwammerlsuchsucht erlegen war. Klein und gedrungen, mit einem riesigen blasslila Haarknödel auf dem ebenso riesigen Kopf und weithin sichtbaren Krampfadern an den stämmigen Beinen, könnte Martha mit etwas Phantasie durchaus als neue, etwas zu groß geratene Abart des Keulenfuß-Trichterlings durchgehen. Oder vielleicht stellte die in Endlosschleife wehklagende Frau gar eine eigene Spezies dar, etwa einen netzstieligen Lila Schniefling oder den Speckigen Knödelhäubling. Eine Vorstellung, bei der dem Inspektor ein leichtes Grinsen auskam, das seinem Gegenüber leider nicht entging.

»Finden Sie das vielleicht lustig?«, fuhr sie ihn unter Tränen an. »Mein Mann kämpft um sein Leben, und Sie stehen hier rum, stellen blöde Fragen und scheinen sich dabei auch noch zu amüsieren.«

Der Gesetzeshüter zuckte peinlich berührt zusammen und drehte sein Kopfkino abrupt ab. »Natürlich amüsiere ich mich nicht«, erwiderte er. »Ich habe nur versucht, Sie etwas aufzumuntern. Das Ganze muss ja furchtbar schlimm für Sie sein. Eine echte Tragödie.« Und weil die zukünftige Witwe nicht gänzlich besänftigt schien, legte er noch eine zusätzliche Schicht pathetischer Anteilnahme in seine Stimme, während er ihr seine aufrichtige Bewunderung für Huberts grenzenloses Pilzwissen gestand. Was nicht einmal gelogen war. Der Gesetzeshüter schätzte den Großmeister der Lamellen und Sporen – im Unterschied zu dessen Ehefrau – sehr, er hatte manch gemeinsame Waldrunde mit ihm gedreht und viel dabei gelernt.

»Aber gerade weil Ihr Gatte ein derartiges Genie auf dem Gebiet der Mykologie ist«, fuhr er in säuselndem Tonfall fort, »müssen wir Sie mit ein paar reinen Routinefragen quälen. Dazu sind wir von Amts wegen verpflichtet.« Was gleichfalls der Wahrheit entsprach. Lebensbedrohliche Vergiftungen endeten zwar nicht zwangsweise mit dem Tod, aber stets mit einem Behördenvermerk, sofern das Opfer in ärztlicher Obhut landete. Und da die diesjährige Pilzsaison innerhalb von derart kurzer

Zeit bereits eine tödliche Vergiftung, nämlich den alten Fritz, mit sich gebracht hatte, hatte die Sache eine gewisse mediale wie polizeiliche Aufmerksamkeit erregt.

»Sie reden, als wäre mein geliebter Gatte schon gestorben, Sie Unmensch. Sie haben ja keine Ahnung, wie ich mich fühle«, schniefte Martha, keinesfalls überzeugt von den friedlichen und vor allem harmlosen Absichten des Wachmanns.

»Aber ich bitte Sie. Hubert lebt, und er wird auch diese Vergiftung überleben.« Nun begann auch Krausgruber zu seufzen. Mimosiger Jammerlappling, dachte er bei sich, das wäre gleichfalls ein treffender Gattungsname für dieses Weib, das mit seiner Nase Geräusche erzeugen konnte, um die Stephen King es beneidet hätte. »Sie werden sehen, er wird es schaffen«, meinte er beschwichtigend, »und jetzt erzählen Sie mir bitte noch einmal, wie es dazu gekommen ist.«

»Ich hab doch selbst keine Ahnung. Sein Verdauungsschläfchen hat er halten wollen, so wie immer«, wiederholte Martha anstelle einer vernünftigen Antwort zum gefühlt zehnten Mal. »Aber auf dem Weg ins Wohnzimmer ist ihm furchtbar schlecht geworden, er ist zusammengebrochen und hat schreckliche Schmerzen bekommen. Also hab ich sofort die Rettung gerufen, und statt auf dem Sofa liegt er jetzt im Krankenbett. Mein armer Hubert.« Sie schluchzte theatralisch auf, während ihr ein paar Tränen über die feisten Hamsterbacken kullerten. »Ich versteh das einfach nicht.«

Der Inspektor verstand es auch nicht, aber er musste ein nachvollziehbares Protokoll anfertigen, das mehr enthielt als nur Tränenflüssigkeit und Mitleidsbekundungen. Dabei fand gerade das Viertelfinale der Champions League statt, das er keinesfalls hatte versäumen wollen. Mit Real Madrid. »Sie haben vorbildlich gehandelt. Durch Ihre rasche Hilfe haben Sie Hubert vermutlich das Leben gerettet«, flötete er und verbiss sich jeden genervten Unterton. »Aber vorher, was hat Ihr Mann denn vor seinem Mittagsschlaf gemacht?«

Martha starrte ihn mit geröteten Augen an. Ihre Tränensäcke schienen anlassbedingt noch etwas tiefer zu hängen als gewöhnlich. Noch ein paar Heulanfälle und sie würden direkt in ihr Doppelkinn übergehen. Schwabbeliger Trauerschwindling, auch ein treffender Name, phantasierte der Inspektor.

»Mittag gegessen, was sonst?«

»Natürlich, schon klar. Aber wer hat gekocht, woher kamen die Schwammerln, was genau war in dem Gulasch drin?«

»Mein Mann hat seine Pilze immer selbst zubereitet, seit Jahren schon. Und sein Gulaschrezept war auch immer gleich.« Sie zog lautstark die Nase hoch.

»Und die Schwammerln?«

»Wie, die Schwammerln? Welche Schwammerln?«

Die Bewunderung des Inspektors für Hubert Lachmann wuchs nahezu ins Unendliche. Mehr als dreißig Jahre Ehe mit diesem unterbemittelten Ekelpaket schienen ihm eine heldenhafte Leistung. Daheim hatte dieser Mann bestimmt wenig zu lachen. Nomen war halt nicht immer Omen. Vermutlich hatte er deshalb so viel Zeit zwischen Bäumen und Büschen verbracht.

»Die Schwammerln im Gulasch, die, mit denen er sich vergiftet hat, was sind das für welche gewesen?«, präzisierte der Polizist, wobei er die Silben ganz langsam und kadenziert aussprach.

»Das sind Steinpilze gewesen und so ein badeschwammartiges Ding. Mehr weiß ich auch nicht. Jedenfalls frisch aus dem Wald. Hubert ist jeden Morgen in den Wald gegangen.«

»Also ein Pilzgulasch mit Krauser Glucke?«

»Genau. Mit Zwiebeln und Paprika und Thymian. Und einer kleinen Essiggurke.«

Inspektor Krausgruber klappte seinen Notizblock zu. Goethe fiel ihm ein. Hier stand er nun, der arme Tor, und war so klug als wie zuvor, so oder so ähnlich hatte der deutsche Dichterfürst doch mal geschrieben. Und genau so fühlte er sich. Sein Informationszugewinn tendierte gegen null, obwohl er seit einer geschlagenen Viertelstunde hier herumstand und ergebnislose Gespräche führte. Wie ein Tor.

»Und Sie haben genau das Gleiche gegessen wie Ihr Mann?«, wagte er eine letzte Frage.

»Natürlich. Hubert ist ein ausgezeichneter Koch.« Doch kaum hatte Martha den Namen ihres Mannes erwähnt, schlug ihre Stimme erneut ins Weinerliche um. »Oh mein Gott, was, wenn ich nie mehr mit ihm am Küchentisch sitzen und sein Gulasch essen …?« Der Rest des Satzes wurde von einem Heulkrampf verschluckt, der sie regelrecht durchschüttelte. Er war so stark, dass sogar der Haarknödel in gefährliche Schieflage geriet.

Müsste er mit dieser Frau am Küchentisch sitzen, er würde freiwillig einen Knollenblätterpilz verspeisen, dachte der Inspektor, bewahrte dennoch Fassung, tätschelte Martha Lachmann sogar tröstend den Oberarm, versprach, alle Daumen für eine rasche Genesung Huberts zu drücken, und empfahl sich. Mit viel Glück und wenig Verkehr würde er vielleicht noch die zweite Halbzeit erleben.

Doch die gedrückten Daumen bewirkten rein gar nichts. Drei Tage später war Hubert Lachmann tot und Juventus Turin im Halbfinale. Der Inspektor wusste nicht, worüber er sich mehr aufregen sollte. Als fanatischer Fan von Real Madrid gönnte er den Italienern bestenfalls ein Eigentor, aber nicht die Chance auf den Sieg in der Champions League, und als einzig diensthabender Polizist vor Ort – sein Kollege befand sich gerade auf Weiterbildung – würde er Martha wohl oder eher übel erneut gegenübertreten müssen. Eine gleichfalls grauenvolle Vorstellung.

Dazu aufraffen konnte er sich allerdings erst am späteren Nachmittag. Bis dahin befasste er sich alibimäßig mit drei Falschparkern, einem Hühnerdiebstahl und der Neuordnung vom Inhalt seiner Schreibtischschublade. Es ging bereits gegen fünf, als er endlich aufbrach.

Insgeheim hatte er ja die Hoffnung gehegt, die Frau des Verstorbenen gar nicht zu Hause anzutreffen, doch die frischgebackene Witwe öffnete ihm beim ersten Läuten. Er hatte den Finger noch gar nicht richtig von der Klingel genommen, da schwang die Tür bereits auf.

Vermutlich hatte sie hinter den Vorhängen auf der Lauer gelegen, mutmaßte er, auch wenn sie bei ihren verquollenen Augen bestimmt nicht sonderlich scharf sehen konnte.

»Mein allerherzlichstes Beileid, liebe Frau Lachmann«, meinte er statt einer Begrüßung. »Ich weiß gar nicht, was ich sagen soll. Ein unfassbarer Verlust, den Sie erlitten haben. Hubert war ein so wunderbarer Mensch. Leider muss ich Sie in Ihrer tiefen Trauer noch einmal stören. Wirklich nur ganz kurz. Und nur wegen dieser blöden Bürokratie.«

Martha grunzte etwas, das nach »Herein« klang oder aber nach »Allein« – er konnte es nicht sagen. Aber weil die Witwe einen Schritt zur Seite schlurfte und dadurch die Tür freigab, hatte sie wohl doch »Herein« gesagt.

Der Inspektor betrat den dunklen, weihrauchgeschwängerten Flur, zwängte sich an Dutzenden Blumengestecken vorbei, die dem kleinen Raum das Flair einer Aufbahrungshalle verliehen, und wunderte sich insgeheim, wie eine derart korpulente Frau inmitten dieser raumfüllenden Blühoffensive noch Platz für ihre eigene Masse fand.

Im Wohnzimmer, in das die trauernde Witwe ihn führte, sah es wenig besser aus. Meterhohe Topfpflanzen nahmen jeden Zentimeter der Fenstersimse ein, vom Plafond hingen zahlreiche Blumenampeln, an denen er sich mehrmals den Kopf stieß, und auf dem Couchtisch verstaubten ein paar missglückte Ikebanaparodien auf großmütterlichen Häkeldeckchen. Wenigstens kam ihm hier der bedrückende Geruch nach Weihrauch etwas schwächer vor als im Vorzimmer.

Vorsichtig ließ sich der Polizist auf dem ihm zugewiesenen Stuhl nieder, wobei es ihm nur durch einen gelenkigen Hüftschwung à la Elvis Presley gelang, eine Kollision mit den Paradiesvogelblumen im Trockenblumengesteck zu vermeiden.

Martha hingegen hatte schnaufend und schluchzend auf dem Sofa Platz genommen. Dass ihr blasslila Haarknödel dabei von irgendeinem tief hängenden Grünzeug mit knallroten Blüten umflutet wurde, schien sie nicht einmal zu bemerken. »Was wollen Sie?«, stieß sie hervor.

Der Inspektor zögerte. Im Grunde wusste er es selbst nicht so genau, doch Huberts tödliche Pilzvergiftung lag auch ihm schwer im Magen. Zwar starben die Menschen auf dem Land meist an »natürlichen« Ursachen, also Leberzirrhose, Raucherlunge, Herzverfettung, Tauchgang im Bach beim Bärlauchsuchen oder Felssturz beim Enzianpflücken, und hin und wieder forderte auch ein Knollenblätterpilz seine Opfer, aber dass ausgerechnet die Granden der Mykologischen Gesellschaft Mörseburg einen derart tödlichen Fehlgriff getan hatten, verwunderte ihn doch sehr.

Natürlich waren die beiden Pilzopfer nicht mehr die Jüngsten gewesen, möglicherweise hatte ihnen auch die Altersweitsicht oder der graue Star den nötigen Scharfblick getrübt, aber so ganz überzeugt war er nicht davon, auch wenn das Krankenhaus den Vorfall unter »Vergiftung mit tödlichem Ausgang, hervorgerufen höchstwahrscheinlich durch einen Knollenblätterpilz« abgelegt hatte. Die Symptomatik der Grünen und Gelben Knollis, Leberkoma und Multiorganversagen, sprachen natürlich dafür, seine Intuition allerdings dagegen.

Zum einen passte die Latenzzeit nicht, denn Amatoxin, das Gift der Amanita, verursachte erst Stunden, wenn nicht Tage später schwere Befindlichkeitsstörungen. Ein Einwand, den Martha mit ihrem Verweis auf tagtägliche Pilzmahlzeiten jedoch rasch entkräftet hatte. Der gefährliche Übeltäter musste sich demnach keinesfalls im letzten Mittagsmahl versteckt haben, es konnte auch das vorletzte oder vorvorletzte gewesen sein. Da hatte es laut Witwe einmal panierte Pilze, einmal Schwammerlstrudel mit Erdäpfelsoße und einmal »Kaputtscho« als leichtes Abendessen gegeben. Womit sie vermutlich ein Carpaccio meinte. Aber jemand, der einen blasslila Haarknödel trug, Häkeldeckchen mochte und geisterbahntaugliche Schnäuzgeräusche von sich gab, war bestimmt kein Verfechter raffinierter Kulinarik. Martha sah eher nach Germgugelhupf aus. Oder Schokopalatschinken. Altbackener Kuchenschlingling, fiel ihm ein. Würde auch passen.

Doch Krausgruber war nicht hier, um mykologische Namensgebungen zu erfinden, sondern um alle Zweifel auszuräumen, die der Tod Huberts zumindest in seinen Augen aufgeworfen hatte.

»Und Sie haben wirklich immer mit ihm gemeinsam gegessen?«, tastete er sich zögernd weiter voran.

Martha nickte. »Hab ich. Bis auf das Kaputtscho eben. Ich mag kein ungekochtes Essen. Das ist grauslich. Ich ess nicht einmal Salat. Oder gar Rohkost. Da findet sich doch immer irgendein Wurm drin. Oder eine Schnecke.« Angewidert – und sehr überzeugend – verzog sie den Mund.

Der Inspektor glaubte ihr aufs Wort. »Verstehe. Mit größter Wahrscheinlichkeit befand sich das giftige Exemplar also im Carpaccio.«

»Möglich«, schniefte sein Gegenüber.

»Gibt es zufällig noch Reste von den Mahlzeiten? Hubert hat seine Beute ja bestimmt geputzt und zerteilt, bevor er sie verarbeitet hat.«

Martha bedachte den Inspektor mit einem Blick, der abfälliger nicht hätte sein können.

»Natürlich nicht. Bei uns wird das Geschirr nach Gebrauch gleich abgewaschen, so wie es sich gehört.«

Konzentriert studierte der Polizist die verdorrten Ikebanakompositionen, während er in Gedanken bis zehn zählte, um seine latent köchelnde Wut in den Griff zu bekommen. Er konnte diese Frau einfach nicht ausstehen. Sie wirkte verschlagen und überheblich zugleich, und diese demonstrative Trauer nahm er ihr sowieso nicht ab.

Seines Wissens war es um Huberts Eheleben seit Ewigkeiten recht schlecht bestellt gewesen. Der Hobbymykologe hatte zwar kaum über sein Privatleben gesprochen, doch der dörflichen Gerüchteküche zufolge hing der Haussegen schon seit beinahe zwanzig Jahren schief, genau genommen seit dem Zeitpunkt, als deren einzige Tochter dem plötzlichen Kindstod zum Opfer gefallen war. Danach hatten die beiden sich angeblich nur noch angeschwiegen und abwechselnd mit der Scheidung gedroht. Doch weil das Haus mit ihrem Geld auf seinem Grund erbaut worden war, hatte sich letztlich keiner zu diesem trennenden Schritt durchgerungen.

Aber das half ihm jetzt alles nicht weiter. Krampfhaft überlegte der Inspektor, wie er sein abweisendes Gegenüber aus der Defensive locken konnte, als sein Blick erneut auf die abscheuliche Tischdekoration fiel.

»Sie scheinen Blumen zu lieben«, sagte er und strich sanft über die sperrigen Strelitzien in der dunkelbraunen Keramikschale. Neben sie hatte Martha noch ein paar Chrysanthemen, einige Tannenwedel und einen Stechpalmenzweig gezwängt, eine botanische Barriere, die Gespräche über den Couchtisch hinweg nahezu unmöglich machte.

Überraschenderweise schluckte die Witwe den Köder.

»Oh ja«, sagte sie in beinahe freundlichem Tonfall, »Blumen machen glücklich. Sie können einem so viel geben. Die bunten Farben, der herrliche Duft, ihre romantische Aura.« Doch damit war das Thema schon wieder erledigt.

»Ein schönes Hobby, so naturnah und entspannend wie Waldspaziergänge«, riskierte der Inspektor einen neuen Vorstoß.

Martha nickte. »Ich habe Hubert oft begleitet«, meinte sie, während ihr Blick schon wieder glasig wurde.

Der Inspektor konnte sich nichts weniger vorstellen als ein Hundert-Kilo-Weib, das sich durchs Unterholz zwängte, dennoch nickte er zustimmend.

»Vor einer Woche hat er mir sogar noch einen ganz geheimen Platz gezeigt, wo so seltene Königlinge wachsen.«

Krausgruber spitzte die Ohren. »Sie meinen Kaiserlinge? Orangefarbige Schwammerln, die fast ausschauen wie Fliegenpilze?« Kaiserlinge galten als Königsklasse unter den Speisepilzen.

»Genau. Und Steinpilze gab es auch jede Menge dort«, fuhr Martha fort.

Kaiserlinge und Mengen an Steinpilzen, diese Stelle hätte der Inspektor nur zu gerne gekannt.

»Soll ich Ihnen zeigen, wo?«, fragte sie auf einmal, als hätte sie seine Gedanken gelesen. »Ich werde ja mein Lebtag keine

Schwammerln mehr essen, aber Hubert – Gott hab ihn selig – freut sich bestimmt, wenn seine geheimen Jagdgründe nicht in Vergessenheit geraten.«

Der Inspektor zögerte. Er traute Martha nicht über den Weg, hatte sie nach wie vor im Verdacht, beim Tod ihres Mannes die Finger im Spiel gehabt zu haben, wenngleich er weder wusste, wie sie das bewerkstelligt haben sollte, noch, warum auch der Unterkofler Fritz gestorben war. Letzteren hatte sie ja kaum gekannt. Da fehlten Gelegenheit und Motiv.

Er überlegte fieberhaft. Sich freiwillig diesem Umpfigen Wulstling auszuliefern kam einer Art Psychoterror gleich, andererseits würden viele Pilzfreunde ihr Leben geben, um nur ein einziges Mal in den Genuss eines Kaiserlings zu kommen. Selbst ein ziemlicher Schwammerlfanatiker, fiel es ihm ausgesprochen schwer, ein derart verlockendes Angebot auszuschlagen. Und vielleicht konnte er dabei ja das Nützliche mit dem Angenehmen verbinden und Martha auf dem Weg einem kleinen privaten Verhör unterziehen. Offiziell galt Huberts Tod zwar nicht als Fall, aber Krausgruber glaubte nicht an Zufälle, mykologische Fehlgriffe oder gar Schicksalsschläge, sondern an böse Absichten.

»Ich würde nicht Nein sagen«, antwortete er daher und lächelte, obwohl Marthas gruseliges Geschnäuze selbst ihn zu Mordgelüsten hinriss.

»Dann sehen wir uns übermorgen, so gegen acht. Hier bei mir.« Da die Lachmanns direkt am Waldrand wohnten, ein durchaus logischer Treffpunkt.

Nach diesem Anfall von Eloquenz und Nächstenliebe setzte die Witwe erneut ihren tieftrauernden Gesichtsausdruck auf. »Und nun gehen Sie bitte, ich möchte mit meinem Schmerz allein sein«, flüsterte sie, erhob sich schwerfällig und wankte zur Schrankwand, wo einige dunkle Milchflaschen standen. »Nehmen Sie die hier mit. Ich will sie nicht mehr. Das ist Huberts heurige Sammlung.« Mit diesen Worten überreichte sie Krausgruber die Behältnisse, in denen sich eindeutig getrocknete Pilze befanden.

Mit den Flaschen unterm Arm erwies sich der Weg nach draußen als echter Hindernislauf. Mit Müh und Not hatte es der Inspektor fast bis zur Tür geschafft, als er ein monumentales Gebinde aus vergilbten Hortensien schrammte und zu Boden riss. Betreten stellte er die Flaschen mit den Trockenpilzen auf der Garderobenablage ab, direkt neben einen hohen Stapel bunter Kreuzfahrtprospekte.

»Sie verreisen?«

»Hubert und ich wollten dem regnerischen Herbst hier ein wenig entkommen. Aber nicht einmal das war ihm mehr vergönnt.« Und schon wieder flossen die Tränen.

Der Inspektor verzichtete auf die Hortensienbergung, griff sich eilig die Flaschen und verließ das Haus. Hubert hatte Menschenansammlungen gehasst. Nie und nimmer hätte er freiwillig eine Kreuzfahrt unternommen, noch dazu mitten in der Pilzsaison.

Kaum war die Tür ins Schloss gefallen, legte Martha ihre Trauermiene ab und machte sich fluchend an die Arbeit. Dieser beamtete Schnüffler hatte ihr gerade noch gefehlt.

Niemand, nicht einmal die Ärzte, hatte Huberts Pilzvergiftung angezweifelt. Oder zuvor die vom Unterkofler Fritz, den sie zur Generalprobe hatte opfern müssen. Aber der war auch schon alt, ansatzweise dement und auf dem besten Weg gewesen, sich zu Tode zu saufen. Sie hatte seinen Bemühungen letztlich nur ein wenig nachgeholfen. Und wer sich jahrzehntelang nur von schlabbrigen selbst gesammelten Schwammerln ernährte, musste ja früher oder später ins Gras oder besser gesagt in einen Giftpilz beißen. Berufsrisiko sozusagen. Der Unterkofler hatte promillebedingt bestimmt schon alles doppelt gesehen, ihr Hubert hingegen nur noch die Hälfte, zumindest, seit sie ihm die Brille versteckt hatte. Als der Optiker endlich eine neue angefertigt hatte, hatte ihr verhasster Gatte bereits die Radieschen von unten betrachtet.

Aber das geschah ihm nur recht, fand seine Mörderin. Er war schuld daran, dass ihre kleine Christl dem plötzlichen Kindstod erlegen war. Wäre er damals daheimgeblieben wie abgemacht, hätte das Kind gerettet werden können, dessen war sie sich absolut sicher. Aber nein, der Herr hatte ja dem Ruf der Wälder folgen müssen, um nach einer frostigen Nacht Ausschau nach Samtfußrüblingen zu halten. Gerade mal eine Stunde war er fort gewesen, sechzig Minuten zu viel, denn seine Rückkehr war für Christl zu spät gekommen. Danach war auch ihre Ehe nicht mehr zu retten gewesen, allein unlösbare finanzielle Verstrickungen hatten sie noch zusammengehalten. Und seit damals hasste sie Pilze ebenso wie ihren Mann.

Nur seine fette Pension und das schmucke Häuschen hatte sie zu keiner Zeit gehasst. Dass dieser Depp sich auf seine alten Tage in eine neue Frau verschaut hatte, kam ihr daher recht ungelegen. Dabei hatte Hubert sich nicht einmal in dubiosen Lokalitäten herumgetrieben, weshalb sie die Sache viel zu lange gar nicht mitbekommen hatte, sondern nur im Internet auf seinen unzähligen Pilz- und Schwammerlseiten.

Und dort war er auf dieses liederliche Weib gestoßen, dessen Herz im mykologischen Einklang mit dem seinen schlug. Zuerst empört, danach zunehmend entsetzt hatte sie, Martha, sich, während er im nahen Wald auf Beutefang war, durch deren Mailverkehr gequält. Anfangs war ja noch von Lamellen, Sporen und Begleitbäumen die Schreibe, doch schon bald traten schwülstige Liebesschwüre und beschämende Busenfotos in den Vordergrund. Nach einigen Monaten, Hubert musste sich mit dieser schändlichen Person bereits diverse Male im echten Leben getroffen haben, las sie dann von Scheidung, Neubeginn und ewiger Liebe.

Da wusste sie, dass es höchste Zeit war, ihren Mann zur ewigen Ruhe zu betten. Doch das war alles andere als einfach. Wochenlang trieb sie ihren unterentwickelten Denkapparat zu Höchstleistungen an, aber erst bei einer Dokumentation über Impfverfahren kam ihr die genialste aller Ideen. Sie musste nur ein absolut tödliches Gift finden, es in eine Spritze abfüllen und damit einfach ein paar Pilze impfen.

Die Suche nach toxischen Substanzen, die hitzebeständig

waren, gestaltete sich zwar etwas schwieriger, doch meisterte sie auch diese Hürde. Colchicum autumnale mussten es sein. Die gab es zuhauf auf den Wiesen rund um ihr Haus.

Der Rest war ein Kinderspiel. Sie stellte einen gehaltvollen Auszug her und füllte ihn in Spritzen ab.

Den Unterkofler Fritz passte sie kurz darauf am Waldrand ab, verwickelte ihn in ein Gespräch, stieß versehentlich seinen prall gefüllten Sammelkorb um und half ihm anschließend beim Einsammeln. Und während der alte Mann nur Augen für seine verstreute Beute hatte, spritzte sie in aller Seelenruhe das tödliche Gift in ein paar Kappen im Korb. Eine Woche später war der Mann tot.

Bei Hubert verlief die Sache noch einfacher. Kaum hatte er kurz die Küche verlassen, um aufs Klo zu gehen, schritt sie zur Tat und verlieh seinem Pilzcarpaccio eine mörderische Note.

Erneut tat das Gift zuverlässig seine Wirkung, und Martha sah bereits einer sorglosen Zukunft entgegen. Bis dieser aufdringliche Bulle von Krausgruber aufgetaucht war, ein Risikofaktor, den es wohl auch zu eliminieren galt. Aber sie war frohen Mutes, denn die Herbstzeitlosen standen nach wie vor in voller Blüte.

Pünktlich um acht stand der Inspektor zwei Tage später vor Marthas Tür und eine halbe Stunde später bereits am Ziel seiner mykologischen Träume. Auf einer kleinen Lichtung, die er allein niemals gefunden hätte, leuchteten ihm zwischen Steinpilzen und Ziegenlippen herrliche Kaiserlinge entgegen. Er konnte sein Glück kaum fassen. Behutsam grub er die Delikatessen aus und legte sie vorsichtig in seinen Korb, während Martha neben ihm stand und ihr Taschentuch malträtierte. Innerlich aber frohlockte sie, denn es war nur ihrer geldgierigen Eifersucht zu verdanken, dass sie Hubert vorsorglich verfolgt hatte, um jeden seiner Schritte auszuspionieren. Dabei waren ihr die Pilze natürlich am kalten Herzen vorbeigegangen, aber er hätte sich im Wald auch mit seiner Internetbekanntschaft treffen können. Immerhin hatte er sich stundenlang dort herumgetrieben.

Die Frau war ihr allerdings nie über den Weg gelaufen, doch Huberts Fundstellen hatte sie dadurch gut in Erinnerung. Und Krausgruber strahlte beim Anblick dieser Raritäten. Als sie ihn auch noch zu den Rotkappen führte, geriet er beinahe außer sich vor Freude. Martha im Übrigen auch. Jedes Mal, wenn er sich nach einem besonders prächtigen Exemplar bückte, zog sie rasch ihre vorbereitete Spritze hervor und injizierte den Beutestücken im Korb das tödliche Gift.

Colchicin war zum Glück hitzebeständig, da konnte er die widerlichen Dinger kochen, braten oder grillen, wie es ihm gefiel. Die Symptome einer Vergiftung mit Herbstzeitlosen ähnelten denen des Knollenblätterpilzes zu sehr, um Verdacht zu erregen. Lange Latenzzeit, Leberschäden, Organversagen. Zudem – und dafür würde Martha dem Schicksal auf Lebenszeit dankbar sein – hatte auch der Inspektor eine Glatze, wie einst ihr Hubert. Haarausfall war nämlich eine Folgeerscheinung dieses lebensbedrohlichen Giftes. Aber wo kein Haar, da auch kein Ausfall.

Eine Stunde später befanden Opfer und Mörderin sich bereits auf dem Heimweg. Beide schwiegen und hingen ihren erfreulichen Gedanken nach. Der Hinweg war betrüblicher gewesen, denn da hatte der Polizist die Witwe noch mit allen möglichen Fangfragen über den Tod ihres Mannes malträtiert, doch nun, nach erfolgreicher Jagd, hielt der Ermittler beruhigenderweise den Mund.

Der Abschied gestaltete sich gleichfalls problemlos. Der Inspektor bedankte sich überschwänglich und zog von dannen, die Mörderin schickte ihm in Gedanken ein »Auf Nimmerwiedersehen« hinterher.

Eine Woche später hatte Juventus Turin die Champions League gewonnen, Krausgruber war tot, und Martha hatte ihre drei Koffer für die erste Kreuzfahrt ihres Lebens gepackt. »Ich brauch dringend einen Tapetenwechsel, sonst dreh ich durch«, hatte sie Nachbarn, Klatschbasen und Freundinnen erklärt, was bei manchen Verständnis, bei anderen Neid hervorrief, aber niemand verdächtigte sie. Grete Gusterhuber, die Bio-Greißlerin vom Ort, schenkte ihr sogar ein Glas ihrer neuen selbst gemachten Hasenpastete mit frischen Zutaten aus der Region. »Damit du was G'scheites isst. Wer weiß, was die auf dem Schiff servieren«, hatte sie fürsorglich gemeint.

Am Abend vor ihrer Abreise überkam Martha gegen Mitternacht tatsächlich noch ein leichtes Hungergefühl. Sie warf die letzten beiden Scheiben Brot in den Toaster, schraubte das Glas mit der Pastete auf und fühlte sich nach der kleinen Mahlzeit wohl wie selten zuvor. Der »Königliche Hase« – so stand es auf dem kunstvoll gestalteten Etikett – hatte wirklich köstlich geschmeckt. Martha konnte sich nicht erinnern, wann sie zuletzt derart genussvoll gespeist hatte. Rundum gesättigt nahm sie das leere Glas in die Hand und studierte die Inhaltsstoffe: »Hasenfilet, Speck, Eier, Cognac, Schweineschmalz, Sahne, Steinpilze«. Abrupt stellte sie das Behältnis ab. Sie hatte sich geschworen, in ihrem ganzen Leben keine Schwammerln mehr zu essen. Ein derartiges Versehen durfte ihr nie wieder passieren.

Und es passierte ihr nie wieder, denn als die »Cormorana« gerade Korsika anlief, überkam sie eine schreckliche Übelkeit, begleitet von schmerzhaften Krämpfen und blutigem Harn. Als ihr kurz vor Elba einfiel, dass die Greißlerin eine Tante vom Inspektor war und der ihr womöglich einen Teil seiner von ihr präparierten Steinpilze geschenkt hatte, war es bereits zu spät. Vor Sardinien fiel Martha ins Koma, und als das Schiff im Hafen von Sizilien anlegte, war sie bereits tot.

Herbstzeitlose, Colchicum autumnale (sehr giftig)

Pflanzliches Arsen und tödlich fürs Pesto

Friedrich Hölderlin hat die »liebliche Zeitlose« in seinem Gedicht »An die Hoffnung« besungen, Paul Celan den Reiz dieses »schönen, schleichenden Gifts« in deutsche Worte gefasst (»Les Colchiques« von Guillaume Apollinaire) und Emerenz Meier das Schicksal der »zarte(n) Jungfer im lila Trauergewand«, die nach herbstlicher Blüte in Schnee und Frost sterben muss, aufrichtig bedauert. Dabei ist diese kuriose Pflanze ein gnadenloser Killer, der wenig Mitleid verdient und selten Gutes tut. Ihre lindernde Wirkung auf schmerzende Gichtzehen fällt da kaum ins Gewicht. Hunderte Tote wiegen mehr. Schon die berühmt-berüchtigte Medea soll im mystischen Kolchis – daher Colchicum – in Georgien einen Giftpflanzengarten gepflegt haben, während die Hexen zur Walpurgisnacht einen Salat aus den Blattspitzen verspeisten, um magische Kräfte zu erlangen. Ein Unterfangen, bei dem man riskiert, mit Multiorganversagen ins Gras zu beißen. Etwa im Frühling zur Bärlauchzeit, wenn statt der knoblauchartigen Blätter versehentlich das giftige Kraut auf dem Teller landet. Aufgrund der verzögerten Wirkung kommt bei Colchicinvergiftungen meist jede Hilfe zu spät. Daher griffen und greifen auch Mörder gerne zu diesem pflanzlichen Arsen, denn schon fünf Gramm Samen oder fünfzig Gramm Blattmaterial können tödlich sein. 1995 hat ein Pharmareferent seine Gattin mit einer Messerspitze Colchicin im Johannisbeersaft ums Eck gebracht, ein Absud aus in Milch gekochten Blüten hingegen beförderte ein Kind ins Jenseits.

Selbst harte Drogen werden zunehmend öfter damit gestreckt, was einen tagelangen Horrortrip bis ins Leichenschauhaus bewirken kann. Und vor dem heute noch mancherorts gebrauten »Zeitlosenwein« sei gleichfalls gewarnt. Das angebliche Wundermittel gegen Gicht, Rheuma und Bandwürmer war wegen seiner choleraartigen Nebenwirkungen ganz und gar nicht berauschend.

Info: auch Nackte Hure, Teufelswurz, Leichenblume, Wilde Zwiebel, Wiesensafran, Giftkrokus, Faule Grete oder Herbstlilie genannt. Knollenpflanze mit sechsblättrigen rosafarbigen Blüten, die denen des Krokus ähneln. Die lanzettartigen, stiellosen Blätter hingegen erscheinen mitsamt den Früchten im Frühling und verschwinden vor der Blüte im September–Oktober. | **Inhaltsstoff:** Colchicin | **Vergiftungserscheinungen:** (Latenzzeit bis zu sechs Stunden) Brennen, Übelkeit, choleraartige Durchfälle, Krämpfe, Lähmungen, Cyanose, starker Durst, Organversagen, Atemlähmung

Feuer und Flamme

»Josefiiiiiieeene!« Othmars Gebrüll zeugte von keinem guten Wind. Es wehte seiner Gattin so streng ums Haupt, dass ihr beinahe die Haare zu Berge standen. Dabei glich diese mickrige Gestalt am Grill eher einem schlechten Witz, einem von diesen, die keiner mehr lustig fand, als einer Naturgewalt. »Josefine! Wo zum Teufel sind meine Gurken?«

Nun hatte der Wind sich gelegt, dafür kam Gewitterstimmung auf. Das sah seine Frau am bösen Blitzen der Augen. Und schon ging das Donnerwetter auf sie nieder.

»Ich kann es einfach nicht glauben. Es ist Freitagnachmittag. F-r-e-i-i-i-t-a-a-a-g.« Er hatte diese bedrohliche Gewohnheit, manche Wörter so in die Länge zu ziehen, bis sie den Sinn verloren, aber an Gewicht gewannen. Dann setzte er sie einfach als Wurfgeschosse ein. »Freiiitaaaag haben wir Barbecue!« Das »c« schrammte haarscharf an ihrer Nase vorüber. »Und was gehört zu einem ordentlichen B-a-a-a-r-b-e-e-e-c-u-e-e-e? Waaas?« Bei diesen Worten griff er nach ihren mageren Schultern und schob sie vor sich her in die Küche. »Hier«, Kühlschranktür auf, Kopf hinein, »siehst duuu hier irgendwo Gurken? Oder hier?«

Nur mit äußerster Mühe passte Josefines Kopf in die kleine Kredenz. Othmar tobte wie ein Wirbelsturm. Schubladen wurden aufgerissen und zugeschmissen, Haarbüschel flogen hin und her, aber es fand sich keine Gurke. Die hingen immer noch im Garten herum.

»Ich hab sie vergessen, tut mir leid, aber ich hol sie dir gleich. Bitte reg dich nicht auf«, murmelte die geplagte Gattin und verschwand nach draußen.

Jeden Freitag bestand ihr Mann auf seiner feurigen Performance. Jeden einzelnen Freitag musste sie sich mit Bergen an Koteletts und Bächen aus Marinade abmühen. Sie hatte die Arbeit, er das Vergnügen – bei Tisch und im Bett leider auch.

Langsam hatte sie diese Art der ehelichen Arbeitsteilung ebenso satt wie seinen krankhaften Gurkengravurwahn. Schon Stunden vor dem Holzkohlegefackel musste sie sich auf Cucumberfang begeben, wobei er ausnahmslos die alte Sorte Russkaja für seine Gemüseverstümmelungen heranzog. Zehn bis zwölf Zentimeter lang mussten die passenden Exemplare sein, mit bereits glatter orangebraungrün marmorierter Oberfläche und einer makellosen Schale.

Um für die Sommermonate ausreichend gerüstet zu sein, hatte sich ihr heiß geliebter Nutzgarten mit den Jahren zu einer Gurkenmonokultur entwickelt, in der für Tomaten, Brokkoli oder Kopfsalat kein Platz mehr war. Ein Jammer. Als ihr Mann noch seiner Arbeit nachging, hatte es Grünzeug in Hülle und Fülle gegeben, aber nachdem der einstige Goldschmied in den Unruhestand getreten war und auf keine Goldreserven zurückgreifen konnte, lebte er seine anämische kreative Ader im Ziselieren von Kürbisgewächsen aus. Ein Alptraum.

Widerwillig legte Josefine ihrem Mann ein gutes Dutzend wohlgeformter Russkajagurken zur Auswahl vor.

Othmar wählte sieben davon aus und begann sogleich sein abartiges Werk. Bewaffnet mit Fingerhut, Gravurstift und der dicken Lesebrille ritzte er weise Zitate und – seiner Ansicht nach – witzige Sprüche in die Gurkenhaut. »Des Menschen Wille, das ist sein Glück«, stand dort dann ebenso zu lesen wie: »Der Beischlaf hält nicht, was die Onanie verspricht.«

Besonders über derart anzügliche Kommentare waren die Gäste meist geteilter Meinung. Die Frauen vertraten die Ansicht, Barbecue sei eine gesellschaftlich tolerierte Fleischeslust, der man ausschließlich mit Messer und Gabel, aber nicht mit perversen Bemerkungen zu Leibe rücken dürfe, die Männer fanden das einfach nur geil. Nur Othmar selbst sah das noch ein wenig anders. In den Augen des selbst ernannten Großmeisters der Gemüseschnitzkunst fielen beim Barbecue weniger die saftigen Fleischbrocken ins Gewicht denn die für seinen Geschmack immer noch zu mageren Gelegenheiten zur stilvollen Gurkenpräsentation.

Leider stand sein bodenständiges Eheweib dem guten Stil meist im Weg.

»Josefiiieeene!«, brüllte er erneut. »Was ist mit der Ahornsirup-Veilchen-Marinade passiert? Die sieht ja ganz verblüht aus!«

»Und die Hühnerbrüste? Warum sind die Hühnerbrüste noch nicht entbeint?«

»Jo-se-fi-ne! Wie lange muss ich denn noch auf gehobelte Karottenstifte warten? Und wo bleibt das Salatbesteck? Ich muss wohl wirklich alles alleine machen!«

Um seiner Forderung Nachdruck zu verleihen, nahm er nun anstelle des Gravurstifts die Grillzange zur Hand, mit der er seine angetraute Küchenhilfe ausreichend auf Trab hielt.

Endlich war der Tisch zu seiner Zufriedenheit gedeckt, das Feuerholz statisch aufgeschichtet, die Blumen als Tafeldekoration in ausreichender Zahl und ansprechender Farbe verteilt, und die gravierten Gurken spiegelten sich auf dem polierten Silbertablett. Othmar musste nur noch entspannt seine Gäste erwarten.

Als alle zu Tisch saßen, Josefine noch rasch Getränke, Chutneys und Salate serviert hatte und das Fleisch duftend vor sich hin brutzelte, kam sein großer Augenblick. Mit der glänzenden Zuckerzange griff er behutsam nach einem seiner gurkigen Kunstwerke, hielt es jedem seiner Tischgenossen, begleitet von langatmigen Erörterungen, vor die Nase, und erst wenn diese, entsprechend Rang und Namen, ihr Quantum an Bewunderung getätigt hatten, kamen endlich Gabel und Messer ins Spiel.

Josefine stand etwas abseits. Sie hatte das Grillgut zu wenden.

Derweil verlief das Essen in angenehm ruhigen Bahnen. Nur kurz kam Bewegung in die Runde. Das war, als Dr. Emmerich begann, seine Gurke samt persönlicher Widmung einfach aufzuessen.

Othmar erstarrte. Ein Sakrileg. Eine himmelschreiende Beleidigung seiner Handwerkskunst. Ein derartiger Affront rief nach Sühne. Schon hatte er Messer und scharfe Worte zur Hand, als eine Wespe seine Pläne durchflog. Das Tier befand sich im

Landeanflug aufs Dekolleté der Tante Paula, was einen kleinen Aufstand – im wahrsten Sinne des Wortes – zur Folge hatte. Als Dr. Emmerich dem aufdringlichen Tier endlich das Genick brach, war Othmars Groll schon wieder verraucht. Allerdings schien mit dem Ableben der Wespe auch die Stimmung verflogen zu sein.

Die Gäste begannen, sich für den Abschied zu rüsten. Jeder – außer Dr. Emmerich – bekam noch seine persönliche Gravurgurke mit auf den Weg. Hübsch verpackt in Zellophan und mit dem guten Rat, diese Preziose der Fingerfertigkeit am besten durch Haarlack zu konservieren. Dann könne man sich noch auf Monate an deren Schönheit erfreuen.

Die schönen Seiten dieser schrumpeligen Winzlinge blieben Josefine allerdings verborgen. Sie hatte längst die Nase voll von diesem biologisch abbaubaren Nippes, der im ganzen Haus herumlag und einen sauren Geruch verströmte. Am ärgsten war es im Wohnzimmer. Runzlige Gurken dominierten den Ruhebereich, flankiert von ebenso verderblichen Übungsobjekten in Gestalt von Erdäpfeln, Avocados und Auberginen. Ein besonders hässliches Exemplar einer Süßkartoffel hatte Othmar ihr sogar auf den Nachttisch gelegt.

»Trautes Heim, Glück allein«, verkündete es und schien sie dabei höhnisch anzublicken. Vielleicht sollte sie gleich mit der Küchenschürze zu Bett gehen. Dann wäre sie zumindest passend zum Gurkenspruch gekleidet.

Das Verständnis für ihren Mann und dessen seltsame Leidenschaft war ihr schon lange abhandengekommen. Wie konnte dieser Mensch nur sein ganzes Augenmerk auf Gemüse richten? Auf sie hatte er nur ein Mal sein Auge geworfen, vor ewig langer Zeit. Und sie hatte seinen Blick erwidert. Was sie seit Jahren bereute. Heute schenkte er ihr nicht einmal mehr sein Gehör. Zum Beispiel lag sie ihm schon seit Wochen wegen des Bügeleisens im Ohr. Es war kaputt und obendrein eine Gefahr. Immer wenn das Gerät zu dampfen begann, gingen im ganzen Haus die Lampen aus.

»Dann bügle halt bei Tageslicht«, war alles, was ihm dazu einfiel. Was kümmerte ihn der Haushaltskram, solange ihm nur das Rohmaterial für seine ingeniösen Artefakte nicht ausging?

Und so verging die Zeit bis zu jenem verhängnisvollen Freitag.

»Josefiiieeeeeene!« Othmars Geschrei lag wieder einmal im bedrohlichen Dezibelbereich. »Hast du denn keine Augen im Kopf?« Das geblümte Gartentischtuch flog ihr um die Ohren. »Falten! Da sind ja lauter Falten drin. Wenn du zu blind zum Bügeln bist, dann mach halt das Licht an.« Wutentbrannt starrte er sie an.

Josefine sah betreten zu Boden.

Dann gingen beide ihrer Wege.

Sie ins Bügelzimmer, er in den Keller. Dort verwahrte er Grillgut, Vorglühbehelfe und pyromanische Grillutensilien. Im obersten Vorratsregal, in fast unerreichbarer Höhe, standen neben leeren Einmachgläsern ein kleiner Kanister Feuerbenzin und eine große Flasche Zirbenschnaps. Damit sein dummes Frauchen sich weder Finger noch Gaumen verbrannte, wie er stets zu sagen pflegte. Die Arbeitskraft seiner Hausdienerin lag ihm schon sehr am Herzen.

Gerade stieg Othmar auf die Leiter, als das dumme Frauchen zu bügeln begann. Schon hatte er die Schnapsflasche in die Hand genommen und sich ein paar ordentliche Schlucke gegönnt, als es auf einmal dunkel wurde. Ein Kurzschluss. Er verlor das Gleichgewicht, stürzte in die Tiefe, tobte, brüllte, schrie um sein Leben, doch niemand kam. Josefine und das Bügeleisen dampften ein Stockwerk über ihm pflichtbewusst vor sich hin.

Erst als das Gartentischtuch längst keine Falten mehr warf, ging sie mit einer Taschenlampe in den Keller, um Nachschau zu halten. Othmar schien wie vom Erdboden verschluckt, nur sein gedämpftes Geschrei war zu hören. Schließlich fand sie ihn in der Gefriertruhe. Er lag zwischen Hühnerschenkeln und Schweinefilets, war sichtlich direkt von der Leiter in die geöffnete Truhe gestürzt. Auf dem Boden neben dem Tiefkühler stapelten sich bereits ein gutes Dutzend Lammkoteletts neben

Bergen an Truthahnbrüsten, T-Bone-Steaks und einem Zierkürbis. Mit dem Kürbis musste man den Deckel der Truhe beschweren, damit dieser nicht immer von selbst aufsprang, was Othmar offensichtlich schon wieder vergessen hatte.

»Mir ist saukalt«, fuhr er sie mit schwerem Zungenschlag an. »Ich hab Schmerzen, hilf mir endlich hier raus.«

Sein linkes Bein sah seltsam verrenkt aus. Vermutlich gebrochen, mutmaßte Josefine, sonst hätte er sich bestimmt schon selbst aus seiner kühlen Lage befreit.

Mit der Taschenlampe zwischen den Zähnen kletterte sie die Leiter hoch, griff – wie zuvor bereits ihr Mann – nach dem Zirbenschnaps, der keiner war, stieg wieder runter und hielt ihrem Mann die Flasche hin. »Trink erst mal einen Schluck, Schatz. Das wärmt dich, nimmt den Schmerz und gibt Kraft.«

Othmar trank erneut. Seine Lippen hatten bereits eine leicht bläuliche Farbe angenommen, seine Finger schienen ganz klamm zu sein, sein Blick trübte sich ein. Mit zittriger Hand reichte er ihr den Schnaps zurück. »Und jetzt hilf mir endlich hier raus. Ich muss nach oben, ich brauch dringend einen Arzt.«

Doch Josefine reagierte nicht. Versonnen betrachtete sie die Flasche, drehte sie im Schein der Taschenlampe sanft hin und her, flüsterte leise: »Mach's gut«, und schlug den Deckel der Truhe zu. Zierkürbis, Schnapsflasche und eine Kiste Bier stellte sie obendrauf. Zur Sicherheit.

Ihren Berechnungen nach müsste die dem Zirbenschnaps beigemengte Lerchensporntinktur mittlerweile bereits für unliebsame Effekte sorgen. Die Knollen dieses Erdrauchgewächses wiesen ja eine derart lähmende, nahezu kataleptische Wirkung auf, dass einem damit garantiert kein Freiheitskampf mehr gelang. Selbst wenn dieser nur darin bestanden hätte, den Deckel einer Kühltruhe aufzustemmen.

Als Othmar gut durchgefroren war, begab Josefine sich noch einmal in den Keller, um ihrem Mann das Genick zu brechen. Steife Dinge ließen sich bekanntlich leichter knicken, das wusste man nicht erst seit der Erfindung von Spaghetti.

Vorsichtig öffnete sie das eiskalte Grab ihres eisgekühlten

Gurkengraveurs, zog ihn an seinem mageren Hals ein wenig hoch, griff nach einer Lammkeule und schlug ordentlich zu. Danach platzierte sie die Keule genau unter Othmars Genick, nahm den giftigen Zirbenschnaps an sich, kontrollierte erneut die Position der Leiter und verließ den dunklen Keller. Die Truhe blieb offen, damit ihr Gatte wieder leicht antauen konnte und alles nach einer Verkettung tragischer Umstände aussehen würde. Und das tat es dann auch.

Lerchensporn, Hohler, Corydalis cava (giftig)
Leichenstarre zu Lebzeiten

Auf den ersten Blick kommt der Lerchensporn, ein enger Verwandter des Erdrauchs, so richtig harmlos daher mit den blässlichen Blüten, deren Sporn an eine Haubenlerche erinnert. Dennoch sollte man die Nase nicht zu tief in seine blättrigen Angelegenheiten stecken, sonst bekommt man Sommersprossen. So will es zumindest der Aberglaube. Die wissenschaftliche Wahrheit sieht allerdings weitaus beunruhigender aus. Beunruhigend beruhigend sozusagen, denn die toxische Knolle der Hohlwurz kann regelrechte kataleptische Zustände hervorrufen, die von Bewegungsarmut bis zur völligen Aufhebung der willkürlichen und reflektorischen Bewegungen reichen. Während dieser bedrohlichen Starre bleibt das Bewusstsein größtenteils erhalten, aber man hat keinerlei Kontrolle mehr über seinen Körper. Zudem können sich bei falscher Dosierung auch noch hypnotische Zustände, Schüttelkrämpfe und Lähmungen einstellen. Als Neuroleptikum also reich an Kollateralschäden schlimmster Art.

Dennoch, oder vielleicht gerade aufgrund dieser ansatzweise psychoaktiven Wirkungsweisen, wird der Lerchensporn in einschlägigen Kreisen auch gerne mal als leicht verfügbarer Drogenersatz geraucht, weil er angeblich zur Linderung von Angstzuständen führt. Das Risiko, statt in eine ruhige Tiefenentspannung in Hypnose oder gar eine dauerhafte Leichenstarre zu verfallen, scheint jedoch recht hoch zu sein. Umso mehr, da das Bulbocapnin (ein Alkaloid der Pflanze) die Wirkung anderer Stoffe wie etwa Morphin potenziert, was aus einer halbschlafartigen Reglosigkeit recht schnell einen veritablen Horrortrip machen kann.

Die alten Väter der Medizin und Volksheilkunde hatten demnach schon recht, wenn sie den Lerchensporn bevorzugt in Form von Salbe auf entzündete Mandeln oder Hämorrhoiden geschmiert haben, von einer inneren Anwendung der Wurzelknolle aber sicherheitshalber die Finger ließen.

Info: auch Haubenlerche, Hohlwurz, Donnerflug, Falsche Osterluzei, Knolliger Erdrauch, Walburgskraut oder Taubenkropf genannt. Krautiges Erdrauch- beziehungsweise Mohngewächs mit hohler Knolle, gefiederten Blättern und lila Blüten in endständiger Traube. Oberirdische Teile verwelken im Sommer. Verwandt mit dem Erdrauch. Blüte: März–Mai | **Inhaltsstoffe:** u. a. Alkaloide, Bulbocapnin, Corybulbin | **Vergiftungserscheinungen:** kataleptische Bewegungsarmut, sedativ, krampferregend, hypnotisch, Tod durch Atemlähmung und Herzstillstand. Nur die Knolle ist sehr toxisch.

Blühende Rache

Entzückt klatschte Hilda in ihre feisten Hände. Sie war furchtbar stolz auf sich und ihren perfiden Plan, mit dem sie endlich Rache am verhassten Huber-Bauern und dessen willfährigen Konsorten nehmen konnte. Und das ganz ohne Schusswaffen, Schlägereien oder ähnlich gewaltsame Gesetzesübertretungen.

»›Summ, summ, summ, Bienchen, summ herum‹«, trällerte sie vergnügt und sah den kleinen fleißigen Tierchen zu, wie sie von Blüte zu Blüte flogen. Am liebsten hätte sie all diese emsigen Honigsammlerinnen einzeln an ihre Brust gedrückt, so dankbar war sie ihnen.

Hilda hatte den summenden Vollstreckerinnen ihrer bösen Absichten allerdings auch wirklich paradiesische Zustände beschert. Wochenlang hatte sie den Rücken krumm gemacht, Schwertlilien, Sonnenhüte, Forsythien und sogar ihre spät blühende Paeonia lactiflora, eine seltene Edelpfingstrosenart, geopfert, um flächendeckend pontischen Rhododendron anzupflanzen.

Die holzigen Stauden mit ihren blässlichen lila Blüten entsprachen zwar nicht den Kriterien einer heimisch naturbelassenen Bienenweide, aber sie sorgten bereits zu Ostern für einen schier endlosen Strom an Nektar. Giftigem Nektar wohlgemerkt. Was aber weder Hummeln noch Bienen schadete, sondern allein denjenigen, die sich mit Begeisterung bald »Hubers biologischen Wildhonig« auf die Frühstücksbrote schmieren und dadurch nicht nur neue Geschmacksnuancen ausprobieren könnten, sondern auch in den zweifelhaften Genuss von Krämpfen, Wahnvorstellungen und mitunter tödlichen Lähmungen des Atemzentrums kämen. Wenn das halbe Dorf dann mit einer Honigvergiftung im Krankenhaus lag, würde das auch der arrogante Bauer zu spüren bekommen. Immerhin haftete der Tierhalter für die Schäden seines Viehs, auch wenn es sich dabei nur um Insekten handelte.

Allein beim Gedanken an all die Probleme, die sie ihrem Erzfeind durch eine simple botanische Neuausrichtung verschaffen würde, verfiel Hilda in nahezu euphorische Zustände. Dieser Unmensch hatte sie lang genug drangsaliert, nun würde sie ihn endlich in die Schranken weisen. Und wenn die Schranken mit schwedischen Gardinen behängt waren, umso besser.

Huber, ein intellektueller Anämiker mit den Umgangsformen eines Neandertalers, hatte ihr im Laufe ihrer Nachbarschaft zwei Apfelbäume umgefahren, nächtens die Grenzsteine versetzt, seine Jauche vor ihrer Terrasse versprüht, ein totes Schwein über den Zaun geworfen, sich jährlich ein Stück weiter in die Streuobstwiese vorgeackert, ihre Lieblingskatze vergiftet und Hühnermist in den Postkasten gesteckt. Und das alles nur, weil sie sich standhaft geweigert hatte, diesem Rüpel das kleine Waldstück am Sonnhang abzutreten, das er unbedingt in seinen Besitz bekommen wollte, um dort Windräder gewinnbringend aufzustellen. Als hätten die irgendetwas an seiner geistigen Flaute geändert.

Sie hatte dem bösen Treiben dieses mistgabelschwingenden Sautreibers nur tatenlos zusehen müssen, weil Bürgermeister, Landvermesser und Gemeinderäte ihren Gerechtigkeitssinn vorsätzlich ein wenig tiefergelegt hatten, um nicht von der bäuerlichen Zuwendungsliste in Form von Selchstelzen und Schweinswürsteln gestrichen zu werden.

Und dann hatte der Halunke vor zwei Monaten auch noch seine Bienenstöcke direkt an der Grundstücksgrenze platziert, weshalb sie täglich die Einflugschneise der kleinen Tierchen queren musste, um zu ihren Gemüsebeeten zu gelangen. Ein weiterer Affront, gegen den sie nichts unternehmen konnte. Doch während ihre Wut bis kurz vor den Siedepunkt gestiegen war und ihr Blut mehr in Wallung gebracht hatte als jeder wechseljahrbedingte Hitzeschub, war ihr der Artikel wieder eingefallen, den sie kürzlich während eines Wannenbades in der Apothekenzeitung gelesen hatte. Da war vom giftigen pontischen Honig die Schreibe gewesen, durch dessen Genuss es bereits vor Christus zu Massenvergiftungen gekommen war und der als berauschender Tollhonig unverändert für Urlaub im Krankenhausbett statt auf der Sonnenliege sorgte. Genau ihr Ding.

Die Idee für Hildas botanische Kriegsführung war geboren. Und die ließ sich die pensionierte Postbeamtin ordentlich was kosten, bezahlte sie doch schlussendlich insgesamt zweitausendsiebenhundertelf Euro für knapp zweihundert toxische Sträucher. Ein lila blühendes Meer, in dem es summte und brummte und mit dessen Hilfe der verdammte Hobbyimker mit einer Flut an Klagen überschwemmt werden würde.

Vorfreudig stimmte sie nun erneut das alte Kinderlied an: »›Summ, summ, summ, Bienchen, summ herum. Such in Blumen, such in Blümchen dir ein Tröpfchen, dir ein Krümchen! Summ, summ, summ, Bienchen, summ herum.‹« Dabei überwand sie sämtliche Gesetze von Schwerkraft und Arthritis und tanzte beschwingt zwischen den blühenden Stauden umher.

Es war nur noch eine Frage der Zeit.

Und die sollte schneller kommen als erwartet.

Drei Wochen später landeten die ersten zwei Honigkonsumenten mit allen Symptomen einer lebensbedrohlichen Alkoholvergiftung im Krankenhaus. Allerdings hatten beide null Promille im Blut, was nicht nur die Ärzte höchst seltsam fanden, sondern – zu Hildas unbeschreiblicher Freude – auch die Polizei.

Rhododendron, Rhododendron ferrugineum sowie R. ponticum, R. tomentosum und R. hirsutum (alle mehr oder weniger giftig)

Psychedelischer Honig, Bierkraut und Weidegift

In der freien Natur ist diese Pflanze mittlerweile recht selten geworden, die Haus-und-Hof-Variante hingegen trifft man in jeder zweiten Garten- und Parkanlage an. Rhododendren sind anspruchslos in der Haltung und erfreuen durch ihre prächtigen Blüten das Auge. Aber nicht nur das. Bereits die Wikinger haben Azaleen in den Sudkessel geschmissen, um die berauschende Wirkung ihres Bieres zu verstärken. Die Deutschen machten es ihnen nach, weshalb Adelbert von Chamisso in seinen »Naturwissenschaftlichen Schriften« tadelnd vermerkt: »Der Mißbrauch Porst (R. tomentosum) als berauschenden Zusatz dem Bier beizumischen anstatt des Hopfens, wird als der Gesundheit nachteilig gerügt.« Doch der teilweise recht psychedelischen Wirkung dieser Gewächse wurde dadurch kein Einhalt geboten. Noch heute experimentieren wagemutige Schluckspechte mit Porst-Bier nach urgermanischer Rezeptur, das angeblich nicht nur berauscht, sondern auch das »Gehirn ausdünstet«.

Selbst der angeblich aphrodisierende Honig der Pflanze stellt eine stete Quelle von üblen Vergiftungen dar. 400 vor Christus berichtete Xenophon in seiner »Anabasis« bereits über eine Massenvergiftung von Soldaten, die sich daran labten, heute liest man im »Spiegel« von ähnlich lebensbedrohlichen Folgen der Nektarnascherei. Vor allem der »pontische« Honig aus der Türkei oder Nepal hat als Tollhonig traurige Berühmtheit erlangt, befördert er doch Jahr für Jahr zahlreiche Urlauber ins Krankenhaus statt in ekstatische Zustände. Vielerorts drehen sich todesmutige Rauschfreaks sogar einen Joint aus Laub und Blüten. Eine riskante Art des Drogenkonsums, denn eine einzige Blüte kann eine Landschildkröte ins Jenseits befördern, eine Handvoll Grünzeug einen ausgewachsenen Hund umbringen. Nur gut, dass die einheimischen Wildsorten um einiges weniger bedrohlich sind, für Nutzvieh aber dennoch ein riskantes Futtermittel.

Info: auch Almrausch, Alpenrose, Azalee, Donnerrose, Schinderlatschen, Alpenbalsam, Rostzetten oder Rosenbaum genannt. Immergrünes Heidekrautgewächs, buschartige Form, ledrige Blätter, die sich am Rand oft einrollen, mit – in der Wildform – meist rötlichen Blüten. Blüte: Juni–August | **Inhaltsstoffe:** Arbutin, Rhododendrin, Andromedotoxin (R. ponticum) | **Vergiftungserscheinungen:** Blutdruckabfall, Krämpfe, Halluzinationen, Erregung, Euphorie, Lähmungen, Tod durch Atemstillstand

Klaudia Blasl
MIEDERHOSENMORD
Broschur, 288 Seiten
ISBN 978-3-95451-355-0

»Ein teuflisches Vergnügen. Klaudia Blasl frönt in ihrem Buch ihrer Spezialdisziplin: gnadenlosem Humor. ›Miederhosenmord‹ ist ein saftiges und zugleich hochartistisches Possenspiel. Erstaunlich diese Gabe, in jedem einzelnen Satz die Fallhöhe für eine Pointe zu konstruieren! Das schafft nur jemand, der eine teuflische Freude daran hat.« Via Airport Journal

www.emons-verlag.de

Klaudia Blasl
KERNÖLKRIEG
Broschur, 288 Seiten
ISBN 978-3-7408-0303-2

»Wer die herzhaft-deftigen Bücher von Wolf Haas mag, der wird sich auch bei Klaudia Blasl wunderbar (un)wohl fühlen.« Kronen Zeitung